公共關係
——政府公共議題決策管理

卜正珉 著

黃　序

　　本書從公共議題管理角度探討政府部門的公共關係，就主題的重要性以及與台灣社會發展的關聯性而言具有高度意義。以下先回溯台灣政府公共關係的沿革與發展，由此探討此主題的時代背景及意義。

　　台灣公共關係的發展與沿革，與整體社會、政治，乃至於經濟大環境的變遷有密不可分的關聯性。簡言之，在社會力、經濟力、政治力乃至於媒體力等多重力量的交互衝擊下，台灣政府公共關係早自1940年代開始，在1980年代後期蓬勃發展。具關鍵性影響的時間及事件有三：第一，1987年政府宣布解嚴；第二，1988年政府宣布開放報禁；第三，1992年中央民意代表全面改選。

　　溯及台灣公共關係的發展歷史，不同於西方社會以「企業公關」為發展主軸，政府及公營事業實為台灣公共關係發展的濫觴（臧國仁，1980）。有關政府公共關係發展的重要事例簡介如下：早在1946年，郵務機構即已成立公共關係單位，目的在於擴大與民眾間的溝通管道。其後，行政院於1958年宣布「推進公共關係方案」，規定各機關均需設立相關部門處理公共關係業務。雖然1970年代政府精簡組織，下令針對各機關之公關部門進行合併，但至1970年代末期，公共關係再度蓬勃發展，譬如：行政院各部會於1970年設立發言人制度；另外，相關部會於1982年再度頒布加強新聞發布與新聞聯繫等兩項行政命令。

　　1987年政府宣布解嚴，1988年開放報禁，並隨之開放政治社團成立的禁令。政治解嚴對於公共關係發展的意義是，威權統治效能日漸萎縮、民間力量相對增長、各類政治性及非政治性社團相繼成立，以及利益團體數目大幅上升。言論日益多元的結果，媒體報導與社會輿論逐漸受到政府單位重視，因而直接衝擊政府與企業管理的決策行為。簡言之，媒體關係是解嚴與報禁開放後政府公共關係作業的重點工作。

　　1992年中央民意代表全面改選，民意逐漸受到政府機關重視，民意

代表也成為行政部門中擔任「跨界人」之公關人員亟思溝通的對象，在此背景下，行政院各部會開始積極增設「國會聯絡人」職位；1996年，總統府正式增設「國會聯絡組」，加強與立法院的互動關係；截至1997年年底，行政院內負責「國會聯絡」的官員已超過四百人。總言之，九〇年代中期，「公共關係」在政府內已然跳脫純粹以媒體關係為主的作業範圍。在公眾接觸方面，國會、利益團體乃至社會大眾，皆是公共關係人員必須關照的利益關係人。

隨著政治、社會、媒體、經濟等大環境的變動，各類議題甚或危機事件層出不窮，對政府機關產生重大挑戰。就議題管理的角度而言，誠如Heath（1997）所言，議題產生係導因於社會價值觀改變，或組織表現與公眾預期出現落差（gap）；因此，議題管理、危機管理乃至於政府機關的形象傳播，皆成為刻不容緩的課題。

過去我們所接觸到的公共關係書籍，多半著重於公共關係綜論，以及從企業角度出發的公共關係作業，鮮少論及以政府為主的公共關係策略及規劃。本書從管理角度出發，對於如何與政府的重要公眾──媒體、國會、特定團體以及意見領袖之互動關係，皆有著墨之處；另外，對於政府部門所面臨的重要課題──危機管理、議題管理、政策宣傳與形象塑造等問題亦是本書的重點。另外，值得一提的是，作者服務於中央部會的資歷，使得本書具備豐富的經驗內涵，實屬難得。

作者以公共議題管理角度廣泛收集資料，探討政府公共關係之運作，幫助讀者一窺政府公共關係的專業問題。在此新紀元之初，作者經由反省所提出的觀察，具有進一步探討的意義。在此深刻盼望，台灣公共關係學術界與實務界一同努力，朝向專業化進一步發展。共勉之，是為序。

國立政治大學廣告學系教授

黃懿慧

二〇〇二年十二月

白 序

　　近年來，政府在處理公共議題的決策管理上，遭逢許多挑戰，政府的決策不可避免與公眾利益相關，而各種公眾利益相關團體又不斷選擇群眾運動的形式來表達群體的主張。因此，我們的社會需要討論，我們的政府需要反思：政策溝通的模式、行政決策的過程，如何聆聽民眾的聲音？如何化解衝突？如何在兼顧各方意見的前提之下，又能掌握決策時效與決策品質？

　　英國著名的社會學家安東尼‧紀登斯（Anthony Giddens）在《第三條路──社會民主的更新》一書中指出，社會民主的未來展現了極具多樣性的問題和困難，政策環境已經出現各式各樣的問題。新型的民主國家應當邁向更大的透明度，政府必須提高行政管理效率，並強化其作為風險管理者的角色。

　　從我們生活周遭每天發生的事件，經過各種媒體放大的報導或解讀的效應，到大師級的學者深入的觀察，陳述了同樣的事實：處於新世紀之始，所有的政治、經濟、社會都在轉型。處於多元價值交織的社會轉型的過程中，沒有人願意看到各方的努力在彼此衝突間相互抵消，而我深信，善用溝通是達成共識的關鍵。

　　我學的是管理，在公共關係及整合傳播領域浸潤多年，公共關係其實就是組織的溝通管理，而所有組織的溝通，基本上由組織裡的個人，在不同時間、不同場合、運用不同管道分別進行，如何管理這樣分散的溝通行為，而能使其朝向共同的目標，的確是一大挑戰，這也正是公關專業最大的價值所在。

　　今天，也有許多論者提出，我們不需要更多或更少的政府，我們需要的是更好的「治理型態」。它不是一個「行政」的政府，而是一個「治理眾人之事」的政府。治理（governance），是一種集合眾人智慧來解決眾人問題，並迎合社會需要的過程。卜正珉君所撰《公共關係──

政府公共議題決策管理》一書，即呈現了政府在公共關係領域的治理方式。

好友羅燕儂向我推薦的這本書，架構完整，理論與實務兼容並蓄，第壹、貳篇由公共關係與媒體的框架理論談起，結合公共政策領域，深入探討議題管理與政府的公共事務的原則及方法；第參篇則從應用面切入危機管理、媒體事務、國會聯絡、政策宣傳與形象塑造、特定團體以及意見領袖之互動關係，對於網路科技所引發的重要課題，亦同時納入。最後在結論中，作者歸納出政府公共議題的整合性策略管理模式，並提出務實具體的行動建議。

作者主修新聞，對於專業期刊、著作涉獵甚廣，曾在知名企業從事公共關係的工作，任公職期間擔任新聞聯絡及國會聯絡職務，實務經驗豐富。尤為難能可貴的是，作者善用機會持續從事職務相關或前瞻性的研究，歷年先後發表有關政府部門媒體公關、網際網路內容管理、政府公共議題管理等報告，曾獲行政院所屬機構研究報告獎項，這些報告展現了作者孜孜不倦、努力耕耘的特質，也為本書奠定紮實的基礎。

欣見一本探討以政府的角度，有計畫地進行溝通管理的書問世，本人樂於推薦，期望本書引發更多的討論、研究與行動，使這樣的觀念與視野，逐漸在政府各層組織中形成共識，共同發展出公共議題的策略管理模式，並透過教育訓練及定期研討，強化風險管理的能力。同時，更期許公關從業人士與社會的脈動同步提昇專業素養，以優質的溝通服務共同建構未來的公民社會。

樂為之序。

奧美公共關係顧問公司董事長

白崇亮

二○○二年十二月

自　序

「理性好像是蛋的脆殼，常在危機時破裂，……這些危機可以
是創造的瞬間，也可能是失望的深淵，……在這樣的時刻，我
們周遭的世界改變，我們的想法和價值觀也隨之起了變化。」
（Pagels, Heinz R., 1988）

公共議題的處理何嘗不是在「理性」與「危機」之間拔河，並牽動
著我們對許多人事物的看法與判斷？

本書的雛形架構成形於1999年5月間。當時的政治環境有兩個現
象：(1)二千年總統大選的前哨戰早已滲入社會各個層面，選舉政治動員
與政府政務推動的界線逐漸模糊；(2)朝野政黨的對立相當嚴重，導致政
府施政處處受到掣肘。二千年年底，本書的完整架構大致底定。當時的
政治情勢也有兩項特點：(1)總統大選早已結束，民進黨首次取得執政
權，但在所謂的「舊」立法院中卻是少數黨，故雖有執政黨之名，卻無
執政權之實；(2)朝野政黨的惡鬥與衝突情況更加嚴重，政府的政務幾乎
無法推展。

自1999年迄2002年，台灣的政治環境與權力態勢呈現截然不同的面
貌，但似乎又能找出一些共通之處：(1)不同政治勢力（例如，政黨對政
黨、行政對立法）間的競逐（或鬥爭）從未間斷；(2)行政權始終受到來
自內部（例如，新政府與既有官僚體系之關係）或外部（與國會、媒
體、民眾、團體等之關係）的強大壓力；(3)多數「議題」的形成、發
展、結局及所牽涉的「關係人」，雖然經常「混沌」不明，變幻莫測，但
隱約存在著某些共通的特徵與模式。

本書撰寫目的即試圖站在政府的制高點角度，描繪、分析「混沌」
深層內的「共同點」，並就處理「共同點」的策略思考過程與面向提出
建議。因此，與其說本書提供政府公共議題管理的「解答」，不如說它

是提供「管理方法」的書。因為環境與議題的變數很多，讀者如果想在實際的工作上應用本書的概念，最好能先在腦中思索、體會一番，再尋求切入點。

特別要指出的是，本書除了關注策略與方法的運作層面外，更重視政府公共議題決策管理時的倫理價值觀。理由很簡單，政府存在的最高使命是為人民服務，故「正義公理」是任何公共決策的基本前提，絕不能用任何理由加以抹煞或迴避。

在本書架構的鋪陳方面，除緒論外，本書共分四個部分：第壹篇屬於理論基礎的介紹；第貳篇探討公共議題管理的概念與運作策略；第參篇基本上是政府公共議題決策管理的實踐篇，分由危機、媒體、國會、政策宣傳與形象塑造、特定團體與意見領袖，以及網路科技等六大議題切入；最後一篇，目的在建構具有普遍性、效用性的策略管理模式，以及歸納公共議題管理的核心策略。至於，這個管理模式是否真能同時兼具效度與信度的要求，就有賴時間與後續研究來檢驗了。

或有讀者要問，這種蘊含政府觀點與主題內容的書適合給哪些人閱讀？筆者認為，政府公共議題的管理雖因環境、議題本身、管理者（包括組織與個人之立場、目標等）諸因素而有不同的策略目標與管理途徑，但解決「問題」的邏輯思考與原則是有跡可循的。換言之，政府所面對的公共議題，並非不可能演變成企業或其他組織應該處理的社會議題，同時，政府所採取的策略，在經過適當的轉換後，亦可援用於企業及其他組織。所以，本書不僅可定位為公務員（廣義而言指政府部門工作者）的讀物，更是幫助一般人（或組織）認識社會問題、妥善處理公共議題的書。

本書之完成必須感謝許多人士。恩師政大新聞系主任臧國仁教授十餘年前引領我進入公共關係領域的研究為其一；其二，政大廣告系黃懿慧教授與筆者二年多來在政大公企中心公共關係研討班的合作，直接促成撰寫本書的動機；臧、黃二位教授於本書撰寫過程中，對筆者之鼓勵與觀念上的啟發尤為珍貴。其次，幾位摯友包括羅燕儂、郭臨伍、周玉琴、毛傳凱與黃兆慧夫婦、蕭淑美等，家兄邱琪、卜正球、兄嫂邱玉

蟾、堂弟卜政皓，於本書資料蒐集、內容撰寫、核校、出版事宜的諮詢，以及平日對相關公共議題的腦力激盪等方面的分別協助，都是本書得以出版的幕後功臣。揚智文化出版公司林副總經理新倫鼓勵「新人」創作以及編輯群等協助本書付梓，併此致謝。

除此，更要感謝奧美公共關係顧問公司白董事長崇亮與政大廣告學系黃教授懿慧二人於百忙之中，詳讀本書稿本並作序，詮釋本書之定位與意涵，讓這樣一本初探性之著作，似乎有了更深層與寬廣的應用價值。兩位先進的肯定讓筆者受用無窮、至爲感佩。

本書自構思、蒐集資料、撰寫、付梓，前後歷時近四年，期間所投注的心力無法言喻，然囿於個人種種因素所限，本書如有任何疏漏或立論謬誤之處，還望讀者不吝賜教，責任亦由筆者一肩承擔，與前述人士概無關聯。

寫於　新北投寒舍

卜　正　珉

二〇〇二年十二月

目　錄

第一章　緒　論

壹、前言

　　政府公共關係的目的與手段隨著時空環境的改變會有不同的定義與要求。在所謂的威權時代，公共關係具有「鞏固政權」與「穩定內部」的雙重作用。例如，根據楊博清（1967）的觀察，早年政府提倡公共關係的目的有二：一是將公共關係作為促進民主政治發展的工具，了解民眾對政府施政的意見，並視之為向民眾宣傳的手段；其次，是將公共關係作為健全社會的武器，加強社會向心力，以對「共匪」作戰，防範「共匪」分化社會團結。因此，在當時的時空環境背景下，政府公共關係被賦予「團結反共、對敵作戰」的崇高使命。

　　之後，政府公共關係的目的逐漸擴張，並與學術的研究漸相接近。例如，楊乃藩（1984：21-51）認為，政府機關推動公共關係的作用不外乎維持國際地位、宣揚立國理想、確定政策方向、便利政令推展、促進政治和諧及結合民間力量等六項；同時，也將政府機關公共關係的對象設定在內部員工、民意代表、意見領袖、社團、大眾傳播界、學校／學生、其他政府機構、社會大眾及國際人士等九大類。至於，所採取的公關方式則包括：民眾服務、（機關）開放接待（參觀）、設置公共關係室及發言人、出版物、聽證會及座談會、慶典活動、民意調查、廣告及其他事項等。

　　時至今日，政府公共關係的本質與功能業已因外界環境日趨複雜與多元，而到了必須採取全方位思考、專業性做法的地步，因此，政府部門如何轉變傳統的思維觀念、導入新的決策思維於行政作為，實已到了刻不容緩的地步。

　　本書撰寫之原意即在探討政府機關如何運用公共關係與公共政策管理之做法，以因應、處理當前社會公共議題的發生，並透過一系列的專業程序與手段，來控制及管考決策模式的順利運作，使政策得以推動、危機得以化解，或降低事件對政府公權力及政策之負面影響。此一迥異

於傳統做法之策略思考及解決問題的管理機能，本書將之簡稱為「政府公共議題管理」。

政府部門每天所面對的公共議題包羅萬象，與企業不同的是，企業可以選擇性的迴避或忽略某些外在因素，或刻意重視某類群眾，但政府卻必須在重重外界干涉限制下，全面觀照所有社會議題，對全體民眾負起全責。例如，Garnett（1992：15-19）指出，政府對外溝通時通常必須面對四種困難：⑴目標對象眾多且複雜；⑵必須克服來自各種政治力量的干涉；⑶政府所有的言論與行動均必須接受大眾的嚴格檢視；⑷政府對外界的任何回應均必須依法行事。

當前台灣社會的複雜程度已超乎吾人的想像，翻開報紙、打開電視機，舉目所見盡是政策推動受到抵制、社會衝突或緊急危機事件的發生。因此，政府機關如何採取策略思考與專業步驟、研擬計畫、推展政策並妥善解決危機，除關係人民權益及社會秩序之維護，也是對建立政府良好形象的重大挑戰。

姑不論造成此一現象之原因為何，但長期以來，呼籲改造政府、提高行政效能的聲音不曾止歇。總統府業於民國九〇年十月成立「政府改造委員會」，陳水扁總統在當年十月二十五日召開第一次委員會議中表示，建立具有「高效能」、「負責任」與「應變力」的政府，是當前國家發展的願景藍圖；政府改造不只是為政府、公務員，而是為人民而改造；只有「人民觀」的政府改造才是真正成功的改造。陳總統也認為，政府改造是挑戰自我的工作，有球員兼裁判的角色衝突，也需要面對既有利益與傳統習慣束縛，故其成功關鍵仍在於「人」（指政府公務人員而言）的改造（《中國時報》，90.10.26）。

而在政府改造的概念裡，建立「企業型政府」又是其中一項重要指標。所謂「企業型政府」係指，政府在既有的文官體制中，培育「政府的企業精神」（public entrepreneurship）與「企業型官僚」，積極引發革新理念，並將革新理念轉化成具體的方案設計，協助政府部門處理公共事務，解決政策議題；同時，企業型官僚仍應擔負行政責任，服膺民主政治的價值前提（如民主課責、公民參與、民主公開及監護公共財

等），維護公共利益等（江岷欽、劉坤億，1999：63：269-272）。

因而，政府如能在公務員的服務態度及品質、政策產出、施政表現及危機事件處理等各方面，展現前述行政責任、服膺民主政治的價值前提及維護公共利益等原則，當可樹立政府在民眾心目中之正面形象。本書所探討的主題，將是此一政府改造工程的一小步。

貳、「政府公共議題管理」的定義與範疇

本書係由「政府公共議題管理」之角度，探討「政府公共關係」之理論與實務運作。由於「政府公共議題管理」係新創名詞，故將先就其意涵及涵蓋之範圍加以釐清；同時，此一名詞與稍後將討論之公共（眾）事務（public affairs）、議題管理（issues management）、公共政策（public policy）、策略管理（strategic management）等之功能範圍與從屬關係也將一併探討。

Cutlip等人以企業觀點為出發點認為，公共關係的功能包括：新聞發布（publicity）、廣告（advertising）、新聞處理（press-agentry）、公共（眾）事務（public affairs）、議題管理（issues management）及遊說（lobbying）等（Cutlip et al., 1985: 7-17）。持類似看法的學者尚包括James Grunig 及 Todd Hunt（Grunig & Hunt, 1984: 284-308）。所以，就企業角度而言，「公共事務」與「議題管理」基本上是公共關係的眾多職能之一，其目的在針對政府之「公共政策」，採取適當的因應作為。換言之，如果公共關係是企業組織管理功能的一環，則公共事務與議題管理就是達成公關目標的手段，其目標對象就是公共政策本身或是與政策有關的個人或團體。

然而，亦有其他學者持不同的看法。例如，Miller（1987，引自Heath, 1997: 12）即特別強調議題管理的重要性與獨立功能而認為，議題管理不是公共關係、政府關係、也不是公共事務……，它包括所有這些原理，甚至更多，議題管理使公共關係超越媒體關係、產品宣傳之範

疇，成爲問題解決的管理功能。

　　鑒於公關學界對上述諸名詞的界定眾說紛紜，也苦於過去國內外公關研究多從企業觀點出發，往往忽略對政府公關的探討，故本書乃以「政府公共議題管理」一詞，用以區隔由企業觀點發展出來之「公共事務」與「議題管理」學說，同時也賦予政府公共關係新的整合性策略管理角色。以下謹就「政府公共議題管理」的前提、意涵與功能範圍簡單說明（參閱圖1-1）。

1. 公共關係學理上的探討雖然多從企業角度出發，但公共關係功能的應用並不僅限於企業，只要經過適當的轉化與調整，許多原理原則同樣可運用於政府機關。

2. 「政府公共議題管理」的本質基本上是由「政府公共關係」與「公共政策管理」兩個概念所組成，前者源自傳統公共關係功能的應用；後者則借用公共政策的相關理論，所關切的實質內涵包括：政治體系與運作、民意與公共政策、政府決策與執行、行政資源與權力運作等。所以，「政府公共議題管理」之內涵不同於傳統上對「政府公共關係」的認知。

3. 「政府公共關係」與「公共政策管理」兩個概念係透過「策略管理」的手段加以整合，發揮功能。所以，「政府公共議題管理」之成敗前提在於此一管理角色能否成爲政府部門決策管理功能的一環。

4. 「政府公共議題管理」的功能雖與企業公關極爲類似，同樣包括新聞發布、廣告、新聞處理、公共事務、議題管理及遊說等，但核心觀點與目標對象，以及管理手段並不全然相同。例如，企業廣告的目的在向顧客推銷商品，政府廣告的目的則是向社會大眾闡述政策資訊；企業推動公共事務，目的在建立與政府、國會、意見領袖或團體等之關係，然而當運用公共事務概念於政府公關時，其目標對象則轉換爲公眾、國會等。

公共關係的功能與核心

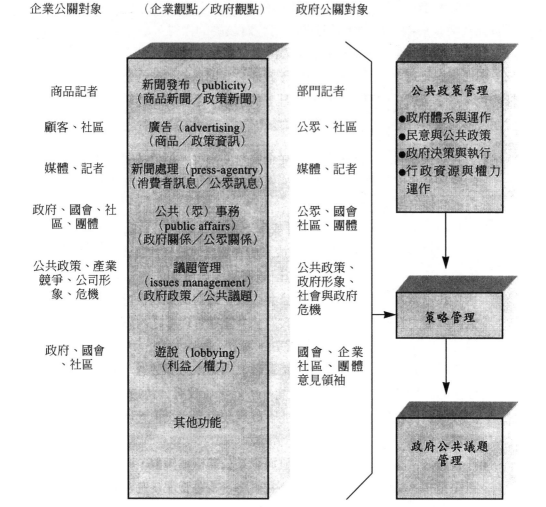

| 企業公關對象 | （企業觀點／政府觀點） | 政府公關對象 |

商品記者	新聞發布（publicity） （商品新聞／政策新聞）	部門記者
顧客、社區	廣告（advertising） （商品／政策資訊）	公眾、社區
媒體、記者	新聞處理（press-agentry） （消費者訊息／公眾訊息）	媒體、記者
政府、國會、社區、團體	公共（眾）事務 （public affairs） （政府關係／公眾關係）	公眾、國會 社區、團體
公共政策、產業競爭、公司形象、危機	議題管理 （issues management） （政府政策／公共議題）	公共政策、政府形象、社會與政府危機
政府、國會、社區	遊說（lobbying） （利益／權力）	國會、企業社區、團體意見領袖
	其他功能	

公共政策管理
- ●政府體系與運作
- ●民意與公共政策
- ●政府決策與執行
- ●行政資源與權力運作

策略管理

政府公共議題管理

圖1-1 「政府公共議題管理」的定義與範疇

資料來源：作者自行整理。

參、本書架構

本書嘗試在一般系統理論的基礎上，探討與政府公共議題管理相關的理論或模式，包括公共關係的開放系統理論、社會權力體系與運作、政府公共政策與決策管理等三大層面；再以議題管理之專業知識及操作程序為手段，應用於行政部門經常必須面對的六大公共議題，並佐以實際例證，試圖歸納、發展出政府公共議題的整合性策略管理模式（參閱圖1-2）。

在分析探討行政部門經常面對的六大公共議題時，本書撰寫的思考

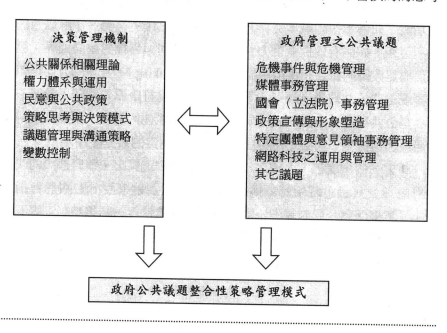

圖1-2　政府公共議題管理架構圖

邏輯，原則上係根據Peters（1996：29-36）檢驗政府治理模式（governing models）時的五個分析面向為標竿。這樣的撰寫方式至少有兩個用意：首先，證明政府公共議題雖然有不同型態及對象，但問題解決的思考過程是有脈絡可循的；其次，印證本書所提出之整合性策略管理模式有其效度與信度，足以應用在其他公共議題上。

　　以下謹就Peters的五個分析面向分別簡述之。第一個面向是對問題的診斷（diagnosis），所探討的重點包括：政府部門所面臨的公共議題、議題的本質與起因、議題發生之社會情境、目標對象本身及對政府的期望或企圖等；第二個面向是組織結構（structure），分析重點在政府部門內之公共議題管理單位應該如何被建構、如何運作、與其他單位之互動機制、與決策者間之指揮、授權關係等；第三個面向是管理（management），重點在如何組成公共議題管理專責單位、如何納入組織的管理功能、如何掌握組織本身與其他競爭團體之優劣態勢、了解權力的分布與運作、如何有效控制權力資源，以及如何與目標對象溝通等；第四個面向是政策的概念和決策過程（decision-making），考量的方向是如何研擬妥適的公共政策、控制決策與執行過程以符合原先期望；最後一個面向是公共利益（public interest），亦即公共議題的管理，不論採取何種手段或因應措施，均必須符合社會最大公共利益的前提要件。

　　從另一個角度言，上述之分析面向亦隱約透露出，政府部門的決策者於處理公共議題時所應具備的宏觀思考。歸納來說，宏觀思考指的是，「掌握問題→機制運作→權力管理→決策執行→結果控制」等五個步驟。只要掌握這五項步驟的精髓及原則，逐步推前，即可協助決策者有效處理層出不窮的公共議題。

第壹篇　公共關係理論與公共決策

第二章　公共關係理論概述

壹、公共關係的意涵

　　有關「公共關係」的意涵，包括國內外學術界和實務界至今仍無統一的定義。以下是國內外較具代表性的定義或詮釋：

1. 「公共關係係基於社會責任的管理哲學，透過有效的雙程傳播，調合私利與公益的管理功能，獲致公共支持，促進社會和諧的過程。」（王洪鈞，1983：29-30）

2. 「公共關係是一種管理工具、一種傳播工具及一種行銷工具，採用雙向溝通方式，使某人或某公司的需求及興趣，能與特定大眾的需求及興趣，互相配合、溝通。」（袁自玉，1989：17）

3. 「公共關係就是溝通——是對不同的組織、團體溝通，以增進互相瞭解，從而減少摩擦，爭取最大互利。」（臧國仁等人，1988：29）

4. 「公共關係就是組織與大眾間溝通的管理。」（Grunig & Hunt, 1984: 6）

5. 「公共關係是一種管理功能，以釐清（identifies）、建立及維持組織與不同公眾間的互利關係。」（Cutlip et. al., 1985: 4）

6. 「公共關係是一種有目的、有計畫及持續的努力，以建立及維持組織與公眾間相互的瞭解。」〔英國公共關係協會（British Institute of Public Relations），引自 Wilcox et. al., 2000: 4〕

7. 「公共關係是一種管理功能，以便評估公眾態度、釐清（identifies）個人或組織有關公共利益的政策和程序，並計畫、執行某些

作爲以獲得公眾的瞭解和接納。」（Public Relations News，引自 Cutlip et. al., 1985: 3）

8.「公共關係是一項獨特的管理功能，用來幫助、維持組織與公眾間相互的溝通、瞭解、接納及合作。它涉及問題與議題的管理；告知管理者民意爲何及如何回應；定義及強調管理者的公共利益責任；幫助管理者有效因應變遷，發揮早期警報系統功能，預測趨勢；並以研究及溝通技術之運用做爲主要工具。」〔美國公共關係協會（Public Relations Society of America, PRSA），引自Wilcox et. al., 2000: 3〕

9.「公共關係是主動參與社會意義建構的過程。」（Gordon, 1997）

然亦有學者鑑於各家說法不一，針對公共關係的實質內容改採間接界定的方式。例如，Simon（1984：6-7，引自Gordon, 1997）即不直接爲公共關係下定義，而以六個要素來說明公共關係的意涵：

1.管理功能（management function）。
2.組織與公眾的關係（relations between an organization and its publics）。
3.透過研究進行分析及評估（analysis and evaluation through research）。
4.管理諮詢（management counseling）。
5.推動及執行（implementation and execution）。
6.獲致善意（achievement of goodwill）。

誠如Wilcox等人所言，任何組織或個人都可視環境差異，發展適用的公共關係定義，所以沒有必要去限定只能使用某項定義，只要遵循公共關係的幾個相關要素去定義即可（Wilcox et. al., 2000: 5-7）。Wilcox等人認爲的公關要素包括：

1.公關工作是有目的的（deliberate）。公關活動之目的在影響、增進瞭解，提供資料及獲得對方的回應。

2.公關工作是計畫性的（planned）。公關活動是有組織的計畫，講求研究和分析，以尋求解決方案。

3.公關工作講求行為表現（performance）。有效的公關建立在落實的政策與個人或組織的表現之上。

4.公關工作必須符合公眾利益（public interest）。任何公關活動除了要對組織有利，也要顧及是否符合公眾利益；理想的公關活動應同時有利於組織與公眾雙方。

5.公關工作需從事雙向溝通（two-way communication）。公共關係除了傳遞資訊給對方外，也包括從受眾處獲知回饋。

6.公關工作是管理功能的一部分（management function）。公共關係不僅在政策決定後去傳播資訊，也包括決策前的諮詢，及在高層次之決策過程中的角色扮演。

從上述各種定義可以得知，公共關係其實是一個組織與公眾的溝通橋樑。透過公共關係的管理功能，組織將希望公眾認知的訊息傳達給公眾，同時也經由公共關係的方法得知公眾對此訊息的反應。換言之，公共關係的管理功能是在組織利益和公眾利益（或社會責任）間求得一個平衡點，使雙方互蒙其利。

上述之組織可以泛指政府或私人企業。至於公眾的範圍則更廣泛，包括：一般或特殊大眾、社區居民、員工、工會、股東、民意代表、政府機關等都是。因為對象不同，公關作為也就可分為政府公關、企業公關、社團或工會公關、國會公關、國際公關等不同類別。

貳、組織與公共關係模式

本書係以一般系統理論（general system theory, GST）為理論架構主軸。一般系統理論主張：系統是由二個客體（objects）或個體（entities）所組成（Pavlik, 1987: 126）。根據Hall & Fagen（1956）的說法，

系統可分為二部分：第一部分是二個客體本身；其次是客體與其屬性（attributes）的關係；其中客體係指系統的部分（parts）或組件（components），屬性指客體的特性，關係則表示客體和屬性的相互關係。

　　生物學家von Bertalanffy（1968）將系統分成開放的（open）及封閉的（closed）二種，前者包括生物系統和社會系統，後者則是指機械系統和物理系統。開放系統具有自律（self-regulation）和調適（adaptation）的能力。同時，開放系統之下有許多不同的次系統，每個次系統各有其特定的功能。

　　在開放性的社會系統方面，Sirgy（1984：69）認為，可將社會系統切割成四種不同行為現象的分析層次，分別是：

1.個人層次：個人或組織本身的行為。
2.人際層次：個人角色與其他個人角色間的互動行為。
3.情境層次：在特定情境下，個人角色與社會環境的互動行為。
4.發展層次：個人與社會環境的長期互動行為。

　　在一般系統理論以及社會是一個開放系統的基礎下，本書認為，政府組織乃係社會系統下的一個次系統；此外，當探討政府組織的行為時，可從以上四種分析層次來檢視政府如何因應外界環境與問題。換句話說，欲研究開放系統下的政府組織行為，除了研究政府組織內的行為外，也應該分析政府與外界社會環境的互動關係。

　　當藉由上述方式分析政府的公共關係行為時，乃導引出所謂的「公共關係開放系統模式」觀念。Sirgy（1984：3）強調，他的分析層次除了可應用在行銷學（marketing），也能應用在管理學、政治學、經濟學、教育學及社會變遷等領域。同樣的，如果視政府組織為一種社會次系統，則政府公共關係的研究層次也可比照分為四種：

1.個人層次：官員或政府組織本身的行為。
2.人際層次：官員與社會公眾（publics）間的互動行為。
3.情境層次：在特定情境下，政府組織與社會環境的互動行為。

4.發展層次：政府組織與社會環境的長期互動行爲。

　　Cutlip等人（1985：101-20）以生態學（ecology）的觀念說明上述組織公關行爲與環境的關係。他們認爲，公共關係工作是組織適應環境的產物，因此組織：(1)必須接受社會所賦予的社會責任；(2)不論面臨多少困難，都須與大衆進行溝通；(3)以便和整個社會結合在一起。同理，身爲政府組織中的公關人員，其職責乃在監測環境氣氛的變遷與障礙，並同時向民衆或上級長官解釋。Cutlip等人也指出，在一個開放系統中，組織的目的在以輸入資訊（input）影響產出（output）；同時，組織的投入也受環境產出的影響。這種投入與產出的關係型態可以Grunig & Hunt（1984：94）的圖加以說明之（如圖2-1）。

　　來自環境的輸入由系統（組織）加以處理（throughput），找出解決問題的方法，然後向環境產出，再透過回饋修正處理方式，如此週而復始。舉例而言，當環境產生某種威脅並影響到政府機關的平衡運作時，政府便要採取相關對策以解決問題，如果這些對策發揮功能，環境的威脅便可降低，進而回饋給政府機關，使其運作回復平衡；但若對策並未

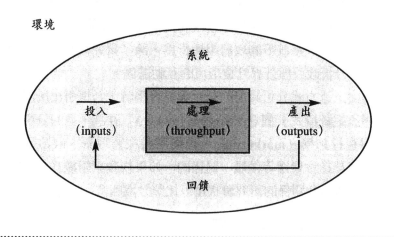

圖2-1　開放系統概念圖

資料來源：Grunig & Hunt, 1984: 94.

奏效，政府機關即應透過回饋系統尋求其它解決方案，此一過程持續不斷重複，直到環境威脅消失為止。

Broom（1986）認為，在開放系統中，公關行為是組織與次系統間相互調適的一環，其工作在蒐集、探析、傳遞有關組織與環境的資訊，協助其它次系統共謀組織之成長與生存。所以，公共關係一方面可幫助次系統調適組織與環境的關係；另一方面則可塑造環境趨勢（forces），增加組織作為的成功性。

Cutlip等人（1985：194-196）因此提出，「公共關係開放系統模式」（open systems model of public relations），以說明組織如何運用公關行為調適組織與外界環境的關係（如圖2-2）。

為了建構與公眾的理想關係，組織通常必須採取某些作為，包括組織內部如何界定與公眾的關係、組織內部是否對與公眾的種種溝通行為有一致的見解。另一方面，公眾對於組織所企圖建構的互動關係也會抱持高度關切，並採取回應行動。至於組織是否達成目標，則可透過回饋系統得知，組織再根據這些回饋重新修正組織的結構及計畫，如此週而

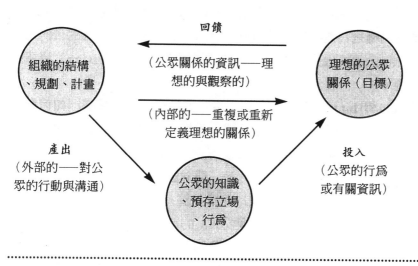

圖2-2　公共關係的開放系統模式

資料來源：Cutlip et al., 1985: 194.

復始，循環不斷，使組織得以充分調適內外環境的變化。

在開放系統中，公共關係的第一件功能在預期（anticipate）及偵測（detect）影響組織與公眾關係的環境變化；其次，公關人員必須找出受組織政策與行為影響，或與組織有關係的公眾；同時也應該確立組織採取正確的（corrective）行為，以影響公眾的認知、預存立場和行為。其最終目標是維持、促成組織與公眾雙方的利益，並消弭可能產生的利益衝突。因此組織必須不斷調整（adjust to）、調適（adapt to）本身和公眾的關係，以便因應變化多端的社會、政治、經濟環境。

Chaffee與Petrick（1975：102-113）認為，組織進行公關計畫的目的有三：

1.保護企業（組織）本身，以公關作為面對外界威脅。
2.防患危機發生，在問題形成以前，運用溝通加以解決。
3.善盡社會責任，制訂對公眾有利的企業（組織）政策。

為了達成上述目的，組織可以採取二種公關行為途徑：一是「居間人」（go-between）途徑；二是「問題解決人」（problem-solving）途徑。換言之，組織的公關行為在幫助組織和公眾更正確地瞭解對方的面貌，並運用溝通技術協助組織與公眾解決問題。所以，溝通的目的是分享（sharing）資訊及解決問題，而非只是單方面給予（giving）資訊及解釋問題。

Grunig與Hunt（1984：13-46）以四種模式解釋公關部門如何和外在的環境進行互動行為，這四種公關行為模式分別為：「報業代理／宣傳」（press agentry/publicity）、「公共資訊」（public information）、「雙向不對稱」（two-way asymmetric）及「雙向對稱」（two-way symmetric）等四種模式，以下依不同特性加以簡單說明。

就行為目的而言，「報業代理模式」的目的是宣傳（propaganda），透過不完整、扭曲、半真實的資訊散佈組織的信念，這個概念有點像是共產國家對民眾「洗腦」的功能；「公共資訊模式」的目的是資訊傳遞，不一定有說服的意圖，公關人員以記者角色自居，將組織消息客觀

地告知大眾，這與民主社會中政府有善盡告知民眾資訊之義務相似；第三種「雙向不對稱模式」的目的在改變大眾的認知及態度，進而說服大眾接受組織的觀點，並在行為上支持組織，此種模式雖屬雙向互動，但強調來源的「說服」角色；而在「雙向對稱模式」中的公關人員是組織與大眾的中介者 （mediators），目的在幫助彼此相互瞭解，使用溝通理論、而非說服理論來策劃、推動公關作為。

就傳播的性質來看，第一、二種模式都是單向、由組織傳向大眾，視傳播為「說」（telling）、而非「聽」（listening）的過程；雙向不對稱模式雖為雙向傳播，但就效果而言，是站在組織觀點這一邊，企圖說服大眾改變態度和行為；相對的，雙向對稱模式則重視彼此對話（dialogue）的必要性，大眾可以說服組織改變態度和行為，一如組織也可以說服大眾改變態度和行為。

Dozier等人（1995：39-51）以下圖（圖2-3）說明雙向模式在實際

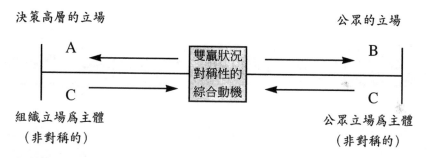

運作模式及說明

A：純非對稱模式（pure asymmetry model）——溝通是用來支配公眾接受決策高層的立場。

B：純合作模式（pure cooperation model）——溝通是用來使決策高層接受公眾的立場。

C：雙向模式（two-way model）——溝通是用來使公眾及決策高層都接受雙贏的狀況。

＊＊

圖2-3 雙向對稱／非對稱運作模式

資料來源：Dozier et al., 1995: 39-51.

運作時的變化類型。在組織的決策者（原用語為「支配聯盟」(dominant coalition)，此節另在後文說明）與公眾之間，公關管理人的角色有時是調適二者的溝通關係：一方面提供決策高層資訊，協助決策高層以公眾之立場看問題；另一方面則幫助公眾追求利益，使公眾與決策高層都能達到雙贏（win-win）的對稱關係；但公關管理人有時則轉換角色，是以說服公眾接納組織的立場，操縱公眾態度為目的，此時，公眾與決策高層便處於非對稱的關係。

然而，組織與公眾也必須在利益的爭奪關係中尋求平衡，讓雙方都能接受妥協又不至於後悔。因此這是一種既合作又有對立心態的互動關係。

誠如Grunig & Hunt（1984：43）所說的：「雖然我們比較喜歡雙向對稱模式，但我們知道組織所面對的問題有其它模式可以提供更好的解決方案。」換言之，不同的組織針對各種環境特性，基於不同的目的，以及不同目標對象所採取的公關模式並不全然相同。

第二節　框架理論與公共關係

Grunig與Hunt（1984：13-46）所提出的四種公共關係行為模式堪稱系統觀點的代表作，儘管頗受公關研究學者的認同，也的確為建構公關理論開拓出新的方向，但這套理論基礎是否同樣適用於其他國家的組織公關行為，尚有待進一步的研究證明。依據Grunig等人（Grunig et. al., 1995）的研究發現，Grunig與Hunt的四種公共關係行為模式在台灣、印度及希臘等國家，雖然可以應用（practiced），但其中在「雙向對稱模式」(two-way symmetrical model) 的實際運用上，充其量只是一種理想性、規範性的模式。

因此，公關理論的研究逐漸朝多元面向發展。例如，Toth（1992）主張公關研究的典範有三大途徑，分別從系統觀點（system perspec-

tive）、批判觀點（critical perspective）及語藝觀點（rhetorical perspec-
tive）切入[1]。

其次，就政府公關之角度言，其中又以Stephen P. Banks由「社會詮
釋途徑」（social-interpretive approach），所提出之「多元文化公共關係
理論」（theory for multicultural public relations）較具整體涵蓋性。簡單
而言，Banks（1995：23-43）認爲，公關是用來管理組織與公眾間之溝
通，目的在培養正面的、支持性的社區力量，故公共關係是在多元意義
系統（multiple systems of meaning）情境下的運作行爲。Banks主張，在
此理論下的公共關係具有五項溝通內涵：

1. 公關是組織的（institutional）：組織運用公關創造有利的「符號」
   （symbols），其目的在增進組織的形象、聲譽及公眾關係；公關將
   組織的價值、目標及行爲等展現並傳播出去，成爲「企業語藝」
   （corporate rhetoric），希望藉此建立社會共識。
2. 公關是代表性的（representational）：公關參與組織決策，塑造形
   象、建立定位，且代表組織發言，故可視爲「企業體」（corporate
   persona）的代言人。
3. 公關是意識形態的（ideological）：透過建構社會意義的詮釋網
   絡，公關將設計過的訊息隱藏在日常的互動行爲中，告訴民眾什
   麼訊息是眞的、正常的及公正的，以影響公眾之認知與觀念。意
   識形態未必是不對的或誤導的，它只是以巧妙的手段去推廣某些
   價值觀，並達到某種目的。
4. 公關是整合性的（integrational）：公關之目的一方面在追求組織
   的目標；另一方面則爲建立民眾共識，創造有效率的社群。因而
   公關必須整合二者，以求既能達到組織的要求，又符合社會責任
   的標準。
5. 公關是文化的（cultural）：公關一方面是在多元文化的環境下，
   面對不同人口屬性的公眾，進行溝通行爲；另一方面，公關行爲本
   身就是文化行爲的一環，所有公關行爲都具有文化目的。

Banks的主張與近年興起之公關研究新典範——「框架理論」（framing theory）的內涵頗為契合，也為政府公關之策略規劃提供另一種思維方向。基本上，框架理論運用了其他領域的知識，如心理學、語言傳播——論述分析（discourse analysis）及談判（negotiation）、組織決策、媒體研究及政治傳播學等，目的在探討及分析溝通的相關行為，例如用來解釋消息來源與新聞記者間認知互動的情形等（Hallahan, 1999）。

壹、框架理論概論

「框架理論」一詞最早出現於一九七〇年代，隨後一些專研新聞媒體研究的社會學者開始運用框架理論於新聞媒介上，知道如何使用「框架」來呈現社會真實（society reality）的面貌。但卻是一直到了一九九〇年代才有傳播學者正式應用框架理論的概念於研究新聞內容的產製過程上（臧國仁，1999：26）。

「框架」（frame）是人們解釋外在真實世界的心理基模（schema），用來做為瞭解、指認、以及界定行事經驗的基礎；人們依賴主觀認知中的框架來組織經驗、調整行動（臧國仁，1999：27）。鍾蔚文等人1996）綜合整理框架與社會真實關係之相關研究後指出（見臧國仁，999：30-31）：

1.當所有客觀的社會事件轉換為個人的主觀心象時，似乎都要經歷「再現」（representation）的過程；個人藉由「框架」將社會事件轉譯為個人的主觀認知。

2.再現的產物無法完美無缺地複製真實世界中的原始面貌，而只是真實的「再造」（reproduce）產物，人們在建構事實時，實際上只不過反映了自己對事實的內在看法。

3.由此一過程來看，個人似乎不斷受到「其他社會人」的影響，使得個人框架常常也是同一社區框架（community frames）的反映，

此種現象最常表現在語言中，並透過大眾傳播媒介的再現功能加以顯現。因為媒介提供許多儀式或是象徵物，協助個人建立獨立的自我認知，得以連結內在思想與外在環境；其次，媒介內容成為公共交談的場所，使人們藉著使用相同文字或符號而參與社會行動，成為社會公眾的一部分，進而完成社會同質性的建構。

從以上的論述可以推論公關人員的另一項新角色——建構社會真實（construction of social reality）。換言之，透過對外塑造組織的觀點，公關人員可以為組織定義社會真實為何，這種建構出來的行為或許可以視之為是對社會的某種「操縱」（manipulation）。

Hallahan認為，框架化可以扮演公關的整合性角色，如果公共關係是一種建立或維持組織與公眾間互利關係的過程，則為了推展有效的互動關係，就必須針對主題或雙方關切之議題，去構築共通的「參考架構」（frames of reference）（Hallahan, 1999），讓彼此有共同的互動基礎。

據此，乃引發吾人對框架理論的一些思考，例如：

1. 透過「選擇」及「重組」兩個機制，框架可以轉換或再現真實，問題是：由誰來選擇及重組？如何做？基於何種動機及目的？
2. 如果主其事者[2]在選擇及重組事實、建構社會框架時，是基於個人主觀的認知及價值取向，則框架化後的社會真實也意謂著「偏見」的必然存在。
3. 假設社會上存在著相互競爭的人或組織，為了獲取優勢、主控社會框架，乃產生彼此間的框架競爭，或透過「協商」（negotiate），爭取建構社會真實的獨占性，關鍵在：誰掌握了何種社會資源優勢？誰是競爭衝突後的勝利者？如何協商？衝突如何化解？
4. 既然個人框架的形成與社會、社區、組織或團體間存有互動關係，則控制社會框架是否即代表也控制了個人的認知框架？果如是，又由誰控制建構社會框架的權力？
5. 如果新聞所表達的框架反映了社會對某項議題的主流意見，是否

也代表社會權力將流向某人或某團體，並足以影響社會大眾。

貳、框架理論的策略運用

　　從公共關係的角度來看，議題的發展也就是指，在談判互動過程中議題被定義及轉化的過程，此種互動過程會受到「交涉之框架情境」（bargaining context）、「議題塑造過程」（process of shaping issues）及「再框架化」（reframing）三個因素的影響（Putnam & Holmer, 1992）。也就是說，談判者可以透過交談、意見、論辯及其他互動行為，以詮釋議題之衝突性，進而形成對議題的框架（Vasquez, 1996）。

　　組織的公關人員為了掌握組織本身與公眾間的關係，影響對方，通常藉由資訊的配置及再配置（assembling-reassembling）、推廣及再推廣（promotion-repromotion）、消費及再消費（consuming-reconsuming）等過程，試圖建構組織的資訊框架，並以此來彰顯或隱喻組織的價值、形象及關切的議題（Vasquez, 1996）。

　　由此可知，公關專業人員基本上是一種「框架策略者」（frame strategist），其角色功能在採取框架策略以達成工作使命。譬如，一方面針對社會議題發展特定的主題（specific themes）以引起公眾之討論或注意，另一方面則要採取框架手法塑造組織形象，強化民眾對某項議題的觀點（Hallahan, 1999）。

　　在建構社會框架的策略運用方面，公關人員通常採取下列七種框架化的模式，分別是：(1)「情境框架」（framing of situations）；(2)「歸因框架」（framing of attributes）；(3)「選項框架」（framing of choices）；(4)「行動框架」（framing of actions）；(5)「議題框架」（framing of issues）；(6)「責任框架」（framing of responsibility）及(7)「新聞框架」（framing of news）。這七種模式的中心概念為「關係結構化」（contextualization），意即框架化係把資訊轉化成「關係結構」（context），然後建立「參考框架」（frames of reference），以利人們評估資訊、瞭解意義及

採取行動。換句話說，框架可以提供認知以及行為的線索（clues）（Hallahan, 1999）。以下將分項說明。

一、情境框架

　　情境框架（framing of situations）指公關人員為推動組織與公眾間之溝通，建構雙方可以接受或符合參與者期望之相對條件（encounters），使雙方便於對話及公開討論。如政府組織透過舉辦開幕式、頒獎典禮、週年慶等特定活動之儀式，表彰某些團體或個人以建立互動關係，或凸顯某種社會意涵，使社會議題被框架化為特定的型態或趨勢。

二、歸因框架

　　歸因框架（framing of attributes）指公關人員可以透過強調重要人物、組織、產品、服務之特殊性，使該特性與期望之目標結合，以影響人們腦海中的信念及價值觀。例如，當今許多企業積極從事各類贊助活動，或參與社區事務，或推動人文藝術表演等，雖然與其經營宗旨不盡相符，但假以時日，良好的企業形象必能相對提高產品的知名度與銷售量，因為消費者腦中的框架已被塑化成——好企業必然生產好商品。

　　公關人員可以塑造正面的歸因，提升己方的形象，也可以為了打擊對手，以負面歸因手法「抹黑」對手。最常見的例子就是選舉期間，負面攻擊性的政治廣告將政黨、政治人物貼上標籤，阻斷選票來源。

三、選項框架

　　根據研究，人類在面對不確定環境時，會有「寧可少得、不願損失」的心理，選項框架（framing of choices）策略乃是運用人類在決策時趨吉避兇的心理，設定可選擇的範圍或選項。因此，為了鼓勵公眾冒一點險，公關人員恐得提出更大的誘因，才能讓公眾拋開寧可少得、不願損

失的既存心理。例如，政黨為了爭取選票，提出「政黨輪替、黑金終結」口號作為選舉訴求，讓選民在選擇黑金與終結黑金間作抉擇。

四、行動框架

當公眾克服得與失之心理因素，也有意採取行動時，公關人員此時可以透過設定正面行動與負面（不採取）行動的框架，讓公眾自行評估採取正面行動可以獲得哪些好處、或可能面臨何種風險，而不採取行動可能承擔什麼風險或損失、或有哪些益處。例如，核能發電是一個爭議性很高的議題，不論支持或反對的團體，都可以採取此種策略，訴諸全民，爭取支持。

五、議題框架

當組織面臨某一社會議題時，公關人員的職責是掌握並控制議題的發展，並採取因應之道。就消極面而言，此一策略乃在控制議題的社會顯著性，讓議題為眾人皆知或使之消失於無形，但就積極面而言，更高明的策略是告訴公眾應該如何看待這個議題。例如，在討論金援邦交國的安適性議題上，淡化處理可能不是正確的方向，教育國人以健康、善盡世界公民的態度來面對或許才是長遠之計。

六、責任框架

當組織面臨危機事件時，責任框架策略尤其常被使用。簡言之，如果組織涉及某種爭議性事件並論及責任歸屬時，在出面承擔責任或是迴避責任二者間，究竟何者對組織比較有利？不論是採取承擔或迴避的策略，公關人員都必須建構公眾對責任歸屬的判斷框架，讓本身處於有利的一方。例如，面對經濟不景氣、失業率逐漸攀升的情勢，執政黨應該承擔執政責任，抑或將原因歸諸國際經濟大環境，如何說明？何者較易

為全民所接受？

　　相反的，此種策略也可用來制衡競爭者。以前例而言，為了爭奪民意市場的認同，在野黨必然用盡一切手段，將責任框架定位在執政黨的執政能力不足，或施政政策錯誤。

七、新聞框架

　　Gamson（1984，引自Hallahan, 1999）將新聞來源框架化資訊的行為描述成「框架事業」（frame enterprise），並把新聞來源稱之為「框架提供人」（frame sponsor）。實務上，公關人員為促使媒體記者或主編採用新聞來源提供的稿件或資料，通常採取二種手段：一是在新聞中加入趣味性，讓事件看起來很有「新聞性」；二是將資訊框架化成符合新聞來源偏好的框架。此外，公關人員也會發現，同一時間，針對某項新聞議題，不同新聞來源的框架也在競逐主導的地位。故由此觀點來看，新聞來源與記者間的互動或許可以視之為是一種「框架的協商」（frame negotiations），這意味著我們所看到的「新聞」，乃是許多新聞來源的議題框架與記者認知的社會主流框架相互影響、妥協的結果，並非事件原來的面貌。

　　以上七種框架策略可以隨著議題的發展階段交互靈活運用，或就議題的性質內容同時使用多種框架策略。為了發揮所謂的「專業能力」，公關人員應該懂得針對議題的發展階段、特性及當時社會情境，依據時間因素，採取不同框架策略，始能發揮框架策略的最大效用。

註釋

1. 有關這三大途徑之內涵可參閱Toth（1992）的介紹；另黃懿慧（1999）則將公關理論的學派區分爲：管理學派、語藝／批判學派及整合行銷傳播學派三種。

2. 此處不作對象的界定，僅泛指握有建構社會框架權力的人或團體，包括：政府部門、媒體或意見領袖等。

第三章　權力與公共決策管理

第一節 影響力與權力體系

壹、影響力概論

民主政治理論假設公共政策是透過相互的「說服」（pursuasion）來決定，而非靠「強力」（force），因此，在自由社會裡，公眾有權採取說服性的論點以「影響」對方的觀念或行為。此處之「影響力」（influence）基本上是指經由一個人的尊貴（prestige）、能力（ability）、地位（position）等所發揮出來的權力（power）而言，但不包括靠強力達到目的的威脅（threat）手段。但有論者（如Talcott Parsons, 1967，引自Mayhew, 1997: 58-60）主張，金錢或財富（wealth）也可算是影響力的一種。

另外，Galbraith（1983）認為，除了人格（personality）與財產（property）是權力的來源外，組織（organization）是另一種力量更大的權力。換言之，凡掌控組織如政府、政黨、教會等支配影響力者，具有令人生畏的強大權力。

Mayhew（1997：51）進一步以實例來闡釋「影響力」與「權力」（power）之差異。例如，以撤銷支持某方案來威脅政府官員，算是權力的使用，但不是影響力的發揮；相對的，當報紙的社論塑造了多數人民的意見，或政治人物的演說改變了選民的投票意向，或部分民眾以示威引起社會大眾注意，並因而贏得其他人的支持，則是屬於影響力的效果。

因此，擁有影響力者通常也意味著其掌握或有能力使用說服性的資源。何謂「說服性資源」？除了前述所謂的尊貴、能力、地位之外，Mayhew還加入「知識」（knowledge，泛指資訊及個人論點）、「信任」（trust）、「個人魅力」（charisma）、「語藝能力」（rhetorical skill），及

「傳播網絡的取得與使用」（access to networks of communication）等
（Mayhew, 1997: 51）。

　　身處當今的資訊社會，從資訊掌握的有或無、完整或不全，又產生
對影響力的另一種詮釋觀點。也就是說，擁有資訊的人，因為享有一般
人所欠缺的個人特質——「聲譽」（reputation，或聲望），而聲譽代表一
個人的「信用」，故自然較缺乏資訊的人更能說服他人（Mayhew, 1997:
65）。此一觀點類似人們於選購商品時，在眾多品牌中，通常較傾向選
擇「有品牌」的產品；同樣的，當選民面對許多候選人卻不知如何選擇
時，有顯著聲望的候選人往往較可能發揮說服的影響力。由此觀之，政
府首長的社會形象或民調支持度亦可引申為另一種「聲譽」，亦即聲望
高的首長代表其社會影響力比聲望低的首長更大。

　　不過，在實際的社會環境中，權力與影響力的分際往往難以截然劃
分，在論述時亦經常併同討論。例如，Galbraith（1983）即將權力與影
響力一併思考，並把權力分為三種類型：

1. **應得權力**（condign power）：指擁有強加於個人或團體、迫使對
   方屈服而贏得服從的力量，例如透過處罰、調職、法律控制權等
   手段。
2. **補償權力**（compensatory power）：相對於應得權力的威脅性，補
   償權力強調透過給予正面的獎賞以贏得對方的服從，例如金錢、
   陞遷、讚揚等。
3. **調控權力**（conditioned power）：則是以說服、教育、宣傳等方
   式，很自然地長期傳達社會價值及準則，讓個人或團體逐漸改變信
   念，最終服從於掌權者。

　　雖然政府同時擁有，也能使用應得、補償及調控等三種權力，但
Galbraith（1983）認為，二十世紀民主國家的政治權力，主要是由調控
權力所構成。調控的概念就如同教育或文化對於個人長期的深層影響，
是一種隱含的（implicit）影響力量，大眾媒介如電視、報紙、廣播及廣
告等則為調控工具之一。Galbraith的說法，凸顯出當代民主國家的政府

與決策者為何愈來愈重視政府公關職能的發揮。

其次，Yukl（1992：18-19）認為，權力來自三種不同來源，分別是：

1.職位權力（position power）。
2.個人權力（personal power）。
3.政治權力（political power）。

職位權力來自於某人在組織中所佔職位所賦予的權力，包括法律上的授權（legitimate authority）、對資源與獎懲之控制權、對資訊的控制權，以及對生態環境的控制權等五項。個人權力則由權力所有者與目標對象間產生之人際互動關係而來，包括對工作或業務相對的熟練程度（即專家權）、彼此的友誼與忠誠關係，以及權力所有者所具備的人格魅力（charisma）等三項。第三種政治權力涉及政治發展的過程，包括決策過程的控制權、整合或組成聯盟的力量、推舉他人參與決策的掌控權，及藉由體制化過程保障權力的操控能力等四項。

掌握權力又擅長運用權力的領導人，必然能夠發揮相當的影響力，更者，影響力又可以促動公眾對所處團體的歸屬感（affiliation），激發向心力，進而創造新的社會團結（solidarity）。因此，Mayhew（1997：70-78）主張，要想成為具有社會影響力的說服者最好學會運用以下策略：

1.知識專業（professional influence）：以專業性之知識或技能累積並發揮影響力。
2.自願性團體（voluntary association）：透過鼓勵公眾自願加入某種團體，遵循組織規範，進而影響公眾之意見。
3.選舉動員（election campaigns）：選舉活動具有挑起議題、動員群眾、鼓舞團隊士氣，以及塑造個人形象之功能，所以政治人物可以透過選舉累積政治影響力。
4.親身影響（personal influence）：意指經由個人間之親身接觸、溝

通，發揮影響力。

5.特殊團體代言人（prolocutor）：指針對特定屬性團體，如勞工、人權、原住民、婦女等，擔任這些團體的利益代言人，以換取該等團體的支持，進而累積社會影響力。

6.公眾利益代言人（public influence）：以全民利益代言人自居，一旦成為社會上的意見領袖，則其言論、舉止將具有社會指標性作用，因此能夠發揮社會影響力。

根據上述，Mayhew指出，由過去的經驗得知，凡擁有影響力或權力者便得以協助整合或解決社會問題，例如解決衝突、協調合作、去除本位利益、促進團結與忠誠等，光靠一些多如牛毛的社會規範或法令，是不可能獲致這些成果的（Mayhew, 1997: 8-9）。Mayhew的論點突顯了政治人物對社會的深層影響，而這種影響層面有可能是正面的，也有可能是負面的。

貳、權力體系的運作

不論在政治領域或政府部門，權力運作本身亦可視為是行使權力的目的。換言之，在任何社會裏，人們行使權力的目的往往就是為了享受「操縱權力」的樂趣。因而在所有爭奪權力的人當中，政治人物（或稱為政客）常常被描繪成「權力的飢餓者」（Galbraith, 1983: 12-13）。台灣的政治生態所反映出的權力鬥爭似乎與此並不相違。

衡諸當前國內各種政治勢力之強弱態勢，以及各種勢力對公共政策或議題的影響力，本書將國內政治場域的權力體系切割為四大主要次體系，分別是行政、國會（立法）、媒體、利益團體（意見領袖）等。同時假設這四大次體系共同分享了大部分的政治權力，而且在日常生活中不斷從事影響力的動態運作。在這四大次體系外的「環境」變數則是促使影響力競逐不斷進行的主因。

本書同時假設，各次體系因為個別的屬性與角色差異而分別擁有不同且特有的利基或籌碼，並因為權力結構或社會時勢所然，不斷對其他次體系行使影響力。譬如，行政部門掌握公務體系的人事、預算、施政、公權力等行政資源；國會（立法院）擁有質詢權、法案審查權、立法權、預算權及調閱權等，可行使權力制衡行政部門之運作；傳播媒體以「第四權」自居，提供管道，扮演資訊傳遞的角色，有權對社會公眾關心之議題加以報導及評論，所以能夠建構輿情（論）或塑造社會壓力；利益團體（政黨也包括其中）以及團體中的意見領袖因為具有匯集社會能量與群眾力量、發動群眾運動的能力，甚至影響各種選舉時的選票流向，故國會及行政部門均不得不重視他們的存在。在這四種勢力交互影響下，加上社會情勢隨時都可能有新的發展，所以各次體系也不斷調整其組織行為，最終的目的乃在企圖掌控優勢並爭奪最大利基，讓權力的操控極大化。

至於各次體系間的複雜關係可以下列三種型態來加以區別（Borden, 1985，引自Bivins, 1992）：

1. **參與的／輔助的型態**（participative／adjunctive）：指次系統間相互獨立，即使沒有對方也能存在。這種型態賦予雙方極大的彈性，也讓彼此可以規避責任。

2. **參與的／受制的型態**（participative／subjective）：指次系統間彼此並非對稱性的依賴關係。例如，次系統A較依賴次系統B，而次系統B卻可以不必依賴次系統A，則B所擁有之力量大於A。

3. **參與的／補充的型態**（participative／complemental）：指次系統間彼此相互依賴，缺少對方則本身無法存在。因此，次系統間為了生存，必須努力增進相互了解，並作妥協。

由此角度來看，各次體系間的相互關係並非全然如同你爭我奪的「政治叢林」般，反而是，多數時候會因為不同的公共議題而有互補互利、相互制衡、利益衝突、動態結盟或角色重疊等相異的連結關係。例如，在某一議題上，國會中的反對黨與利益團體結合，共同對行政部門

施壓，迫使行政部門採納某一版本法案條文，而行政部門則以社會公平正義之名訴諸媒體，試圖在社會輿論方面贏得優勢；但在其他議題上，媒體可能一反先前的中立立場而加入國會與利益團體，共同合作對抗行政部門。

在這四大次體系中，大眾媒體的角色最足堪玩味。它一方面是權力體系的一環，以社會參與者或正義化身的「社會公器」角色自居，不斷試圖在公共領域發揮政治影響力；但另一方面它又提供體系內權力流動的主要管道，讓所有次體系間的政治運作得以進行並接受公眾的考驗。例如臧國仁指出：

> 社會組織會爭相接近媒體，以奪取界定媒介框架的機會，媒體與社會組織間因彼此力量的強弱不同，而產生依賴或被依賴的情境。一旦在媒介爭奪發言之過程結束，戰勝之社會組織可進而主控文化面向的影響力，掌握政治上層意識形態的主導權。（臧國仁，1999：165）

Wolfsfeld（1997，引自臧國仁，1999：348）認為，新聞記者與消息來源（如行政、立法部門、意見領袖）雙方均擁有某種「社會權力」，而新聞媒體正是不同消息來源之間，以及消息來源與新聞記者間的角力場所。

至於其他如人際溝通、小眾媒體亦可發揮部分作用。近幾年發展快速的網路科技所帶來的影響力更令人驚訝，將在後面章節進一步說明。

理論上，權力爭奪的優勢越大，對其他次體系所形成的壓力越強，則所獲取的政治利益就越豐厚，但相對的，其他次體系的反彈力道也會更強。各次體系雖然可以爭奪到最大的優勢或利益，但若次體系的優勢或利益損及沉默大眾的根本權益或招致群眾的反感，則勢必失去民眾支持或引起民眾反撲，並在選票或「民意調查」中反映出來，此一情形同樣適用於社會大眾對媒體報導的檢驗。例如，Gaunt & Ollenburger（1995）即認為，政府、媒體及公眾三者形成一種互動平衡的「三腳柱模式」（tripolar model）。換言之，當議題引起關注時，民意將要求政府

拿出對策，但這不代表政府可以支配或操縱大眾媒體，或是媒體必然可以發揮極大的影響力；政府及媒體只有站在多數民意的一邊或居於主流意見之列時，才具有所謂的社會影響力。

由此看來，處於弱勢之次體系並非永遠註定就是失敗者，透過策略性的權力運作或談判（negotiation or bargaining），訴諸多數「民意」或主流意見，仍有絕處逢生、反敗為勝的機會。所以，身為政府機關中處理公共事務的公關人員，必須瞭解、掌握、導引，並善加運用影響力的流向，並以公關專業手段協助組織決策者「控制」、「管理」週遭的環境，始能為組織及決策者創造優勢。

本篇前已就雙向對稱及非對稱公關模式的意涵有所說明，由該模式可推衍出權力衝突解決（conflict resolution）之七種談判手法，而這七種談判策略又分別傳達出組織不同的權力動機（motives）（Plowman, 1998）。

Plowman（1998）針對組織的目標對象及動機，認為可以綜合運用下列談判策略獲得權力優勢，發揮社會影響力：

1. 競奪（contending）策略：指「我贏，你輸」的情況。
2. 合作（collaborating）策略：指雙方都是贏家的情況。
3. 妥協（compromising）策略：指雙方各贏一半、各讓一步的情況。
4. 逃避（avoiding）策略：係指雙方無法達成協議，都是輸家的情況。
5. 調適（accommodating）策略：則是指「你贏、我輸」的情況，對組織而言，也是最不利的結局。

根據合作策略的精神，Plowman（1998）又衍生出另外兩種主動出擊的手段：(1)絕對有利（unconditionally constructive）策略，其邏輯思考為，「在符合自己的利益下，基於雙方修好原則，不管你如何想，我已研究過，這樣做對雙方關係都有好處，你是沒有選擇餘地的」；(2)雙贏或免談（win-win or no deal）策略，指雙方要則雙贏，否則取消談判，

回到原點。

　　組織與其他次體系或目標公眾間所產生的談判結果,將透露出彼此權力的消長,以及社會影響力的流動方向,並經由大眾媒體公開化。Merriam & Makower (1988:37) 所發展之新聞流通模式 (如圖3-1),可用以說明媒體在新聞產製過程中所承受的外在影響力。

　　簡單而言,Merriam & Makower二人將外界的影響力概分為客觀性回應 (objective response) 及操縱性回應 (manipulative response) 兩類。前者泛指包括學者專家 (假設基於學術中立,提出客觀意見)、國會議員 (意謂國會議員之角色係客觀反映民意)、企業與組織 (如政府

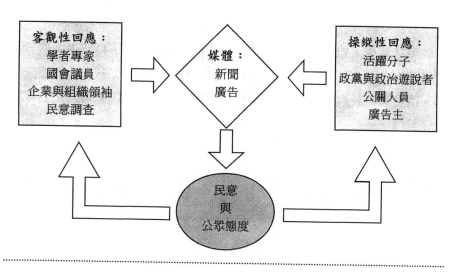

圖3-1　新聞的流通模式

資料來源:Merriam & Makower, 1987: 37.

機構) 領袖、民意調查等對媒體的影響力;後者操縱性回應則指涉如活躍分子 (activist)、政黨與政治遊說者、公關人員 (public relations practitioner)、廣告主 (advertiser) 等企圖以各種手段來操縱新聞的內容與立場。媒體在這兩股力量的交互衝擊、影響下產生出來的新聞[1],就是社會上所謂的「民意或公眾態度」,而這個建構出來、不純然真實的民

意或公眾態度，又反過來成為上述二類影響力的輸入（inputs）要素，如此循環不已。這個模式所顯示的意涵在：誰掌握了新聞的產製，誰就決定了意見市場的輿論商品，而誰擁有輿論市場的詮釋權，也就掌控了社會權力。

　　同理，在本書所探討的四個次體系中，目前的政治權力態勢似乎以立法院較佔優勢；其次是利益團體（包括在野政黨）；再者為大眾媒體；最後才是行政部門，由此不難看出，為何民進黨政府在初次執政後，於推動施政方面困難重重[2]。

　　相較於過去國民黨政府時代，執政黨不僅掌握立法權及行政權之絕對優勢，也在大眾媒體與利益團體的「控制」方面耕耘有成，享有很大的主控權。但誠如前述，各次體系雖然可以爭奪到最大的優勢，但若其優勢損及社會大眾的根本利益或招致群眾的極大反感，則將失去民眾的支持或引起民眾反撲，並在選舉時反映出來。民國八十九年的總統大選，國民黨將執政權拱手讓給民進黨，其中的部分原因似可以上述觀點加以解釋。

第二節　公共政策與決策管理

壹、民意與公共政策

　　「民意是一個概括性名詞，用來描述一個集體的態度或一種公眾情緒；而民意必待議題出現後才會產生。」（Hennessy, 1985: 11）但公眾往往很難形成完全的共識，必須透過衝突與論辯的社會過程加以組織並求取妥協，此種產生民意的整合程序，既可規範衝突與競爭，使民眾得以化解爭議，且又能保有自己的特殊性（Mayhew, 1997: 5-7）。民主政

治是強調民治的政府，人民的想法與意見應該受到政府的重視並反映在政府的施政上；所以，民意與公共政策（public policy）的關係是非常密切的。

提供民眾更多公開參與公共決策與決策透明化的機會，逐漸成為當代政府的二大特色。民眾除了個別要求對政府做什麼、如何做有更大的發言權外，甚至凝聚集體力量，組成不同的利益團體去影響決策過程及產出。為了回應這些要求，政府不得不主動採取一些作為，以吸納民意，俾利於提升政策的有效性、充分掌握民眾需求；更重要的是，強化公共政策的合法性（OECD, 1998）。

在討論民主政治體系裏，民意與政策、或是政府與民眾的關係時，應先就以下問題加以釐清（Hennessy, 1985: 31-36; Timney, 1998）：

1.多數意見與少數意見的判斷。簡言之，針對某項公共議題，民意一開始所呈現的是，包括所有相異觀點的意見總和；之後，當不同的觀點逐漸瓦解妥協，並經過一種正、反的表決程序，而由超過投票民眾半數以上所形成的單一觀點出現時，多數意見於焉產生。民主政治一旦需要進行決策時，決策者必須在短期內找出什麼是「多數意見」。

2.直接民主與代議民主的分野。直接民主政治中的多數意見可以由選民直接反映出來，代議民主政治則是在選民與公共政策之間，多了一個中介的決策單位（一般指立法機構），此一立法角色的介入使民意與政策間的互動性更加複雜。由於民眾的多數意見與立法機構的多數意見間必然存在著落差，因此，Hennessy以「有效意見」（effective opinion）的觀點來代替代議政治中的多數民意。弔詭的是，代議民主政治中的「有效意見」可能不是真正的「多數」民意，有效意見往往因民眾參與的程度與強度，及組織的效率而轉變；換言之，民眾能得到什麼，端賴哪些民眾支持什麼樣的觀點、民眾對事件感受的強度以及民眾使用何種方法來達成目標等種種因素而定。

3.除了投票以外，公眾參與政府政策制定的行為是否真正發揮功能，會不會受到來自政治菁英份子的操控，並假公眾服務為名，行個人黨派之私。

4.政府對於有爭議性的公共議題，是要花費冗長的時間與龐大的社會資源，用以凝聚全民共識，再逐步推動，抑或採取斷然手段，只追求短期的行政效率，二者的後續效應為何？又如何取捨？

5.政府部門與官員在公共政策形成過程中扮演何種角色。在政策形成過程中，除了民眾與立法機構扮演重要角色外，一般人往往忽略政府機關與官員的影響力。在很多情況下，行政部門往往透過公共議題管理、計畫性的資訊提供等操縱手段，刻意導引或影響民意；或者藉著所謂的「行政裁量權」執行或不執行某些措施，並造成廣大的「附帶效應」，以巧妙地「回饋善意」給那些符合其要求或期望的利益團體，最終的目的則是影響多數大眾的意見。相對的，政府官員的另一種角色是在民眾參與公共決策的過程中，以專業的知識提供民眾抉擇的參考。以上兩種截然不同的角色，何者較符合民主政治的理念，以及民眾的需要呢？

　　雖然，民眾參與公共政策之決策已蔚為時代趨勢，但這種趨勢也帶來一些負面效應和問題。例如，決策過程變得緩慢及遲鈍，缺乏效率；民粹思想過度擴張；行政及資訊重複浪費；利益團體主導決策過程導致沉默多數的公共利益受到損害；公共政策的責任歸屬不清及決策品質降低等（Washington, 1997）。惟根據民主政治的理念，政府有責任、亦有義務在公共政策決策過程中，建構公平、完善的公眾參與及諮詢制度，以藉此正確、完整地掌握民意，萬不能以上述負面效應為藉口，推託或抹煞民意對公共政策形成的貢獻（Timney, 1998）。

　　基此，為了探詢民意，鼓勵民眾參與公共政策，理想上政府可以運用下列五項公眾諮詢（public consultation）策略來達到目的（Washington, 1997: 12）。不過，並非每一項策略均適用於所有政府部門或公共議題：

1.資訊教育（information）：提供民眾有關公共政策之必要訊息，教育民眾，使公眾認同政策目標；例如，針對全民健保制度、拒菸運動、愛滋病宣導、交通安全宣導及生態保育運動等政策。除了透過正式教育的管道外，尚可進行其他宣導方案，政府也可採取民調、座談會等回饋機制，了解宣導作為及策略的成效如何。

2.建立對話機制（dialogue）：為了讓公眾投入並找出民意的分布，政府可以採取下列作法：進行民調、洽詢重要人士或組織之意見、與利益團體對話、舉行研討會或公聽會、接受民眾書面意見 3 。

3.開展夥伴關係（partnership）：係指提供某些特殊團體參與特定議題之政策擬定工作。例如，在研擬產業發展政策時，可邀請環保團體參與規劃，藉以維持產業發展與生態保育之平衡；又如，政府於草擬婦女保障法規時，徵詢婦女、人權相關團體之意見。

4.委託代表人（delegation）：意指將政策議題及方案之研擬工作委由社區代表或意見領袖負責，並由這些人擔任整合民眾意見、擬定推動策略的責任。例如，成立某種諮詢委員會（如我國之「總統府人權諮詢小組」），或是將某些特殊法案之研擬工作委託學者專家草擬。

5.公投議題的控制（control）：賦予民眾最後的公共政策決定權，針對某一特定議題舉行公投（referendum），讓所有民眾可以對爭議性的意見以「是」或「否」投票表決。

貳、政府公共政策的創新與形成

組織系統於回應外界的挑戰時，通常採取兩種型態因應：一種是在既有的體系內作部分修正，以適應組織的需要，但組織的基本結構、運作等並無太大變化；另一種則是系統本身進行根本的變革，以一個全新的系統來面對外界的變化。

一、公共政策決策模式

同樣的，公共政策的形成也可以採用「部分修訂」或「全盤變更」的思惟。例如，Lester & Stewart（2000：90-96）即主張，政策的形成可以用下列三種決策模式加以解釋：(1)綜合理性模式；(2)漸進改變模式；(3)系統模式。但前提是，沒有一種模式是絕對完美，可以完全地用來解釋所有公共政策的形成過程。

(一)綜合理性模式

綜合理性模式（the rational-comprehensive model）基本上假設每一個人於下決策時都會依循理性思考的步驟，從確認問題、釐清決策目標及價值的重要性、替代方案之研擬、決策及替代方案之損失與獲益等一步一步進行。批評者認為此一模式過於理想化，因為社會問題的要素往往很難明確判定，決策者所掌握的決策資訊亦不一定完整或正確，故要以量化方式計算所有政策的得分與損失將是難上加難，在實際的政策議題上，很少存在這種決策模式。此一模式最受批評之處在於，忽略公共政策之形成乃受到不同政治力量的交互影響，而這些力量背後的決策者並非是理性的，甚至是蓄意主觀的。

(二)漸進改變模式

漸進改變模式（the incremental model）視公共政策之形成乃是先前政府活動之修正。基於決策時間、決策所需資訊及決策成本之限制，決策者無法全盤考量替代方案的可行性及後果，故在原先政策方向基本上不變的前提下，就現有計畫、政策加以創新或修正。其假設為：

1.決策者缺乏有效的預測能力以評估替代方案的結果。
2.決策者接受先前政策的合法性，也就是強調政策有其延續性的必

要。

3.因為成本考量，所以不可能考量所有方案，或作劇烈的政策變更。

4.漸進的改變可以減少衝突，在政治上較為合宜。

另外，有些批評者認為，此一模式過於保守、被動，也無法解釋實際上某些政府部門確有採取全盤變革的手段來推動新政策。

(三)系統模式

最後是系統模式（the systems model）。系統理論也是本書的基礎架構，相關概念已在前章有所說明，在此不複贅述。在公共政策的運用方面，系統模式假設決策系統（指政府體系）的投入分為需求（demands）與支持（supports），包括系統本身以及來自外部環境的政黨、利益團體、社會等都會產生需求，並向系統施壓，能夠滿足各方需求的系統產出自然受到大家的支持，也就可以維持穩定運作，否則，政策產出就必須改變，此處之產出係指決策系統的政治決定及公共政策。

二、政策創新

廣義而言，政府部門所提出、並與先前政策有差異的任何產出，均可以視之為是一種「政策創新」（policy innovation）。Roberts & King（1996：2-5）即持這種論點認為，組織變遷的概念就是觀念的創新（in-novation）；同理，組織的決策過程也就是一種創新過程。根據Roberts & King（1996：5-10）的說法，政策創新的過程可分為四個階段，分別是：

1.創意（creation）階段：為了要解決組織關切的問題，因此發展一些創意觀念。Polsby（1984，引自Roberts & King）將此一階段稱之為政策的起源（policy initiation）。

2.規劃（design）階段：此一階段是把創新觀念轉化為具體的作為，或建構推動創新觀念的模式（prototype）。從事此階段工作的人稱之為「政策專業人」（policy intellectuals）。

3.執行（implementation）階段：根據前一階段所規劃的行動方案切實落實、執行新的政策。此階段的執行者稱之為「政策鼓吹者」（policy advocates）。

4.制度化（institutionalization）階段：當創新政策演變到此一階段時，也就是新政策與組織整合成功，成為例行工作的一部分。這個階段的執行人員稱為「政策行政者」（policy administrators）。

Roberts & King（1996：10）把在這個過程中推動新政策的創新者統稱為「公共企業家」（public entrepreneurs）[4]。如果再就公共企業家在政府組織中所佔有之職務及決策權力來劃分，又可細分為四種角色：(1)「政治企業家」（political entrepreneurs）：指民選官員，如總統、縣市長等；(2)「政策企業家」（policy entrepreneurs）：為政府工作、但並未在政府內佔有任何職務；(3)「主管企業家」（executive entrepreneurs）：政府內部主管級人員；(4)「科層企業家」（bureaucratic entrepreneurs）：政府內部非主管人員。

以我國政府組織而言，根據Roberts & King的分類，或可作如下的界定：政治企業家相當於總統、縣長及院轄市長；政策企業家類似於隨著政治企業家進退的政務官、機要人員、或是首長經常徵詢意見的黨務高層及學者專家顧問；主管企業家及科層企業家則係指一般執行政策的常任事務官，其中又分為主管及非主管人員。公共政策要能順利成功推動，必須仰賴以上四種角色各扮其職、各盡本分。

參、行政部門的決策模式

本節擬就政府的公共議題決策過程加以說明。一般而言，問題解決

的決策過程可以概分爲以下四個階段（Cutlip et. al., 1985: 235）：

1. 問題定義／情勢分析（problem definition/situational analysis）。
2. 策略分析／計畫（strategic analysis）。
3. 執行（implementation）。
4. 考核（evaluation）。

另有學者認爲，決策過程還必須加入「倫理道德的知覺」（ethical consciousness）及「倫理道德的分析」（ethical analysis）二項變項才較爲完備（Gandz & Hayes, 1988，引自Bivins, 1992）。前者意謂著決策者在做決策時，應考量所有利益關係人之權益，例如，政府政策之基本立場在維護全民利益、保障弱勢階層，或堅守社會公平正義原則等；其次，決策者於進行決策分析時，應就決策之影響性（consequential）、決策之基本原則（rule-based）以及決策之文化意涵（cultural）等三個因素加以思考。無疑的，吾人可以在政府決策中看到這種思考，例如，相較於一般私人組織，政府之施政非常重視依法行政的原則，也關切政策施行後之後續社會及文化效應。

一、組織內部策略管理模式

Heath等人指出，組織內部的策略管理模式共有三種型式，分別是：(1)分權（diffused）模式；(2)集權（centralized）模式；及(3)整合（integrated）模式，以下就各模式之特性及優缺點加以比較（Heath et. al., 1988: 35-39）。

(一)分權模式

分權模式又稱「科層官僚制」。此一模式重視正式組織層級的控制機制及責任分擔，當面臨政策或危機時，決策模式係由下層的承辦人員就議題定位、影響預估、內外部策略規劃等，依公文程序簽辦，再逐級

向上呈報，最終由決策者定奪。在這種決策模式下，幕僚被賦予相當大的權責，因此其專業知識與經驗往往得以發揮作用，甚至導引機關首長的決策思維。

分權模式的主要特性有以下四點：

1. **程序正義，依法行政**：政府組織的一切運作均必須依據法令，同時公務員行使公權力也是經過法令授權，按法定程序與標準流程進行，這種設計是為了確保政府公平對待所有國民，其正當性不容置疑，否則政府施政的社會正義原則會受到質疑。

2. **過程冗長，本位思考**：當一切施政都以程序正義為考量時，不同部門基於本身職權與法令規章之節制等等因素，必然用較長的時間進行協調溝通，以致決策過程與時效往往大打折扣，延誤決策時機；同時，各單位的本位主義思考，也讓問題之協調聯繫顯得更無效率。

3. **利益（懲處）兼顧，平衡考量**：此一制度的另一項特色是「有功同享、有罰同當」。換言之，由於講究責任分攤，過程中的每一個人都不可能獨享功勞或獨遭懲處，也因為這種設計，容易造成公務員工作士氣或是成就感不足的情況。

4. **開創不足，時效落後**：缺乏開創性是分權制的另一項缺點，因為個人的「創意」經過層層長官的審核與加註意見後，可能早已偏離原意，個人的創新意識更是被消磨殆盡。因此，當外界的觀念與工作方法早已突飛猛進之際，公務體系可能還在抗拒變革，其決策效率也就可想而知。

㈡集權模式

集權模式又稱「威權命令制」。這個模式強調由上而下的命令貫徹，權力核心在首長本人，也由首長負所有及最終責任。換言之，基於本身的理念、意志、政治考量等等因素，首長將決定如何回應公共議題，並指揮運作，此時幕僚的角色並非建議者，而是執行者。

集權模式有以下特色：

1. **意志貫徹，重情理輕法令**：當部會首長面臨公共議題的考驗時，最優先考量的是：如何處置最有利？然後，要求所屬官員全力貫徹執行。在很多情況下，首長要求的解決方式雖顧全了人情義理，但並不一定符合相關法令規章的條件。

2. **決策快速，單向思考**：由於跳脫既有的科層決策模式，因此免除公文流程的曠日廢時，決策時效勢必提高；但這種單向思考的模式也可能產生決策盲點，畢竟首長一人或核心幕僚的思考重點與決策內容也有不夠周詳的缺點。

3. **重點考量、利弊兼有**：這種決策模式講求決策時效快速，企圖在最短時間內迅速處理社會矚目的焦點，雖然可能因此換得社會或媒體的立即讚賞，但快速不一定代表正確或完整，如果事件的後續發展結局不如社會大眾的期望，或證明決策偏差，則首長勢將承擔更大的政治責任與壓力。

4. **創新求變，政策反覆**：首長對社會輿情的反應通常較為敏銳，因此，回應公共議題的觀念與手法，多會因時、因地、因勢而作調整。從某方面來看，這是一種創新求變的新思維、新作為，但以政府政策應有持續、穩定特色的角度來看，可能就會招致外界批評為政策反覆。

㈢整合模式

整合性的決策模式也就是一種折衷式的模式，它同時具有科層官僚分權制與威權命令集權制的優點與缺點。它的特色是：強調依法行政的原則，但也重視首長命令的貫徹；程序正義固然要遵守，但民眾的需要更應優先考量；幕僚的專業意見要給予相當的尊重，但不容本位主義凌駕創新與時效的要求；回應社會期望是民主政治下政府的必要任務，但政府體制、政策宏規之維護也不容忽略。

整合模式不盡然就優於其他制度，基本上還是應就公共議題本身的

屬性、解決問題的迫切性，以及機關本身的文化、人力、業務特性等不同條件，視個案採取不同的處置，公關專業幕僚所扮演的角色與可能發揮的功能也就在此。

以危機事件處理為例，負責處理危機的決策者除了要掌握狀況、釐清事實、確認危機的影響層面等初步工作外，接著要決定如何擬定危機處理的優先順序或方向，以扭轉危機為轉機，或化危機於無形。不同的解決順序或方向會導致不同的解決模式，所引發的社會效應也自然不同，對權責部會及首長的影響也就有所差異。

二、政府之決策思考導向

Heath等人（Heath et. al., 1988: 24-25）在研究企業的決策運作時發現，一般企業通常會採取「市場導向」（market-driven decisions）或「政策導向」（policy-driven decisions）等兩種思考方式，來決定如何下對策。後來，Heath（1997：32）又補充一項「利益關係人導向」（stake-holder relationship decisions）。本書根據目前行政部門處理公共議題的決策思維，並參考Heath的決策模式，將政府之決策思考分成五種決策導向：(1)政策導向；(2)新聞導向；(3)社會導向；(4)形象導向；(5)選民導向等，茲分述於后。

(一)「政策」導向

政策導向係指把處置措施的優先順序放在如何貫徹部會職權或當前的施政重點，以及是否符合機關首長的施政理念等。以民國八十九年七月間所發生的八掌溪事件為例，政策導向的解決重點會是在加速檢討消防救災體系之缺失，與如何重新建構完善的緊急應變指揮體制；或如何補強救災設備與人員訓練；或是如何強化行政效率等方面。所以，站在行政院的立場言，所關切的重點是，政府的一切補救措施或後續因應作為能不能讓人民感受到這是「全民政府」應有之效率與負責任的態度。

㈡「新聞」導向

新聞導向指公共議題處理的決策方向是依據大眾媒體的報導趨勢或輿論重點來決定。以八掌溪事件為例，如果媒體報導的輿論趨勢是追究責任，則回應方式是上自總統、行政院長，下至主管部會首長、迄基層救災官員，除了表示道歉外，辭職下台的下台、應予懲處的懲處。

㈢「社會」導向

社會導向指的是，公共議題處理以解決當前社會問題或現象為主要考量。換言之，如果八掌溪事件所凸顯的社會問題是勞工安全與保險，則行政院在處理這次危機時的重點之一將是訂定相關法規以規範今後類似工作的防護措施與保險機制。此外，又鑒於政府救災指揮系統混亂、權責不符，以及救災設備、人員訓練不足等問題，在八掌溪事件中充分顯露出來，因此社會導向的解決模式將是，針對釐定救災體系之權責體制、增編經費購置救災設備，以及加強人員平時訓練等議題提出整套解決方案及步驟。

㈣「形象」導向

如果一項公共政策或危機會對機關首長的個人形象與地位、機關的施政滿意度、甚或社會觀感等造成影響，則形象導向之決策模式所優先考量的即在如何補救負面影響，並進而為形象加分。八掌溪事件無疑地對政府高層以及內閣的形象造成嚴重傷害，媒體的批評重點也放在府院體制運作不良方面，因而行政部門的危機處理對策，便包括相關首長召開記者會，或於公開場合向社會大眾表示歉意、前往慰問家屬、辭職以示負責、追究責任並明快重懲失職人員等。

更者，八掌溪事件對初掌中央政權的民進黨形象亦造成莫大傷害，因而在社會壓力下，為凸顯民進黨是個有擔當、肯負責的政黨，決策高層不得不決定由當時的行政院副院長游錫堃[5]負起政治責任，辭職下

台。表面的原因是副院長身兼中央災害防救委員會的主任委員，以此名義負起責任下台似乎名正言順，但深層的決策思維是：為挽救府院體制與民進黨的社會形象，同時化解在野政黨的後續政治動作，必須由民進黨中具有一定社會地位、「夠份量」、且與總統關係密切的人士出面扛起責任。

(五)「選民」導向

選民導向係指決策考量乃為了滿足特定或廣泛之「利益關係人」的利害或期望，希望藉此收攬選民的向心力。換言之，如果八掌溪事件之傷害足以讓嘉義地區或甚至全國民眾喪失對政府的信任，進而導致「選票」的流失，則政府決策者的因應策略將是重拾當地或全國民眾對警消單位及政府因應危機能力之信心，進而挽回流失的選票基礎。

事實上，如能將上述五個決策導向運用得面面俱到，當然是最理想的狀況，但因公共政策處理的時機、性質、規模、資訊、人力、資源、設備等主客觀條件不一，決策者勢必要有所取捨。此時究竟何者應該優先考量，如何取捨？由於這牽涉到決策者與幕僚對主客觀情勢的判斷，以及個人對決策模式的偏好等複雜因素，很難有一套放諸四海皆準的標準作業模式，而不同的處置方式也會導致不同的媒體效應及社會觀感，帶給決策者的壓力也因不同。

以八掌溪事件為例，悲劇發生後，在所要處裡的事項上，決策者應先把原因鎖定在救難設備不足，還是應定位在單位間的協調問題？是先召開記者會說明善後處理情形，抑或先赴現場勘查並慰問家屬？是先指派代表前往，抑或逕由首長親自前往？是先查明事實再一次議處所有失職人員，還是在查明事實的過程中分次（批）議處失職人員？表示歉意的時機如何拿捏？表達用語的遣詞文字？對在野政黨的嚴厲批評應該即刻反駁？抑或暫時隱忍、伺機予以反擊？……凡此種種問題的決策基礎（包括事件原因、媒體輿情與民眾反應、在野黨動作、特定團體意向等相關情資的蒐集與研判）與流程如何掌控等因應作為，不同的決策者勢

必會有不同的考量與因應方式。

肆、策略思考與問題解決

「持續不斷地作決定」是決策者與執行者間的最大差異，身為政府部門的決策階層[6]，雖然享有權力，但也必須為每天層出不窮的公共議題構思新的創意，或尋求問題解決之道，並為決策的後果負起政治、法律與道德責任。因此，為了做出「妥適」的決定，決策者必須了解何謂「策略性的決策思考」，才能成為一位「有創意的分析研判者」。

Rose & Nicholl（1997：289-291）認為，「優質思考」分為：(1)「創意性思考」；與(2)「分析性思考」兩種。創意性思考是指創造新主意和新產品的思考，發現事件之間的新關係、新模式，或是找到表達事情的新方法，或是結合目前既有的主意，創造一種新的、而且更好的主意；分析性思考則是按照邏輯步驟嚴格檢驗某一情況、問題、主題或決策，或依客觀的標準檢驗某項論述、證據或建議，以看清隱藏在表象之下的根本原因，並據以作出決定，以找出偏差之處。

(一)創意性思考

Rose & Nicholl所謂的創意性思考，其實是在舊有觀念的基礎上，將許多想法或構思重新加以整合，在當前社會普遍重視包裝與形象的風潮下，此種思考方法甚有助於建立政府部門創新、年輕、活力的正面形象。創意思考的步驟包括：蒐集所有資訊（amass information）、從各個角度來思考（four-way thinking，由前往後、由後往前、由上而下，最後由下而上）、發展許多替代想法（alternatives）、從這些想法中列出最佳的數種組合（recombine）、選出最佳的組合（choose），及付諸行動（effect）（Rose & Nicholl, 1997: 317-350）。

(二)分析性思考

至於分析性思考則可協助政府決策階層解決現有之公共議題,樹立政府效率、魄力、決斷的社會印象。Rose 與 Nicholl所提出的分析步驟計有六個階段,分別是:定義問題(definition)、研擬替代方案(alternatives)、縮小選擇範圍(narrow down)、選擇(choose)及檢驗結果(check consequences),以及實行(effect)(Rose & Nicholl, 1997: 287-316)。

此外,Hammond等人又提出另一種更為複雜、縝密的策略性決策思考步驟。Hammond等人(1999)認為,智慧型的決策方式有二大訣竅:一是「分解」(divide);二為「破解」(conquer)。

所謂的分解就是把決策模式切割成八項要件或步驟,分別是:(1)問題(problem);(2)目標(objectives);(3)替代方案(alternatives);(4)結果(consequences);(5)取捨(tradeoffs);(6)不確定性(uncertainty);(7)風險容忍(risk tolerance);及(8)決策的連動性(linked decisions)。破解則是針對以上八項要件,以策略思考逐步發展解決作法。

以下將針對Hammond等人的八項要件為基礎,來簡要說明政府部門在做決策時所應該具備的思考策略。

(一)找出真正的問題所在

「找出真正的問題所在」其基本的思考策略為:

1.把決策時面臨的問題定義清楚,以便找出真正的問題。
2.思考問題背後所帶來的契機。
3.分析問題的根源、原因、要素、範圍及造成的限制等。
4.釐清不同問題之間的關聯程度。
5.弄清楚問題發生的背景與環境。
6.除了找出組織本身的看法外,也要了解其他單位或社會大眾如何解讀這個問題。

(二)確定自己的目標

「確定自己的目標」其基本的思考策略為:

1.設定目標作為決策思考的指導方向。
2.小心並避開目標背後的陷阱。
3.目標要明確,標準過高或太低均不可取。
4.檢視目標是否符合組織或首長本身所期望的利益。

(三)列出所有可能的替代方案

「列出所有可能替代方案」的基本思考策略為:

1.對可以選擇的方案不要自我設限。
2.思考替代方案是否有利目標的達成。
3.吸取過去的經驗與教訓。
4.多方徵詢相關資訊來源者的建議。
5.確認所要的替代方案是屬於哪種類別:是程序的(process)、結果雙贏的(win-win)、蒐集資訊的(information-gathering)或爭取時間的(time-buying)選擇。另外,確認的關鍵在於要先確定問題屬於下列何種性質:

①程序問題。
②結果的問題。
③資訊蒐集問題。
④時間問題。

(四)深入分析每一項替代方案所可能產生的結果

「深入分析每一項替代方案所可能產生之結果」其基本思考策略為:

1.儘可能以正確、完整及精確的方式描述預期的結果。

2.去除較不佳的選擇方案，並把每一項方案與結果的關聯性連結出來，再試著列出一覽表，以便於比較。

3.根據各種相關資訊及專家的意見，評估、衡量所期望的結果。

4.估算達成每一項結果的可行性及難易程度。

(五)權衡替代方案的輕重緩急、優先順序

「權衡替代方案之輕重緩急、優先順序」步驟的基本思考策略為：

1.如果不能達到所有的期望，則必須根據輕重緩急、優先順序原則進行妥協或交換（swap）。

2.蒐集所有相關的資訊，並確認已蒐集到最完整的狀態。

3.相關的替代方案或結果是否可以互換、整合、替代、折衷或暫緩等。

(六)釐清並排除不確定因素

「釐清並排除不確定因素」之基本思考策略為：

1.一個好的決策可能換來不理想的結果；反之，差勁的決策卻可能得到好的結果，關鍵在於過程的控制。

2.列出所有可能的風險與不確定因素，採取預防措施，儘量控制或排除變數。

3.透過個人的經驗判斷、資訊分析、專家諮商等方式，分析風險的來源、規模、特性等。

(七)慎思本身對風險的容忍程度

「慎思本身對於風險的容忍度」其基本的思考策略為：

1.了解組織及首長本身是否願意承擔風險。

2.檢視每一項決策可能產生的風險，以及本身對此一風險的容忍程度。

3.試著將決策的需求度（desirability score）與風險容忍度明確化，以便評估應採取何種方案最有利？期望得到何種結果？該妥協什麼？妥協到何種程度？

4.注意決策的盲點，例如對風險的後果過度樂觀，或過於關注風險的負面效應，或在資訊不足下貿然作出決定。

5.分散風險，並採取措施化解風險，創造契機。

(八)考量決策與其他決策之間的連動性

「決策間之連動性的考量」其基本的思考策略為：

1.解決問題的選擇方案應該是全方位的、跨越時空的。前後的決策之間應該有關聯性，而且是經過計算的（calculated）。

2.上一個決策可能發展成下一個問題，因此要評估下一個問題的風險容忍度，值不值得冒這個險？

3.各個決策之間是否有相得益彰之效？或是相互抵銷？

4.預留每一項決策的調整空間，以應付不確定因素。

最後，綜合前述有關政府決策過程的各項論述，可以下圖（圖3-2）呈現行政部門處理公共政策及議題管理的決策模式。

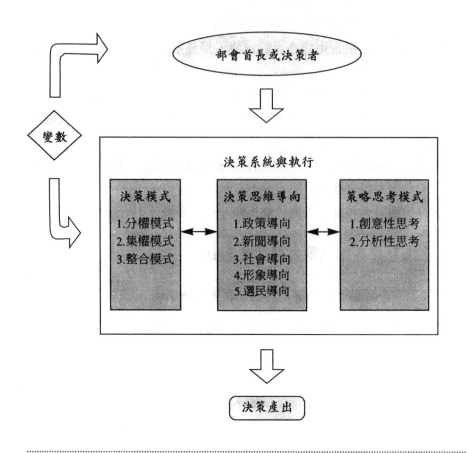

圖3-2　行政部門公共政策決策模式

資料來源：作者自行整理。

註釋

1. 此處暫不考量媒體及記者本身立場對新聞內容產製的影響。事實上，透過所有權集中、組織流程及新聞室控制等手段運用，媒體組織與記者所反映的社會真實並非全然客觀公正。有關此節在第七章另有詳細說明。

2. 民進黨雖於民國八十九年三月贏得總統大選，成為執政黨，但在第四屆立法委員中，民進黨卻是少數黨；九十一年二月第五屆立法委員就任後，民進黨雖躍升成為國會第一大黨，但仍未能成為絕對多數，故在某種程度上，立法院仍是行政部門所面對的最大變數。

3. 隨著網路科技之發展，越來越多的民眾使用電子郵件、或在網路論壇上向政府表達意見。

4. 此處之entrepreneurs一詞，公共行政學者多譯為企業家，但在運用於公共關係研究時，因公關人員之角色主要在推銷組織或個人形象，或可譯為「行銷者」較為傳神。

5. 游錫堃後再出任總統府秘書長，並於民國九十一年二月被任命為行政院長。

6. 此處之決策階層泛指政府機關部門的首長，或提供重要建議給首長之高級幕僚，包括政務官及事務官。

第貳篇 議題管理與政府公共事務

第四章　公共議題管理概論與策略性計畫

第一節　公共議題管理概論

壹、何謂「議題管理」

　　政府的施政與民眾的期望二者間永遠存在著「落差」（gap），基本上，這些落差乃導因於二者對公共議題的本質、價值觀或政策妥適性的認知差異；當落差大時，民眾對政府或首長的施政滿意度及支持度往往較低，反之，落差小時，則代表施政「貼近」民意，民眾對政府施政的滿意度及支持度相對較高。

　　有研究者認為，主其事者可以透過「操縱」議題的手段以因應落差帶來的負面影響；但另一派則主張，社會議題雖無法進行人為操縱，但可以經由專業之管理程序加以控制或導引。基於後者之觀點，「議題管理」此一概念乃於1977年由Howard Chase[1]提出（Heath, 1997: 12）。

　　針對議題管理的意涵與功能，美國公共事務協會（The Public Affairs Council）於1978年提出：「議題管理是一種計畫，公司以此來增加對公共政策過程的知識，並增強過程中所需的專業歷練及效率。」其主要功能為「定位議題及趨勢，評估其影響性及設定優先順序，建立公司的立場，規劃公司的行動及對策（如溝通、遊說、打官司及廣告等），並執行計畫。」其中尤以「溝通」為議題管理的核心（Heath, 1997: 14）。Heath（1997：6）亦認為，議題管理係為了定義、監測、分析特定公眾意見的趨勢，而此一趨勢可能發展為公共政策或成為規範社會的法令規章。

　　隨著研究者的研究重點或個人主觀的認定，有關議題管理的定義也有不同的角度與重點。本書綜合各家說法，將議題管理的特質整理如下：

1.它屬於公共關係領域下的一種次功能（sub-function），並擔任連結組織公關功能與管理功能的角色。
2.它與組織的公共政策及策略規劃有密切關係。
3.它關切組織與利益相關人之間的關係，尋求互利、和諧的環境。
4.它預測、處理影響組織運作之趨勢、議題、危機等，並協助採取對策。

雖然各家說法不一，但較具代表性的定義應該是「美國議題管理協會」主席Howard Chase在1982年所下的定義：「了解、動員、協調與導引組織所有的策略與政策規劃，及公共事務（公共關係）手段，以有效地參與影響個人及組織之公共政策制定。」（Chase, 1982，引自Heath, 1997: 8）本書嘗試依據上述定義，從政府的角度出發，將「議題管理」定義為：「了解、動員、協調與導引政府有關部門所有的策略與政策規劃，及公共事務（公共關係）手段，使政府能有效地制定公共政策，並順利推動公共政策。」

議題管理學說在崛起之初，一般認為可以提供企業（或組織）下列的功能（Heath, 1988: 26; Tucker and Broom, 1993; Tucker and Trumpfheller, 1993）：

1.將民意與政策議題整合為企業的策略計畫。
2.監測企業行為的內部與外部標準，以了解影響企業經營之關係人的意見與價值觀。
3.發展並執行企業倫理規範。
4.在管理者決策過程中提供協助，特別是在調整企業目標以及政策操作方面，重視公共利益的維護。
5.預測、定位、分析、監測議題，並設定議題優先順序，以評估該議題在經濟及政治等層面對組織的運作有何意涵。
6.針對議題，研提主動或被動的多面向回應策略，以降低風險，並掌握機會。
7.向不同群眾進行溝通，以塑造內部或外部意見、促動基層民眾投

入，以及阻擋、觸發或推動公共議題走向立法。

議題管理理論研究之開創人William Renfro（Renfro, 1993，引自 Heath, 1997: 15）認為，議題管理的政策規劃及分析包括了越來越多的預測（forecasting）及未來研究（future research），所以從這個觀點來看，議題管理亦具有情報（intelligence）功能。

綜合言之，議題管理的目的就是「創造機會」，同時也在「因應壓力」。它是組織管理中的「控制系統」，用以幫助組織調適公共政策的環境，追求組織與社會大眾之雙贏關係。

貳、「議題」與生命週期

「議題」（issue）是一種未確定、需要加以「決定」的事件；「趨勢」（trend）則是發生於議題之前、可以偵測到的改變。同理，發展中的議題乃是組織所面臨的內部或外部趨勢與情境，若持續發展下去勢必影響組織的正常運作，甚至引發所謂的組織危機。一般而言，社會議題可以就性質不同分為下列幾種（Heath, 1997: 84-85）：

1.環境性議題（environmental issues）：環境議題又可分為化學的（有毒物質、致癌物）、工廠的（污染、危害生態棲息地）、動物的（瀕臨絕種動物保育、動物危害人類）及農業的（農藥與作物生產、農業病蟲害）等相關議題。

2.鼓吹性議題（advocacy issues）：因為議題本身的價值或特質使然，某些鼓吹性團體特別關切部分議題，並採取行動支持之；這類鼓吹性的議題可能隨著社會話題的淡化很快地消失，但也有可能持續擴大、愈演愈烈；議題的涵蓋面可能只是地區性的，但也可能是跨區域性的。例如勞工失業、婦幼保護、社會福利等均屬此類議題。

3.技術性議題（technical issues）：係指涉及特殊專業技術的科學議

題，除了少部分專業人士或技術官僚，一般大眾及媒體記者可能都無法真正了解問題關鍵所在，因此必須仰賴專家學者爲社會大眾詮釋議題的各種面向。最明顯的例子包括：興建核能電廠與核廢料處理、高速鐵路振動與南科設廠爭議等所引起的議題。

另一方面，Lester & Stewart（2000：69）由公共政策觀點將議題作如下的分類：(1)主題性議題（subject issues）：如空氣污染、水污染或全民健保議題等；(2)政策議題（policy issues）：如停止興建核能電廠、制定空氣或水污染防治法，或訂定公投法等則屬政策問題；(3)計畫性議題（project issues）：指重大之建設計畫，如交通與機場工程等所引發之議題；(4)新的議題（new issues）：意指新發生、過去未曾出現過的議題；(5)循環議題（cyclical issues）：當議題於固定期間出現時則成爲循環性議題，例如政府年度預算、施政計畫等（註：特別是像中央與地方政府對統籌分配款一再重演的爭議）；(6)再出現議題（recurrent issues）：如果先前的政策失敗導致政策修正或爆發新的議題，則稱此類議題爲再出現議題。

然而，針對前述種種不同性質的公共議題，政府部門又該有何體認與思考呢？限於法令、機關職掌，與組織人力、財力資源等的諸多限制，加上組織所面臨的外部環境變數，實際上，並非所有的社會議題都能夠或有必要運用議題管理之專業手段加以「管理」。因此，組織必須建立一套評估「議題」重要性與迫切性之篩選標準，以利選定某些需要管理的重要標的（Gaunt & Ollenburger, 1995）。以下謹列舉數項評估的標準（Heath, 1988: 102-103）：

1.媒體記者是否認爲該議題屬於重要事件，值得報導並告知民眾注意、了解。
2.如果議題發展至成熟階段，是否會傷害組織的運作，或提供組織新的公共政策努力方向。
3.利益團體、意見領袖或企業是否熱衷討論此一議題，並試圖實現此一議題或推動立法。

4.此項議題是否已成為立法部門推動公共政策法規化過程之主題內容。

5.議題是否受到學者專家界的支持，並加以討論，且議題有發展成全民討論的狀況。

除上述五點，若以行政部門之觀點審視當前政府經常面臨的「議題」，似乎還必須加上另外二點才較為周延：

1.不論是首長政見或政黨主張的「選舉政見」，其是否能夠落實於政府日常施政，因為事關下次選舉的選票流向，故通常會被納入管理的事項。此外，除了執政黨的政見外，在野黨的政見以及在野黨關切的公共議題，也應該列入管理，因為在政黨政治體系下，在野黨的主張往往挑戰執政黨的政策，如果不加理會，一旦媒體立場偏向在野黨或民意反應不利於執政黨，則行政部門恐將陷入腹背受敵的窘境。

2.不論是天然或人為的災難事件，因為具有不確定性、衝擊力強、後遺症多等特性，一旦發生類似事件，往往會對政府機關與首長之形象造成傷害，故對任何可能引發「災難」之線索，均應小心檢查過濾，及早善加管理。

議題管理的核心理念強調「預防」的觀念。研究也發現，社會議題的發展如同生命週期一般是有階段性的，管理者如果能夠把握議題發展的過程，在每一階段採取適當、有效的因應作為，就較有可能「大事化小、小事化無」。

議題的發展階段因為研究者的分類基礎不同而有各種類別。例如根據「受眾投入程度」來分，可將議題發展階段切割為：(1)特定人士關切；(2)一般大眾知曉；(3)一般大眾關切；(4)一般大眾恐慌或焦慮；(5)一般大眾發起反制行動等五個階段。又如根據議題內涵之演變，亦可分為：(1)潛在狀態（potential status）；(2)即將發生狀態（imminent status）；(3)發展中狀態（current status）；(4)重大問題狀態（critical status）；及(5)休止狀態（dormant status）等五個發展階段（Crable & Vibbert, 1985）。

再者，從議題形成民意到發展為公共政策，Heath（1988：60）認為共有三個階段：(1)分別是民意形成（public opinion formation）；(2)公共政策形成（public policy formulation）；(3)公共政策執行（public policy implementation）。Heath（1988：116）另由議題的立法過程角度切入，將議題發展分為：(1)第一階段立法／行政爭議期（legal/administrative litigation）；(2)第二階段立法觀望期（legislative watch）；(3)第三階段立法前置期（pre-legislative）；(4)第四階段潛在立法期（potential legislative）；及(5)最後階段是議題出現期（emerging issue）。

Ewing（1997）則以議題之政治屬性及立法觀點將議題分為：(1)特別期望期（special expectations）；(2)政治發展期（political developments）；(3)立法行動期（legislative actions）；及(4)法規／爭論期（regulation/litigation）等四個階段。

雖然各種分類方式皆有，但最為公關學術界與實務界採用者則為Brad Hainsworth的「議題週期圖」（issue cycle）（如圖4-1）。Hainsworth（1990）以四個階段說明議題的生命週期，分別是：(1)起源期（origin stage）；(2)調停或擴大期（mediation and amplification stage）；(3)組織期（organization stage）；及(4)解決期（resolution stage）。有關Hainsworth週期圖的應用，將在第六章（危機事務管理）進一步說明。

本書綜合相關學者之分類（Crable & Vibbert, 1985; Heath, 1988: 60; 116; Hainsworth, 1990; Ewing, 1997；吳宜蓁，1998：16-19），並考量全書係以討論我國政府所面臨之公共議題為重點，為便於論述並呈現實際的「本土特色」，爰將議題之發展作如下的分類：(1)階段一——「事件初始期」；(2)階段二——「議題形成期」；(3)階段三——「社會議題期」；(4)階段四——「政策／對策制定期」；及(5)階段五——「後續效應／影響期」。有關這五個發展階段的特性、因應策略及公共議題管理人員所扮演的角色，將在下一章說明。

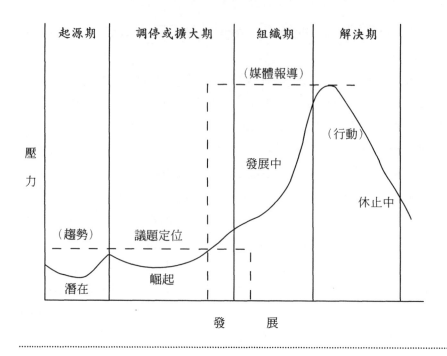

圖4-1　議題發展週期圖

資料來源：Hainsworth, 1990.

第二節　公共議題管理與策略性計畫

壹、議題管理與溝通策略

　　一個組織能否運作良好，與該組織有沒有策略性的規劃及管理息息相關。本書在前述說明議題管理的定義時，即論及議題管理與組織的策略或政策規劃有密切關係。以下將說明議題管理、策略規劃與策略管理

三者的關係，以及三者與外部社會環境之互動關係。

　　簡單而言，策略管理係將策略思考（strategic thinking）視為是企業（組織）經營運作的軸心觀念，策略管理的目的在針對策略思考後的組織作為加以管理，而策略規劃則是策略管理的計畫手段，其方式係透過整合組織預算、資訊、人力等要素以達成管理目標，所以策略規劃是組織的系統控制工具。事實上，許多企業（組織）相信，策略規劃的最大影響是在資源的配置、獲得及爭奪（Heath, 1988: 18-19），而組織所處之政治、社會與經濟環境則影響組織的管理目標、策略及作為。「議題管理」在此處則扮演組織策略規劃與策略管理過程中的重要角色之一。有關議題管理、策略規劃與策略管理三者間的關係可以Heath的圖（見圖4-2）說明之。

　　進一步言，每一個組織都會根據外界社會、政治、經濟等環境之諸多因素，以及組織內部的回饋機制，而設定追求的管理目標；為達成目標，組織著手規劃工作計畫，並思考政治、經濟勢力對組織的期望或壓力，進行資源整合與配置，並透過其他管理功能如生產行銷、內部管理、議題管理等落實目標；其中，特別強調議題管理所扮演的角色，其運用的手段或作為則包括組織溝通、公共事務、公共關係以及廣告等，這些手段除了是組織偵測外界環境的工具外，組織也運用它們與外界進行溝通。

　　Garnett強調，當組織面臨突發狀況（contingency）時，策略思考的切入重點將反應在以下幾個面向上，分別是：管理者的領導能力（managerial leadership）、如何決策（decision-making）、動機（motivation）、組織能力（organizing），以及組織策略規劃與執行的表現等。所以，Garnett認為，所謂的策略管理途徑應包含以下動作：(1)有系統地整合跨領域的資訊，包括人文、傳播、社會科學等知識；(2)思考面向要超越管理的技術層面，例如運用在政府機關的議題管理時，就要注意行政立法部門互動、政治經濟社會條件等較鉅觀的層面；(3)要情境思考（thinking situationally），亦即在思考如何解決問題時，要把相關的政治、經濟、社會、法律、行政及個人的因素列入考慮；(4)要針對組織的優缺點

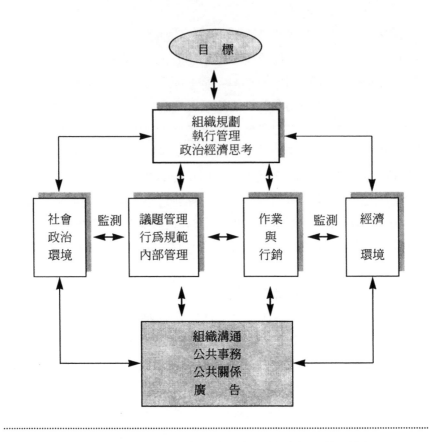

圖4-2　議題管理與策略規劃、策略管理的關係

資料來源：Heath, 1988: 19.

及競爭能力等加以分析並採取適當的運用策略（Garnett, 1992: 38-39）。

　　Garnett將此一概念運用在政府組織的對外溝通策略研究（如圖4-3）。根據Garnett的構想，有效的政府溝通方案應包含情境分析與設計適當的策略兩個層面。其中情境分析分為四項工作重點：(1)設定溝通目標；(2)進行受眾（指政府溝通的所有對象）分析；(3)對整體管理情境的研析；(4)對溝通者條件（指代表政府部門執行溝通行為的人或單位）的分析。至於溝通策略的設計則包括：(1)選擇適當、有效的溝通媒介；(2)溝通訊息的製作（Garnett, 1992: 34-67）。

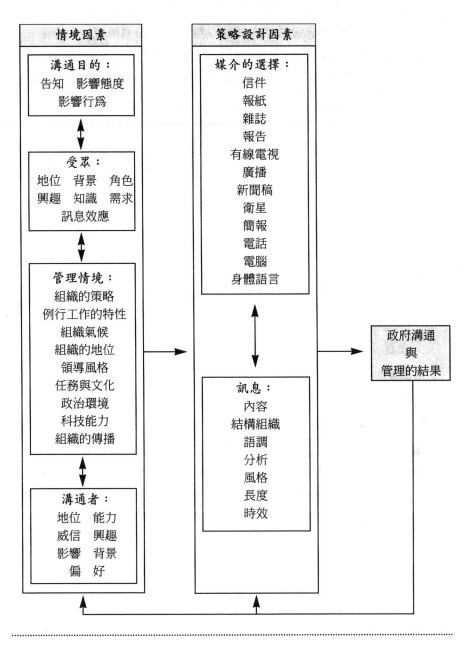

圖4-3 政府溝通策略模式

資料來源：Garnett, 1992: 36.

以下分就上述兩個層面之內涵加以說明。在溝通情境層面方面，首要工作在釐清溝通目的，政府溝通的目的不外乎針對目標公眾告知或傳達資訊，影響認知與態度，進而改變其行為，以達成政府施政目標，提高民眾對施政的滿意度。

　　溝通目的確定後，接著是確認溝通的目標對象。廣義而言，所有人民都是政府溝通的對象，然就政策推動之優先緩急順序而論，溝通對象仍有必要加以分類。通常，研究者採取三個步驟進行政府的溝通受眾分析：

1. 依施政優先性將目標對象予以分類。Garnett所指涉的目標對象共計三類，第一類為主要受眾（primary audience）：意指訊息所要影響的主要對象，訊息也是為這些對象而設計，例如在不吸煙推廣運動中的癮君子即屬之；第二類為次要受眾（secondary audience）：指第一類以外、可能也會受到訊息影響的公眾，例如在上述例子中指某些容易受香煙吸引的青少年；第三類為直接受眾（immediate audience）：此類對象並非訊息設計的目標，但訊息要透過他們傳遞給第一、二類對象，例如媒體記者及反煙組織的成員等。

2. 建立目標對象的檔案資料（profiles of targeted audience），紀錄受眾之背景、特質及偏好等。

3. 設計符合受眾需求的溝通策略（designing communications strategy），目的在思考如何選擇適合的媒介，及哪些訊息對特定受眾比較有效。

　　再者，有效的政府溝通還必須評估機關組織的各種管理情境，諸如組織的未來發展策略、例行性工作的特性、人員工作量的負擔、組織氣候開放或嚴密、組織的社會地位是向上爬升或下降、領導風格是民主或強勢、人事獎懲制度、組織任務與文化、組織所處之政治環境、組織運用科技的能力（如資訊化）以及組織的傳播行為等種種條件，均會影響政府如何與目標對象進行溝通。

選擇一位稱職的訊息溝通者往往能夠讓溝通工作順利進行，因爲受眾在面對眾多外界資訊衝擊時，爲了判定訊息的眞實性及權威性，此時溝通者的地位、立場、專業能力、經驗及權威性等條件便成爲最方便的評估標準。惟就目前政府溝通的作法而言，因爲資訊多由部會首長、副首長、司處長或指定之發言人對外發布，人選的彈性不大，故若能強化下列原則作法，亦可提昇政府官員的權威地位。

1.穩定行政權的運作，減少人事變革，讓政策有延續性。
2.決策要表現出專業性，考量要整體、周延，不可反覆改變，減少外界的批評。
3.在決策過程中，相關部會的步調與對外發言口徑要一致，避免有缺乏橫向協調聯繫的情形。

第二個層面是策略設計的面向，重要的工作首先是選擇適當、有效的溝通媒介。政府對外溝通的工具很多，包括信件、報告、新聞稿、簡報、電話、報紙、雜誌、印刷出版品、電視與平面廣告、廣播、衛星、網際網路及身體語言等都是可以運用的媒介。運用的原則包括：

1.目標區隔：一般而言，在不同情境下，針對不同受眾，採取不同的溝通媒介會比較有效。
2.多樣化：如果能夠同時運用多種媒介來傳播資訊，則可以增進溝通效果。

其次是訊息本身的製作策略，譬如主題內容、結構組織的鋪陳、語調（氣）、邏輯推理、風格、長度、時效等因素都會影響訊息的整體觀感，必須仔細規劃設計。

貳、議題管理計畫之組件

一、管理團隊

社會議題非常複雜多元，而且變動快速，很難靠一個人或某個單位便能監測，同時採取對策，當組織面對一項社會議題的衝擊並欲加以克服時，最困擾的難題往往是處理時間有限、專業知識不足以及對狀況的掌握不夠深入。因此，議題管理的精神與功能即在解決此種困境，及早發現組織所面臨的外部威脅或可能創造的轉機。為建置組織內部之議題管理功能，設立專責團隊負責推動相關議題管理的工作當是首要之務，同時這個團隊的內部應該有系統地分工，以便分別發揮不同的專業功能與角色。

Heath認為（Heath, 1997: 109-113），議題管理團隊（management team）基本上是組織策略規劃部門的一環，為有效行使職掌、發揮功能，在這個管理團隊之下，最好能夠再就角色特性細分為三個小組（這三者與組織策略規劃單位的關係詳如圖4-4）：⑴議題監測及分析小組（issues monitoring & analysis team）；⑵公共政策小組（public policy team）；及⑶議題溝通小組（issues communication team）等，茲分述如下：

1. 議題監測及分析小組：「議題監測及分析小組」之功能在監測組織所面臨的外部挑戰，透過資訊蒐集、分析手段，研判議題的趨勢發展、影響性，以及釐清組織所處之環境因素等。小組成員應包括人力資源、行銷／顧客事務、作業單位、議題管理、研究／發展、技術等單位之專家人員。

2. 公共政策小組：「公共政策小組」之功能是針對組織所面對的外部議題，研擬政策或對策。小組成員應包括政府事務[2]、公共事務

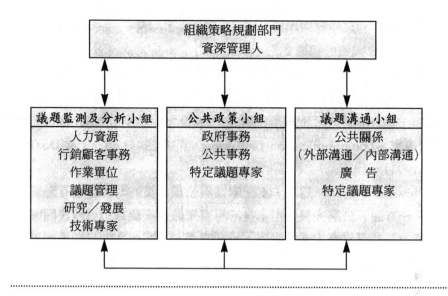

図4-4　議題管理團隊架構圖

資料來源：Heath, 1997: 111.

　人員及特定議題之專家。

3.議題溝通小組：「議題溝通小組」的任務是向所有指定的對象傳
　播組織的立場，爭取公眾之認同及支持。小組成員應包括公關、廣
　告人員及特定議題之專家。

　前述對管理團隊的討論，衍生出公關人員或議題管理者在組織中應
扮演何種角色的問題。一般而言，在組織內部握有權勢、負責組織發展
方向、目標及策略運作等決策大權的核心稱之爲「支配聯盟」（dominant
coalitions）[3]。支配聯盟之任何決策均需要大量的資訊作爲判斷之參
考，而負責支援決策高層蒐集分析資訊、提供建議的支援性角色，也就
是溝通或公關人員應該扮演的「界線聯繫」（boundary spanning）角色，
理想上，此一「起承轉合」的功能最好能被吸納於組織的決策體系中
（White & Dozier, 1992）。

　同時，爲了因應複雜及變動的外在環境，組織的「支配聯盟」最好

採取「外導型的議題管理作為」（outer directed issues management practices），推動參與式的組織文化（participative organizational culture），並讓公關人員參加組織決策過程，作為組織與外部環境間雙向「連結」（missing link）的管理者，並就決策過程的不同需求，扮演「處方專家」（expert prescriber）、「問題解決專家」（problem-solving facilitator）或「溝通專家」（communication facilitator）的角色（Lauzen & Dozier, 1992; 1994）。

　　Plowman（1998）認為，支配聯盟與公關人員的關係是相互影響的過程。一方面，公關人員運用本身的專業知識與經驗為組織解決問題以獲取權力，並得以進入支配聯盟；另一方面，支配聯盟則以授權與否或是否讓公關人員晉身決策圈等手段，直接影響公關人員的行為。Plowman也指出，此種互動關係得以持續順利進行的關鍵因素在於，決策高層與公關人員二者間是否建立長期的合作關係以及彼此的互信程度。

　　同樣的，Lauzen & Dozier（1992）也發現，影響公關人員能否發揮專業的關鍵因素，除了要看決策高層之領導是否「開明」（openness）外，組織公關人員有沒有擠身為支配聯盟之一、是否擁有人事決定權以及會不會受到其他部門（如生產、行銷、客服、廣告）的業務干擾等因素也是觀察重點。

二、目標與願景陳述

　　目標與願景（mission and vision）可以反映出一個組織如何「定位」本身在社會環境中的位置，也可以展現組織的文化、特色及對社會的承諾。簡言之，目標與願景的陳述是在告訴外界：「這個組織為何存在。」明確的目標及願景有助於為組織成員指引努力奮鬥的方向，並化為驅策的動力，以議題管理者[4]之角度言，其努力的重點應該放在協助組織設定有關社會、經濟及公共政策方面之目標與願景；同時，要注意這個目標與願景必須有利於組織與公眾雙方（Tucker and Trumpfheller, 1993;

Heath, 1997: 26-27）。

三、環境與現勢評估

　　情境分析應該著重組織所面對的外部威脅及潛在的機會，所以議題管理者所能發揮的功能在協助機關首長發展組織策略、善用內部優勢、利用外部機會，以降低威脅組織生存的各種變因。也就是說，議題管理者不僅要對組織所面臨的外在環境與公共政策態勢相當敏銳，而且要懂得尋找或創造優勢，例如對於組織所受到的法令或人為限制、組織所握有的優勢與利基、組織與利益關係人間之利害關聯性及關係的運作等均應有所了解。環境與現勢評估可以從：(1)議題解析；(2)利益關係人（stakeholder）；以及(3)環境趨勢等三個面向來加以剖析（Tucker and Trumpfheller, 1993; Heath, 1997: 27-30）。

(一)議題解析

　　第一面向是「議題的解析」。它包括以下五個連續性、不可分割的步驟：(1)議題定義（issues identification）；(2)議題掃瞄（issues scanning）；(3)議題監測（issues monitoring）；(4)議題分析（issues analysis）；(5)設定議題管理的優先性（issues priority setting）。本書將在下一節深入探討這五個步驟的內涵。

(二)利益關係人

　　第二面向是「利益關係人的定義與分析」。大致而言，公共議題通常涉及許多人的利益，並與渠等發生互動關係，公關人員在界定議題關係人的範疇時，必須特別注意周延性、涵蓋面等原則。議題關係人通常指下列人士：

　　1.高度關切議題的活躍人士（activist publics）：包括直接與議題有

關的特定利益團體如工會、商會等，以及代表或聲援這些團體的意見領袖（opinion leader）或學者專家。這些團體或個人高度關心議題，並以具體行動投入的原因不外乎議題牽涉到本身的實質利益、或與自己的專業理念或意識形態等因素有關。（有關特定團體與意見領袖事務之管理將在第十章說明）。

2. **受議題效應影響的組織或其他人士**：例如，勞工法定工作時數減少的立法議題，直接衝擊到勞委會的勞工業務，而因休假時數增加引發之交通、觀光、關廠及失業救濟、社會福利等附帶效應，也會衝擊到其他部會或組織。

3. **顧客或服務對象**：指議題效應的直接受益人或受害者，例如前述工時案中的勞工或企業主。

4. **員工**：指組織內部的員工，例如政府改造工程雖有利提昇服務效能，改善民眾對政府的觀感，但被裁撤機關公務員之權益直接受到衝擊。

5. **國會議員**：不論議題是否進入立法程序，只要其社會效應的張力夠強，便會引起國會議員的關切並在國會中形成話題，則組織也必然會因此受到壓力（有關國會事務的管理將在第八章進一步討論）。

6. **司法人員**：議題如果具有爭議性或牽涉法令解釋，可能就有法律適用的問題，則司法人員如法官、檢察官、調查員及警察等便要列入監測對象。

7. **贊助人或投資人**：如果議題所涉及的團體或組織牽涉到金錢的聯繫，例如選舉獻金、政黨捐助、遊說及利益交換等，就必須留意金錢背後的團體與人士。

8. **鄰近地區人士**：譬如某一地區之環境污染議題，除了直接受衝擊的當地民眾外，鄰近污染源地區民眾的動態也是監測的重點。

9. **媒體人士**：泛指可能關切議題並加以報導的所有媒體人士，包括報紙、電視、廣播，甚至網路媒體等工作人員。

因此，議題管理者必須釐清所有的可能性，例如：針對某個公共議題，組織所要面對的關係人是哪些？他們的背景與立場是什麼？他們與組織本身的既存關係及相互的權力態勢如何？哪些是認同並支持組織的立場？哪些是反對者？這些人有沒有集結並動員？

㈢環境趨勢

第三個面向是「社經環境與公共政策趨勢分析」。此一面向是議題管理的基礎工作，目的在了解環境及公共政策的發展趨勢、社會價值與規範、組織在環境中所處的地位、組織所面臨的潛在危機或機會，以及公共政策的立法進度等。管理者必須對此全盤掌握，才有可能做出「優質」的決策。

四、策略形成

為了達成目標，組織必須設定目標、發展策略、研擬推動計畫。當進行管理策略之擬定時，議題管理者必須思考議題因應策略應該採取何種途徑或所謂的「切入點」，最能解決問題，這便涉及決策導向的問題。

本書在第三章針對行政部門的決策模式，提出政府之決策思考有五種決策導向，分別是：政策、社會、新聞、形象及選民等五種。Heath（1997：31-32）另從企業組織的角度提出三種決策導向，分別是：「市場導向」（market-driven）、「公共政策導向」（public policy-driven）及「利益關係人導向」（stakeholder-driven）。綜合比較這兩種分類的差異，大略而言，二者在有關（公共）政策導向的內涵上應該同屬一類，差別僅在範疇大小有別；社會導向與市場導向可以劃歸一類，因為政府關切及服務的對象是一般社會大眾，企業組織則把重點放在消費者或顧客身上；新聞、形象及選民導向則屬於利益關係人導向，此乃因政府向來高度重視媒體輿情反應及一般大眾對政府形象的觀感，故亦可算是一種以

利益關係人爲思考主軸的模式。

五、策略執行

依據前項策略研擬之目標方向，接著由組織擬定層次不同的各類計畫，據以實施（Heath, 1997: 32-34）：

1. 組織計畫（the strategic organization plan）：此爲組織最高層次目標的計畫，例如在政府部門的年度施政目標之下，尚應包括執行計畫如政務施政計畫、總預算分配計畫、人力發展及配置計畫等。

2. 公共政策計畫（strategic public policy plan）：其次，爲了達成組織的整體施政目標，政府部門會再訂定細部執行計畫，將目標策略、政策執行方案、預算分配與運用、法制作業與推動立法等定義清楚，以落實所設定的公共政策目標。

3. 傳播計畫（strategic communication plan）：針對特定對象，比如公眾、媒體、國會議員、利益團體等，爲了說服目標對象或增進對方了解政府政策，爭取支持，政府部門也應就不同主題研訂相關的政令宣導溝通計畫。在溝通計畫中，一般會包括訴求訊息、溝通管道、媒體計畫、廣告、配合之動態活動等規劃或設計（本書將在第九章探討政府部門之政令宣導、形象塑造等議題）。

4. 操作管理計畫（strategic management of operation plan）：爲了推動議題管理之相關措施，控制各種管理計畫之順利進行，並排除可能之變數及問題，針對每一項議題目標，組織必須研訂操作管理計畫，諸如人力配屬及資源分配、組織目標與社會責任之調適、成效評估及回饋機制等均應加以考慮。

六、策略調整與評估

　　由於外部環境不斷變化，議題的本質及發展有時也會隨之產生重大改變，因此組織原有之目標、政策計畫、實施策略，甚至預算、人力之配置等均應適時調整因應。換言之，組織除了必須建構常態性之資訊蒐集、回饋及評鑑機制外，也應該針對每一項議題之執行計畫發展回饋及評估的標準作業程序，這其中包括資訊之蒐集彙整研析、回饋流程與通報系統、績效評量項目與標準等（Heath, 1997: 34-35）。

第三節　公共議題的解析

　　為了協助機關組織的決策者根據民意趨向做出決策，議題管理者必須經常就外界環境與輿論趨勢的現象加以評估，以預先排除非預期性的外界挑戰。或就積極面而言，可以早期發現潛在的議題，適時透過組織的監測通報系統，預防、監控及消弭問題發生。通常，組織內的議題管理者會採取議題解析的專業程序來定義、掃描、監測及分析議題，並視議題發生的可能性（probability）與影響（impact）程度設定處理的優先順序。此種議題解析的動作可以是被動反應的（reactive），也可能是主動的（proactive），前者的目的在化解障礙，後者則為了伺機尋找組織的優勢或機會（Heath, 1997: 84）。以下分就此一專業程序的要素說明之。

壹、議題定義

　　議題定義（issues identification）的目的在，「確認是否真正存在某些問題，並足以影響組織達成其策略性計畫」。因此，議題定義不僅

在找出組織關切的所有事件，也要弄清楚這些事件會不會在稍後發展成立法或司法議題。

研究者在蒐集議題相關資料並作初步分析時，通常會製作一份「議題摘要」（issue briefs）或「議題狀況報告」（issue position paper），將議題予以定義並說明清楚。議題摘要的內容一般包括下列事項（Renfro, 1993，引自Heath, 1997: 91-92）：

1. 定義並解釋議題的內涵。
2. 探討議題的狀況、不同面向及選項，以及列出對議題有興趣的人物或團體。
3. 確定議題的本質、出現時機及潛在的正負面影響性。
4. 議題其他值得注意的面向或細節。

貳、議題掃瞄

議題鎖定後，接著是掃瞄議題在哪裡出現。議題掃瞄（issues scanning）如同議題之早期警報系統，目的在經常性地觀察有哪些議題出現並有擴大的跡象。組織從何處開始掃瞄議題呢？最普遍也是最方便的來源是大眾媒體的報導，例如全國性的主要報紙、電視、廣播及雜誌之報導、評論、叩應節目等；其次是學術研究刊物，如學位論文、專題報告、會議論文、學術期刊等。除此，其他來源如書籍、專業刊物等也需稍加留意。近來，在網際網路上蓬勃發展的新聞論壇（news forum）或意見留言區等雙向交流管道，因為代表另一個社群公眾的意見，也值得加以重視（Heath, 1997: 93）。

當然，與議題存在實質利益關聯的關係人或意見領袖更是掃瞄的重點，包括鼓吹議題的主角、媒體評論人、政府官員、產業界領袖、技術專家及社區領袖等之立場或言論均值得注意（Heath, 1997: 93）。

參、議題監測

如果議題掃瞄是為了發現問題，則議題監測就是鎖定並追蹤問題。議題監測（issues monitoring）具有預測（forecasting）的功能，主要在探究下列事項（Heath, 1997: 94-95）：

1.議題發展的趨勢是否持續、穩定、增強、或減緩？
2.媒體、政府部門、活躍人士及其他團體對該議題之報導，及討論的廣度與深度如何？有無轉變？
3.針對議題的事實、論點、價值，哪些特定群眾抱持何種認知態度？持贊同或不贊同的立場？其變化為何？
4.意見領袖的人數、組成、認同程度及角色是否改變？
5.以上這些事項的趨勢是否導致立法效應。

監測議題可分成三個階段來看：第一階段是評估組織所處的外在情境以及相關議題的狀況；第二階段著重在議題的趨勢監看與掌握；第三階段則在判定組織所投入的相關努力，例如策略規劃、傳播作為、公共政策執行等是否發揮作用（Heath, 1997: 96）。在議題監測的過程中，議題管理者有時也必須與議題有關的意見領袖、利益團體、政府部門及相關團體等進行諮商，密切掌握資訊，甚至像流行娛樂、戲劇、電影及電視節目等之訊息也要有所了解（Ewing, 1980）。

為有效處理日積月累、複雜的資訊內容，同時便於日後進行資訊分析工作，組織最好能建制內部使用的電腦資料庫，並與外界的電腦資料庫建立連結，則議題管理者透過電腦便能進行議題搜尋、趨勢分析等工作（Heath, 1997: 97）。國人常見的新聞供應社，如道瓊新聞社（Dow Jones News）、路透社（Reuters）、中央通訊社等均提供類似服務。

「議題管理」這個學說經過大約二十年的發展，研究者已逐漸研發出許多監測技術，比較常用的方法如：「新聞重點分析法」（news hole analysis）」、「趨勢推斷法」（trend extrapolation）、「趨勢影響分析法」（trend impact analysis）、「戴菲技術法」（the Delphi technique）、「優先排列法」（forced rankings）、「交叉影響分析法」（cross-impact analysis）、「電腦模擬法」（computer simulations）；及「焦點團體分析法」（focus groups）（Ramsey, 1993; Heath, 1997: 100-102）。議題管理者可以就組織需要，以及人力、財力等條件，考量選擇一種或數種方式來進行議題監測[5]，或是委託專業的公司來從事監測。

肆、議題分析

簡單而言，議題分析（issues analysis）的宗旨在釐清社會影響力的流向。探討的重點有以下幾項：

1.分析公共政策的論辯及發展過程。
2.分析議題在社會、經濟、技術及政治等面向上的改變情形。
3.了解所有熱衷討論該項議題的人的目標、動機、經驗及彼此間可能的利益衝突。
4.分析「權力」如何被運用，例如發言人能否有效聯繫（access to）記者及社論主筆？誰能真正影響立法者及執法者？誰的發言受到社會的重視？誰有社會公信力？

此外，如再就議題的客觀性／主觀性（objective/subjective）、外部／內部（external/internal）、全國性／地區性／地方性（national/regional/local）等不同面向詳加分析，便可整理出一份非常有用的「議題圖」（map of issue）（Heath, 1997: 104-105）。

伍、議題優先性設定

　　理論上，組織於進行議題監測及分析後，即可確認所面對的機會及威脅是哪些，以及其優先順序、輕重緩急，然後議題管理者再根據這些分析資料，整合組織的策略計畫、溝通作法、公共政策計畫及組織的社會責任等要素成爲「議題回應行動方案」（issues response action program）；在行動方案中同時也要考量組織人力、預算等資源的配置問題（Heath, 1997: 107）。議題管理者於思考議題優先性設定（issues priority setting）時，事實上即在重複運作第三章有關公共政策決策模式的步驟。

　　綜合而言，以上有關議題的解析過程可以用圖4-5來表示。

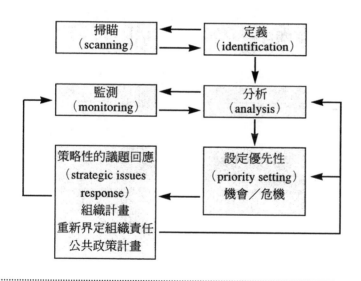

圖4-5　議題的解析過程

資料來源：Heath, 1997: 90.

註釋

1.Howard Chase後擔任「美國議題管理協會」（The Issues Management Association, IMA）主席。

2.以企業組織之角度而言，其政策對象之一即為政府。

3.意味享有支配組織資源權力的一組人，或可以通俗用法如「決策高層」、「權力核心」概稱之，也較容易瞭解。

4.公關人員經常因為角色功能之不同而有不同稱謂，例如此處之「議題管理者」即指組織內部從事議題管理之公關人員，而當公關人員從事訊息溝通時，其角色又轉換為「溝通者」。有關公關人員在議題管理各階段所扮演的角色，第五章將有詳細的說明。

5.限於篇幅，監測技術不再另外做介紹，有興趣的讀者可自行參考Heath（1997：100-102）的說明。

第五章　公共議題管理的運作與控制

第一節　公共議題管理的運作

　　本節將依公共議題的發展階段，分別介紹議題管理之實際操作過程，以剖析議題管理者的思維邏輯、策略思考與規劃、媒體作業、角色扮演等心智活動，尤其著重於分析如何施展權力控制手段。

　　在進入正式主題前，讀者最好能對公共議題管理的運作前提有所了解。

　　前提一：並非每一項公共議題都會經歷所有的發展階段。公共議題之發展雖然可以根據理論解釋，「應該會」循著「事件初始期」、「議題形成期」、「社會議題期」、「政策／對策制定期」及「後續效應／影響期」等階段演變並循環進行（以本書之分類為例），但在真實環境裏，這樣的發展進程充其量只是反映了研究者的主觀認定，公共議題不必然循著這個順序向前推進。公共議題的發展型態變化多端，例如議題可能因為任何理由而在某個階段就嘎然靜止、停步不前（Hainsworth, 1990）；或在某些階段之間一再重複循環一段時間；也可能快速發展，直接跳過中間階段就進入最後階段。

　　前提二：因為各種議題所牽涉的人、事、時、地、物等條件均有不同，加上處理議題的組織也會調整本身的資源及人力配置等因素，所以議題管理的因應對策既無固定模式、也沒有一成不變的策略。換言之，雖然長久以來的議題管理研究已發展出許多策略作法及模式，但沒有人敢「以不變應萬變」，或保證這次成功的處理方式也可以運用到下一次的類似案例上。議題管理者過去美好的經驗只能做為未來行動的參考，萬不能視為理所當然的準則，最好能夠「因時、因地、因人」，採取彈性作法。

　　前提三：公關人員的角色界定與行為表現應該是動態的、多元的。此乃因議題不斷發展，公眾的意見與態度也一直處於變動（dynamic）狀態，並隨著問題的公開化，使衝突與壓力隨之加劇（Hainsworth,

1990），故在這種情況下，公關人員或議題管理者的角色與思維勢必得跟著機動調整。

　　前提四：公共議題發生後如果不處理或處理不當，將很有可能發展為危機事件。此意謂，議題管理者如果判斷正確，所犯的過失或疏忽越少，則越能有效控制議題的發展，或讓危機導致的損傷降至最低。議題管理者必須體認，解決問題的選擇看似很多，但多數時候只有一次反敗為勝的決策機會，若不幸選擇了錯誤的決策，則必須以更大的代價來彌補，甚至永遠無法補救。

　　以下將分五個部分深入探討議題各階段的特性、管理運作策略以及管理者所要扮演的角色。

壹、事件初始期

一、議題與情勢分析

　　此階段通常起始於傳言或謠言，包括少數媒體開始以花絮、地方短訊或讀者投書方式，傳遞相關訊息，其他如電腦網路郵件及討論區也開始有一些訊息出現。此時多數民眾並不會注意或特別關切此事，但一些特定人士基於本身利益或個人意識形態理念等因素，則開始密切注意事件的發展，並試圖向外界發表看法，凸顯議題的重要性，但因未能獲得主流媒體的支持與關切，故尚無法發展為社會大眾矚目的焦點。

　　一般而言，下列話題最容易成為新聞媒體追逐、社會大眾關切的焦點，並逐漸擴大為政府必須面對的公共議題：

1.有關人民或社區權益的議題，如政府內部運作及人事、垃圾處理場設置計畫、提高全民健保自行負擔額度、輻射屋、核電廠建廠計畫、關廠失業問題等。

2.涉及社會道德、文化價值的議題，如墮胎合法化與RU486墮胎藥使用爭議、同性戀人權問題、流浪狗處理與管理、電玩與賭博開放等。

3.違法弊端與利益輸送議題，如九二一重建工程發包疑案、政府機關貪瀆案件、企業資產掏空案等。

4.社會的偏差文化或習俗，如公器私用、檳榔西施、青少年飆車、搖頭丸管理等。

二、因應策略

透過議題監測與分析等手段，議題管理者通常能夠比一般民眾更早掌握議題動態。若確有資訊顯示事件已進入第一階段，則管理者之決策選擇有二：一是暫時不予處理，耐心地等待事件自行消失，以免因介入動作過大反而引起外界注意；其次是「淡化」或「冷」處理，例如只被動回應外界要求說明事實、不主動澄清，避免引起大眾持續的關注。惟不論採取何種策略，議題管理者仍必須密切掌控可能的發展趨勢，時時警覺潛藏的議題危機與變數。

三、公關角色

議題管理者在此階段的角色屬於守望者或監測者，主要在運用議題掃描及監測技術，蒐集所有相關資訊，掌握可能衝擊組織穩定運作或機關首長形象事件的最新情勢，密切觀察可能的發展，除此並應開始預擬議題處理的初步計畫。

貳、議題形成期

一、議題與情勢分析

當議題持續發展到第二階段時，事件的內容已經由大眾媒體不斷地被報導出來，但由於事件的本質錯綜複雜，或各界觀察事件、解讀訊息的角度有異，媒體報導的焦點相當分散，故很難精確判定事情的原委或真偽。同時，議題所涉及的主角或關係人也會因為「反對力量」或「幕後黑手」的蓄意放話，而逐漸在媒體上曝光，在媒體、國會或利益團體的社會壓力下，為求反制，這些主角或關係人亦開始有意無意地透露經過設計、彼此可能相互矛盾的訊息，以試圖導引媒體或公眾關切的方向，因為各種訊息相互爭奪「議題框架詮釋權」，使得情勢更加複雜、混沌、模糊不清。

隨著議題漸漸成為媒體報導的重點，議題之利益關係人或地區性民眾開始關切議題的發展，並對議題相關的團體或意見領袖施予更多的壓力，要求公開資訊或表明立場，使得議題的影響層面更為擴大。但諷刺的是，這時候不論誰（即使是政府官員亦然）說了什麼話，都會受到各界的質疑。

媒體在此階段的報導有以下幾點特色：

1. 報紙地方版或主題（如社會、政治、經濟）版新聞開始報導，版面逐漸增加。
2. 主線記者開始注意並追蹤議題的進展。
3. 除了文字媒體報導外，少數電子媒體也開始加入報導行列。
4. 媒體報導手法與數量由一般性報導漸次發展為深入報導，並開始有評論文章的出現。

二、因應策略

就經驗而言，議題發展到此已不可能自行消失，而不得不加以處理。議題管理者的因應作爲包括：(1)蒐集議題相關的人、事、時、地、物等完整資訊；(2)分析議題發生的背景及原因，瞭解媒體報導的方式如內容、字數或篇次、角度、立場、發稿地等，以釐清情勢現況；(3)預估議題的發展趨勢，並推估可能關切該議題的團體或人物；(4)預先擬妥初步的對應策略和方式，並思考下列問題：組織對事件本身的基本立場（基調）、所能容忍的底線、對外發言的說詞、針對疑點所進行的調查、規劃召開記者會等，以及當其他政治勢力介入時，如何進行權力抗衡與結盟運作。

三、公關角色

公關人員在本階段主要扮演三種角色：第一是持續掌握議題發展的資訊蒐集者，且蒐集的範圍較前一階段更爲擴大；其次是就所得資訊，對議題與情勢加以深入研析的分析者；最後，根據研析結果，向組織及決策首長提出議題未來發展趨勢的預測，所以是議題的預測者。

參、社會議題期

一、議題與情勢分析

此階段是議題的「大鳴大放期」，議題發展到此地步，各種狀況不斷出現，並成爲社會大眾普遍知曉或關切的話題，管理者則忙於應付。主要特色包括：

1.經過先前階段的混沌不明，此時主議題與次議題的分野漸漸清晰，社會大眾對議題的真正問題也慢慢產生定見；但在民意形成的過程中，由於媒體、民意代表、利益團體、意見領袖等各種外力積極介入，事實本身可能還是相當模糊，甚至流於口水戰。在某些難以掌控的狀況下，議題的本質或焦點可能因此改變，進而使主、次議題地位反轉，原有的主議題成為次議題，或重要性降低到無人聞問，原先的次議題反倒喧賓奪主，成為社會大眾與媒體的矚目焦點。

2.一項議題能夠持續發展到此一階段時，通常已具備幾項重大條件：(1)議題的內容或牽涉的主角符合當時媒體新聞編採的偏好，例如衝突性、懸疑性或所謂的腥煽色要求；(2)議題符合民眾的品味或與民眾的利益息息相關；(3)議題所牽涉的主角本人、社會知名度、形象特質或職務等，足以引起社會大眾關心；(4)議題具備某種社會意涵或象徵，且為社會大眾所重視，常見的例子譬如，該議題與族群衝突有關，社會公平正義在該事件中被彰顯、或被抹煞。因此，不僅是議題的影響範圍擴大，所牽涉的主角層次或職務也逐漸拉高，媒體及一般公眾要求組織或當事人出面說明或採取對策的壓力也持續增強。

3.議題管理者的重點工作之一是輿情蒐報及研析，在此階段，議題管理者特別要注意下列資訊來源：(1)各種大眾媒體，包括報紙、廣播、電視、雜誌及網路新聞的一般報導、社論、專題報導、特稿（輯）等；(2)國會內外所發生的各種活動，包括正式的委員會審查、質詢、院會討論，及非正式的黨團會議、朝野協商、委員記者會、公聽會、民眾陳情及示威等；(3)民眾的讀者投書、叩應、網路留言等；(4)利益團體或意見領袖針對議題接受媒體訪問的發言、聲明，甚至群眾街頭抗議行動等。

4.由於議題的衝突情勢不斷向上攀升，不同政治勢力或政黨也藉機積極介入，一方面企圖製造有利本身的新聞框架，另一方面則擴大打擊對手層面，藉此形塑議題框架，爭奪政治利益。此外，如

果議題涉及政府部門之弊端或貪瀆，監察或檢調單位基於職責所在勢必依法調查，監察檢調等司法系統之介入又將引發另一波的政治權力運作與角力。

5.最後是所有議題關係人（包括機關首長與公關人員）都可能因為情緒激動或欠缺自制力，而產生泛道德化或非理性化的行為與言論。造成這種現象的原因有可能出自機關首長與幕僚因資訊不足或受媒體報導影響而誤判情勢，或甚至是媒體蓄意炒作新聞，利用社會不滿情緒，誤導大眾對議題真實的認知。

二、因應策略

當議題的相關狀態趨於複雜化，因應策略的籌劃也要相應地擴大層面，否則將容易出現策略缺口。第二階段的因應策略可從以下五個面向思考：

1.在訊息策略方面，相較於組織本身的自說自話，一份有社會公信力的獨立調查報告顯然更具有說服力。為了反制外界不實的指控，還原事件真相，釐清社會大眾的疑點，著手進行相關清查工作是必要的動作；同時，清查之際並應善用「第三公正力量」的公信力，提高訊息的可信度。例如，指派社會公正人士或單位組成專案小組調查、約談相關人士，出具有力證據，或進行民意問卷調查，擴張群眾支持基礎。

2.在橫向聯繫協調機制的建置上，議題管理者此時應積極發揮協調溝通功能，化解組織各部門的歧異立場，確立議題處理原則，以整合出妥適的因應方案。

3.議題管理者也應該研擬回應外界的傳播策略計畫，例如針對個別議題運用不同的傳播通道、在有利的時間點、採取有效的訴求訊息，以澄清、解釋外界質疑的關鍵點。

4.為了處理前述主、次議題反轉的突發情況，議題管理者也要研擬

議題的導引策略，將議題予以「定調」或「框架化」，讓媒體及社會大眾討論議題的焦點回歸到問題的基本面，這樣做的目的，除了消極面要保護組織或首長免於受到外界傷害外，更可將議題引導至對組織本身、首長較有利的方向，為組織與首長的形象創造加分效果。

5.針對隨後可能發生的緊急狀況或危機，議題管理者必須儘速預作模擬，研擬緊急計畫或替代方案，以備不時之需。例如，當事件主角必須公開露面，不得不面對媒體記者採訪或示威的民眾時，是該明確表態或暫時保持模糊立場？話要如何說較為得體？肢體語言如何展示才不會失禮？行走路線如何安排以避開尷尬場面？最好都能先行規劃。

三、公關角色

議題管理者在此階段所扮演的公關幕僚角色有以下幾種：

1.**決策建議者**：針對議題，建議決策高層採取適當的回應措施，但要謹記「幕僚只有建議權、沒有決策權，首長擁有絕對的決策權，也承擔完全的責任」的道理。

2.**對策初步執行者**：為應付緊急狀況，議題管理者應該被授予某些權限，可以適時根據原先擬定的計畫採取適當的行動，減緩各方壓力。

3.**疑問澄清者**：議題管理者應該是擁有社會公信力、而且被組織授權向外界澄清問題的代表人。

4.**對外溝通者**：最後是對外溝通者，議題管理者應該是了解所有問題、與首長保持暢通管道、同時具備傳播專業知識的溝通者，也是組織對外溝通的單一窗口。

肆、政策／對策制定期

一、議題與情勢分析

　　此一階段是議題發展階段的最高峰，議題相關的人、事、物等大致均已曝光，事件之來龍去脈也相當清楚。民眾對議題的好奇心開始降低，對各方勢力的口水戰顯露不耐，轉而期待政府及各界協商解決爭議的期望及壓力達到最高點；社會各界不斷發出聲音檢討議題之發展及影響，逐漸回復至「法理情」的理性思考，解決問題的共識亦逐漸形成。

　　當議題發展階段到達最高峰，也代表在這場「議題框架爭奪戰」的權力態勢即將底定。因此，在事件塵埃落定前，居於弱勢的一方為求自保或反撲求勝，通常會結合民意代表、特定團體及意見領袖等，採取較激烈的言行或手段，如街頭遊行造勢、示威抗議、包圍陳情等社會動員行為，以吸引媒體及社會大眾目光，爭取同情。當情勢愈形混亂、各方關係愈趨緊繃之際，龐大的社會壓力亦將迫使議題各相關勢力不得不自我克制，放下身段，開始協商，而協商過程也往往意味著各方人馬必須進行政策妥協、利益交換或立場折衷的權力運作活動。

二、因應策略

　　議題管理者此時應採取下列措施，以掌握並控制情勢：

1.針對議題，協調各有關單位擬定具體有效的政策或對策，同時要根據不同的對象，採取強硬（指立場堅定，而非脅迫）、理性、感性或懷柔等不同的訴求方式，進行辯護、說服及宣傳的工作。例如，有關勞工爭議的議題，為爭取支持，免不了要拜會立法院各黨團或委員、聯繫相關路線媒體記者、安排與勞工團體會談等不

同形式，傳達訴求。

2. 塑造政策或對策的合法性與正當性。爲了強化訴求訊息的權威性與說服力，議題管理者要懂得充分運用「第三外力」的途徑。例如，爲了制衡其他反對勢力，行政部門可透過在立法院運作議事，將政策或對策予以法制化，使成爲強制性的法律或規章；或施行民意調查，公布結果，塑造主流民意現象，以佔據輿論市場的有利地位；或結合立場相同（近）之民間團體舉辦研討會（公聽會），一方面製造新聞、吸引媒體注意及報導，另一方面則運用與會者爲政策「背書」，主導輿論詮釋權。特別要注意的是，當從事上述行動時，應愼選具備社會公信力的意見領袖或第三者（團體），否則可能有損政府形象，導致公權力的流失。

3. 轉移各界注意力或事件焦點。例如可以及時公布其他重大「利多」政策或施政成果，拋出新的「政策框架」；或進行組織高層人事的調整佈局，製造新的「人事氣象」；或是藉視察地方、出國業務考察等名義，暫時遠離新聞風暴區，俟情勢稍緩或群眾激情消退後再出面解釋。

4. 除了轉移焦點外，管理者尚可採取扭轉壓力方向的策略，將責任轉嫁給其他單位。例如藉由強力的宣傳機制，重塑輿論氣氛，切割行政部門與立法部門在某議題上的眞正責任歸屬，讓議題關係人透過媒體轉而把壓力焦點投射給對方。此一策略至少具有二項優點：

①減壓，以便保有解決問題的空間。
②爭取時間，以儘速研擬妥適的解決方案。

5. 最後，議題管理者可試著搭建一個「舞台」，建構談判與協商的運作機制，讓外界人士不同的立場及意見，以及代表不同政治立場或利益的勢力，得以納入此一機制進行協商與妥協，以免各方力量在體制外相互衝撞，難予駕馭，導致社會動盪不安，徒增問題解決的困難度。

三、公關角色

此階段的公關幕僚係扮演以下角色:

1.從事國會與政治運作操盤的促動者。
2.擔任行政資源分配與運用的協調者,使衝突的各方獲得一定程度的滿足。
3.推動解決方案及確保過程順利進行的管制者,使情勢不致失控。
4.讓外界清楚了解組織與首長之立場的政策宣傳者。
5.整合各方利益、化解彼此歧見的談判者。

伍、後續效應／影響期

一、議題與情勢分析

誠如Hainsworth(1990)所言,相較於前面各方勢力相互衝撞、競逐,議題快速發展的階段,此一階段事實上是議題已經發展到最後,並且漸漸消逝中。另一方面,組織先前所推動的政策或對策也開始產生後續效應,並引起社會各界密切觀察政策是否產生預期效果,抑或偏離原先期望的規劃。

這裡亦面臨另一個思考衝擊,意即如果原先的政策產生了非預期的負面邊際效應,社會對此一負面影響的容忍程度有多高,會不會引發社會大眾另外一項社會期望,進而發展出某種話題、或成為另一個危機問題的遠因,然後假以時日形成其他社會議題。

為了事先掌握此一可能衝擊,議題管理者宜透過政策研究或專業評估等相關指標,如施政滿意度及首長形象民調、分析媒體報導內容及方

式等，了解政策或對策，對行政部門之公權力是否造成損傷？或是提升民眾對公權力的重視？議題主角或組織本身的形象是受創？還是被強化？或是被重新塑造成其他形象？

二、因應策略

組織在此一階段所採取的因應策略可以做如下的思考：

1. 如果組織或首長在先前階段遭到議題的衝擊，導致形象受損或承受極大壓力，議題管理者或可建議藉由調整領導風格，強化領導威權，或採取相關措施激勵士氣，以維持組織的順暢運作。
2. 其次，人事調整或改組也是後續階段可以考量的選擇。一方面可以啟用新人推動新的政策；另一方面也可以調整不適任人員，化解施政阻力。但在推動時要避免讓外界誤解是迫於種種壓力而不得不更迭人士。
3. 此一階段只是證明議題或危機暫時解除迫切的壓力，並不代表永遠消失，或不會造成另一個問題，因此組織必須加速推動議題管理計畫，由制度面、法令面及執行面，確實解決問題所在，此一作法亦有轉移社會焦點之作用。
4. 最後，議題管理者必須促動組織進行全面的內部檢討，從議題與情勢分析、公共政策策略計畫、傳播策略計畫到組織內部資源配置等，都要重新研議調整。

三、公關角色

因此，議題管理者在最後階段應該扮演下列角色：

1. **政策及議題管理的檢討者**：找出組織應該改善的地方，並積極推動。
2. **組織及首長形象的修補者**：研訂相關傳播計畫，重建或轉換組織

與首長的社會新形象。

第二節　公共議題管理的變數與控制

公共議題的管理工作並不容易，關鍵在於複雜性（complexity）及模糊性（ambiguity）兩個變項。複雜性係指影響議題出現及發展的變數，當議題所在的環境變得不穩定時，不確定的資訊負載（information load）會向上累積，使「亂數」（turbulence）增加，議題也就愈加混沌模糊不清，更無法預測。爲降低不確定因素，組織因此需要花費大量的成本與資源，進行更多的研究與分析，以釐清事實疑點。造成此種現象的原因可能源自議題本身，以及議題所牽涉的人、時、地等因素，彼此因爲「互賴」（interdependence）的特性而糾結在一起，故難予切割或釐清（Heath, 1997: 92）。

社會議題之所以複雜、不易管理，原因之一在於社會議題充滿了不可預期、又難予控制的「變數」。本節將就變數對公共議題處理過程的干擾以及控制變數的策略加以說明。

首先檢視並解釋政府進行公共議題管理時經常面臨的「變數」：

1.甲事件與乙事件沒有必然關聯性，但決策者在下決策時，二者卻會相互影響。以八掌溪事件之責任歸屬爲例，對於應該爲此一事件負責的人或單位，只要指派專人進行調查，即可釐清事件經過、查明責任歸屬，並據以懲處失職人員；但決策高層的思維恐不循此途徑，而主觀地認爲，除了一般行政體系官員的責任追究外，決策權力核心內部也應該有層級夠高、且與總統關係密切的人出面負責，才能展現執政黨政府勇於負責、有擔當的魄力。因此，當時的行政院副院長游錫堃爲該事件負責下台，或可歸類爲此種模式。

2.其次，雖然甲事件與乙事件並無絕對關聯，但社會大眾卻會把兩個事件聯想在一起，進而作出似是而非的推論，而推論又會在「有心人士」的利用下，影響政府的決策思維。例如民眾對八掌溪事件救難不力的不滿情緒，很可能會與民眾對當時立法行政僵局、股市下跌及財金政策搖擺的認知結合，並在媒體或在野政黨的推波助瀾下，進而推論出許多邏輯因果錯置的論述。

3.在媒體偏好、民眾品味或當時社會熱門話題的綜合牽引下，議題的主訊息及次訊息發生地位反轉，或是訊息內涵被媒體選擇性地偏差報導，使新聞框架扭曲變形，進而將不正確的「社會真實」傳播給一般民眾，導致社會大眾對公共議題的本質產生錯誤的認知、態度與行為。

4.非管理者所能控制之「時間差」所導致對公共政策之不同解讀。舉例來說，A政策在甲時間點宣布是正確的時機，但如果選在乙時間點宣布則可能引起社會極大批評。最明顯的例子是，財金部門在某農會爆發擠兌風波前，即預先加強對所有基層農會信用部之金融檢查工作，因此獲得社會大眾正面肯定的評價；但若金檢工作之程期是安排在擠兌風波爆發後再進行，民眾恐怕就要批評政府只會做表面功夫。反之，B政策在甲時間點公布時雖引起各界物議而暫緩實施，但到了乙時間點時，社會各界卻可能反要求政府儘速推動。

5.「時間差」的觀念又與公共議題所在環境的變化密切相關，此乃因環境在不同時間點所存在的條件不同，進而影響當時社會的主流意見，並左右了民眾的注意焦點。例如，政府試圖推動之某項公共政策往往因為國際、國內政治、經濟、社會等因素之改變，或因為發生重大災難而使該項政策受到各界高度重視，或完全被漠視，此種情況通常被歸類為常見的：「人算不如天算」。最明顯的例子是，民國八十八年發生的九二一震災，由於事發突然、災情慘重，導致許多政府部門不得不變更或暫停原先已排定程期的既定工作計畫。

6.社會「刻板印象」所導致的認知偏見影響社會大眾對公共政策解讀的角度、內容，並與民眾本身的意識形態結合。例如，同樣是有關開放對大陸政策的議題，如果由傾向台灣獨立的政黨提出，一般民眾會認為該黨已開始修正「偏獨」的立場，並朝向「新中間路線」靠攏；反之，若由「統一」立場傾向的政黨提出，則擔憂台灣被出賣的民眾，便會受到原有「刻板印象」及「意識形態」的影響，起而批判該政黨動機不單純。正如經濟部站在主管經濟業務的立場，不能違背企業界的根本利益而支持加重企業營運成本的議案；同樣的，行政院勞工委員會亦不能推出或支持犧牲勞工權益的相關法案，這種「政治包袱」往往對政府部門在某些公共議題上的「為」與「不為」，具有決定性的影響力。

面對上述的各種變數，為了盡量降低對決策本身或機關運作的負面作用，政府公共議題管理者可以採取以下策略加以控制：

1.議題區隔化：簡單來說，這項策略的意涵就是「思考全面化、決策定調化」。處理公共議題的思考邏輯必須是跨越時空的（longitudinal）、全方位的（cross-sectional），把一切可能的狀況與情境，包括前述有關及無關的變數都列入參考，然後做出最有利的決定，這就是所謂的「思考全面化」。但當對外發言說明事實或公布處理方式時，卻必須明確、單純、有針對性，將議題區隔在一定範圍內，並予以定調，以有效壓縮外界「胡思亂想」的空間。

2.掌握議題詮釋權：「誰能為議題下定義誰就贏了這場論爭，同理，誰能重新為議題下定義誰就贏了新一回合的論爭」（Renfro, 1993: 40，引自Heath, 1997: 96）。所以，為了主導議題內涵的詮釋權，決策者必須針對外界可能質疑的事項，予以「定調」，並主動、快速地向外傳播。否則一旦詮釋主動權落入媒體、立法院或特定團體手中，行政部門將只能被動接招，落得疲於奔命，即使能夠扳回，恐也將花費一番功夫。

3.建構「框架」（frame）與「社會真實」（social reality）：為反制

議題的訊息內涵被媒體或其他外力以扭曲的新聞框架加以傳播，造成民眾錯誤認知議題的本質，議題管理者應該運用「框架理論」之策略，在事件尚未明朗之際，就將正確的政策或議題「內容框架」傳播出去，以塑造組織期望的「社會眞實」，導引媒體、意見領袖及一般大眾的思考模式。

4. **政策「佈局」與「操盤」**：政府公共政策之宣布、公告，應該考量時機、地點、參與人（如主持人、貴賓、成員性質）等因素所傳達的「政治意涵」，是不是在決策者的主觀期望範圍內？所引起的負面效應有沒有對策？會不會產生無法承擔的後果？所以，任何公共政策之推動均須講求「佈局」、「操盤」等運作策略。

5. **合理化、正當化公共政策**：同樣的，從框架理論的觀點來看，「社會刻板印象」對一個組織或個人可以是行動的「包袱」，也可能是決策的「護身符」，關鍵在於政策佈局及操盤期間是否掌握議題詮釋的主導權，讓議題框架始終與組織或個人之社會形象相契合，使政策合理化、正當化，並進而轉化社會的刻板印象。

6. **強化議題監測、掌握環境變化、預先採取防範措施**：誠如前面所說的，在多變的環境裏，加上各種「政治勢力」意圖主導議題趨勢，決策者既無法預先獲知相關訊息，亦無從在事情發生後去改變環境；同時，對於民意如流水的政治現實，政府亦無法阻止民眾將不同的兩件事混爲一談，或要求民眾將相關的兩件事併同思考。故決策者所能做的，即在運用前一章議題管理的專業手段，掃描、監測、分析議題，掌握環境變因及目標對象可能「動作」的一切情報，並加以綜合研判，推估議題及環境的發展趨勢，預先採取妥適的因應策略。

綜合而言，由於公共議題充滿著「變數」，故決策者無法百分之百控制或預測決策的過程及結果。議題管理者所能發揮的功能在藉由採取議題管理的專業手段，協助組織增加「可控制因子」，同時儘量降低「不可控制變數」，以達成政策目標。

第參篇　公共議題管理與應用

第六章 危機事件與危機管理

危機（crisis）創造議題，社會的危機創造公共政策的議題。危機雖然可能威脅組織的利益，但若管理者主動採取議題管理的手段來因應，則危機管理可能轉變爲（組織）發展的契機（Seeger et. al., 2001）。因此，政府部門如果能夠改變傳統「迴避危機」的保守心態，以正面積極態度面對危機，視「危機」爲日常的重大社會「公共議題」之一，並將「危機管理」納入政府公共議題管理運作的一環，則人們就不會談危機而色變了。

第一節　「危機」概論

　　危機不是獨立單一的社會事件，危機管理的邏輯觀念也非單純的「危機發生──危機計畫──危機處理──危機結束」直線過程。相反的，在社會的現實面等因素影響下，危機管理的思考面向是非常多元、跨層面的。以當前國內經常發生的一些社會危機事件爲例，一旦危機發生後，管理者除了必須解決危機本身的問題外，還必須因應來自媒體、國會、民衆、壓力團體、監察或司法機關等對危機的關切，同時管理者還要兼顧機關首長個人理念、意志貫徹等因素，因而，在這種種的壓力與要求下，乃凸顯出危機發生後所牽涉的複雜層面。以下列舉一則出現在網路上的黑色預言笑話，此笑話頗能傳達前述現象：

如果911恐怖攻擊事件發生在台灣？
　　1.總統震驚，指示相關單位全力救災。
　　2.朝野同聲譴責暴力。
　　3a.政府官員到場巡視救災，在野黨批評：「作秀」之舉。
　　　b.或政府官員爲避免妨礙救災未到現場，在野黨抨擊：「發生那麼嚴重的災難，我們的政府官員在哪裡？」
　　4.在野黨要求調查情報單位有無失職。

5.媒體質疑建商偷工減料，不然怎麼會被撞一下就倒了。

6.在野黨主席批評救災單位動作太慢。

7.立院在野黨團批評，「行政部門反應速度太慢。」

8.報紙社論指出，「執政團隊危機應變能力不足。」

9.電視叩應節目打出討論主題，「恐怖分子攻擊，政府在哪裡？」

10.監察委員自請調查建築執照發放有無弊端？治安單位有無失職？

11.立委要求民航局說明航管人員有無過失。

12.總統指示，軍方加強戰備（這時候電視畫面會是二架F16戰鬥機
  起飛的畫面，還有中共發射飛彈的演習情形）。

13.總統宣布，國家進入緊急狀態。

14.財政部宣布，股匯市無限期停止交易。

15.人事行政局宣布，隔天停止上班上課。

16.行政院宣布，全國降半旗為死難者致哀；行政院長慰問罹難及受
  傷者家屬，大批媒體在後面搶鏡頭。

17.總統坐鎮總統府，學者指出，「根據國外經驗，總統應該到安全
  的地方指揮。」

18.政府移至安全指揮中心，在野黨抨擊，「國家與人民安全受到威
  脅，總統、行政院長怎麼可以自己躲到安全地帶？」

19.總統指示，調查局與警政署等治安機關全力緝兇。

20a.災難現場場景：現場擠滿記者；記者外面是救難人員；救難人
  員外面是圍觀民眾。

  b.記者現場連線報導，「目前救援工作進行得十分緩慢，現場一
   片凌亂、慘不忍賭，救災單位未能有效管制現場，……最新情
   況……現場傳出一陣歡呼，救災人員救出一隻小狗。」（在記者
   鏡頭後方，賣香腸的老伯正喊著：「來喔！來喔！一支三十
   元」。）

21.中華人民共和國發表聲明：「中國政府及人民對各國的關心與協
  助救難表示感謝之意；只要台灣當局回到『一個中國』的原則
  上，什麼議題都可以談。」

22.救難器具不足，某立委在現場表示將追究消防預算的流向。

23.電視廣告連續播放，「化悲痛為力量，XX企業與您一起譴責暴力。」

24.每次新聞都會出現一個來抗議的人「○○○」，又來舉牌了，牌子上寫著：「愛護動物，不吃狗肉。」

　　上述的笑話除了反應出危機發生後的複雜現象，也透露社會各界對危機的反應往往是非理性的。因此，不論是天然災害或是人為疏失所造成的危機，公關人員都不能單僅思考如何化解眼前的「危機」，而必須以較為鉅觀的角度綜觀全局，找出危機的根源。

　　站在政府部門的立場而言，任何一項政策的決策過程都有可能因為制度、執法人員、法令規章等之疏誤或不完備，而引發民眾抗爭、社會衝突或意外事故的發生。一旦發生類似情況，政府及相關首長所面臨的挑戰，將不僅僅是危機如何處理的問題，後續所要思考的種種議題尚包括：

1.危機引發之政策議題如何納入政府機制的運作並予以法制化？
2.針對危機的處理，政府如何進行政令宣導才能發揮告知、說服的效果，安撫民眾不安的情緒？
3.為避免形成另一個政治風暴，來自國會的關切或壓力如何化解？
4.如何做好新聞處理與媒體關係的工作，使媒體的實際需要與政府預期的媒體效應二者間達到平衡、理想的境界？
5.危機本身以及處理的結果會不會影響政府的權威性與正當性？
6.政府機關或部會首長受損的社會形象如何補救？

壹、「危機」的定義與種類

　　何謂危機？簡單而言，危機就是突如其來的「大麻煩」（big trouble）；正式來說，「凡任何事物造成或可能造成組織威信及聲譽之負面

影響，因而危害到組織未來的利益、發展、甚至生存者，即可視之為危機。」（Lerbinger, 1997: 4）。參考Lerbinger的定義，本書將政府部門所面對的危機範疇界定如下：

> 凡有關國家安全、社會安定、人民生命財產之穩定狀況出現異狀或災難，政府政策發生錯誤、弊端或施政運作不順暢等，致影響政府整體或首長之形象者，均可視之為政府危機。

而針對以上政府危機，為降低對政府整體傷害所採取的因應措施或對策等管理行為，就是所謂的「政府危機管理」。

根據研究發現，所謂的危機通常具有以下特質（Lerbinger, 1997: 6-9; Seeger et. al., 2001）：

1.事出突然（suddenness），非週期性，無法預測。
2.高度不確定（uncertainty），變數很多。
3.威脅性大（threat）。
4.最後是情勢危急，時間壓力緊迫（time compression）。

另有研究者指出，危機發生時，通常組織的因應對策不會有太多的選擇（options of response）（Burnett, 1998），亦即危機往往限縮了組織的決策空間和彈性。Lerbinger（1997: 344）也認為，危機管理者往往是在情勢混沌、資訊又不夠完整的狀況下，倉卒採取動作去因應非計畫性、未預期的事件。因此，為免屆時因情況危急，措手不及，議題管理者都會亟力主張，組織應該事先建置危機的早期監測及通報系統，並擬定危機管理計畫。

研擬危機處理策略時，先要把危機的性質與類別弄清楚，才能找出問題源頭、對症下藥。Lerbinger（1997: 10-14）將危機歸納為三大類別：

1.天然意外或科技災害的危機（crises of the physical world: nature & technology）：例如地震、颱風、豪雨、土石流、火災、工業污染

及自然生態災害等。

2.對立或惡意性的危機（crises of the human climate: confrontation & malevolence）：譬如立法機關與行政機關的對立抗衡、政治或社會議題的衝突、網路駭客攻擊事件、食品下毒事件等均屬之。

3.行政管理的危機（crises of management failure: skewed values, deception, and misconduct）：指因為組織扭曲的價值觀、隱瞞事實及錯誤行為所導致的危機。例如八掌溪事件、墾丁阿瑪斯油輪漏油事件、核四廠停建案等[1]。

Stocker也指出，除了天然或不可抗拒之因素所導致的危機事件外，危機經常因為下列人為因素（類似行政管理的危機）而發生（Stocker, 1997）：

1.管理者錯誤的道德觀念（erroneous ethics）所引起的危機。例如部會首長的決策風格如果屬於善變型，政策就會經常反覆改變，導致公眾因為無所適從而產生「信心危機」。

2.變質的誘因危機（incentive crisis）：下屬為求表現、或投決策者主觀之所好，以謀求個人利益，故建議採取不符專業或不正確之對策，而決策者不察，進而使危機發生。

3.組織追求的價值與某些社會公眾的價值觀相互違背，此種混淆價值（mixed values）也是危機的來源。例如，財金部門為政策照顧傳統產業，降低失業率，不顧市場運作機制，以「道德勸說」要求銀行勿針對有經營危機之企業抽銀根，此與民眾期望政府降低銀行不良放款、減少呆帳之作法相互違背，因而民眾對政府維護社會公共利益的決心產生懷疑。

4.一味拒絕承認錯誤，以致社會公信力喪失。比方說，一般民眾可以理性地接受政府承認錯誤，並再給予機會，但是如果政府堅決否認過失，民眾將認為政府缺乏反省能力，進而對政府運作機制的功能存疑；甚至，造成民眾拒絕與政府溝通的困境。

5.冒險走鋼索，卻無後路（walking the high wire without a net）。例

如，執政者如果忽視「政務運作」與「政治操作」是有差異的兩件事，並於推動政府施政的同時，以政治權謀凌駕專業知識，亦不願放下身段協調溝通，則必然產生與官僚體系、或行政立法部門的嚴重對立，導致施政危機。

6.未記取教訓，一錯再錯（addiction to repetition）。例如，一或二次的政策轉彎可以解釋為：因應變局、政策調整；但如果隨著外界批評一變再變，毫無定見，便容易招致在野黨、媒體及民眾批評政府政策反覆，缺乏整體規劃，以致喪失對政府的信任感。

此外，邱強（2001：51-64）亦指出，造成民眾對政府產生信心危機的因素有五項：(1)決策品質不佳，讓民眾感到徬徨不安，失去安全感；(2)政策執行能力不足，缺乏協調，甚至各部會立場相互矛盾；(3)領導者的形象破滅，如施政表現不佳、危機處理不當，以及個人操守出了問題；(4)政府的效率與正直性（integrity）降低；(5)社會動亂，包括勞資對立、罷工、學潮、失業問題、抗爭等。

總之，就一般的經驗來看，基於危機往往會有後續的連鎖反應，故過度簡化危機的原因及分類並不符合社會真實現象。舉例來說，單純的一件意外災害，可能先前早已存在人為疏失的遠因，而後因為某項天然因素啟動了意外，然後再加上人為或行政管理上的疏誤擴大傷害的層面，進而演變為行政管理上的危機，之後在不同政治勢力的蓄意介入下，引發競爭者對立或惡意攻擊的危機。因此，吾人可以斷言，危機管理必然是一連串的動態管理過程，過程中的每一個環節都有可能發生某種危機，因此需要投入大量心力從事「控管」作業。

貳、危機的分類

為了便於蒐集資訊，找出優先處理的問題，同時方便管理者投入相關資源進行危機策略與措施的研擬工作，危機管理者可以透過製作危機

分類表（matrix）的方式，簡化複雜的危機情況，篩選出最迫切的問題關鍵，以利危機管理工作之進行。

　　Burnett（1998）嘗試以威脅程度高或低（threat-level）、回應的選擇性多少（response-options）、時間壓力緊迫或和緩（time pressure）及可控制性高或低（degree of control）等四個變項，將複雜的危機狀況劃分成十六種，然後再將這十六種危機歸納為五種類型（分別由0至4）（如表6-1）。

　　根據Burnett的分類，類型4是最令管理者頭痛的危機，因為這種類

表6-1　危機分類表

時間壓力 威脅程度　回應選擇　控制性		緊迫		和緩	
		低	高	低	高
低	多	類型2	類型1	類型1	類型0
	少	類型3	類型2	類型2	類型1
高	多	類型3	類型2	類型2	類型1
	少	類型4	類型3	類型3	類型2

資料來源：Burnett, 1998.

型的危機威脅程度高、回應的選擇性少、時間壓力緊迫、可控制性低；類型2或類型3雖然特性有多少、高低、急緩之別，但基本上也算是較難處理的危機；至於類型1及類型0的問題則通常不是優先處理的重點。

　　舉例來說，八掌溪事件或汐止東科大火意外比較屬於類型4，都是屬於威脅性高（人命及財產損失嚴重）、選擇少（救人及滅火第一）、時間壓力緊急、控制性低（設備不足或情勢嚴重到難予掌控）。又如經濟下滑導致失業率升高的危機則較屬於類型3或類型2，其特性包括：具有相當的威脅性（無立即危險，但有廣泛後續影響，如民心不安、選票流

失、社會秩序不穩、國家競爭力下滑等）、選擇性多（政府可以採取刺激景氣的策略或救濟手段很多，但可能有其他負面後遺症）、時間壓力雖有但急不得（例如，選舉將屆，但對策很難在短期內發揮明顯效果），控制性高低均有（政府雖然有許多政策控制手段可以運用，但國際經濟環境及景氣趨勢卻無法精確掌握）等。

第二節　危機管理之規劃及運作

接續前述危機分類變項的討論，當危機情勢發生時，為了掌控危機的變化，避免情勢失控，公關人員通常會採取策略性的管理步驟以為因應。

壹、危機發展週期與危機管理模式

Gonzalez-Herrero與Pratt二人以議題發展週期之觀點說明「危機」也有所謂的生命週期，並由此發展出危機管理的四個階段（Gonzalez-Herrero & Pratt, 1995; 1996）（如圖6-1）：

1.議題管理（issues management）階段。
2.計畫／防範（planning／prevention）階段。
3.危機（crisis）階段。
4.危機之後（post-crisis）階段。

Gonzalez-Herrero與Pratt認為這四個階段是動態循環的過程，換言之，第四階段危機之後所產生的後續議題，可能成為下一個管理議題的第一階段。

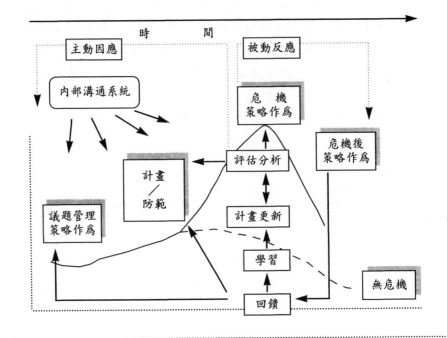

圖6-1　危機溝通管理整合模式圖

資料來源：Gonzalez-Herrero & Pratt, 1996.

一、議題管理階段

進一步分析，議題管理（issues management）階段是採取議題管理的策略作為來預防潛在危機事件之發生，故嚴格來看並非屬於真實的危機處理措施。這也是本書第貳篇所強調的，如果所有的公共議題都可以在此階段加以控制，消弭無形，不論對組織或個人而言，都是最有利的結局。一如第貳篇所探討的，組織在此階段通常會持續進行下列行為：

1.掃瞄環境，找出未來可能影響組織的社會趨勢或議題。

2.蒐集潛在議題的資料並進行評估。

3.發展傳播策略，並集中心力防範危機的發生或導引潛在議題的發

展方向。透過有效的議題管理，公關人員可以降低組織進入後續危機階段的可能性。

邱強（2001：65-74）也強調，政府的各種危機都是可以預防的，只要在平時徹底採取「弱點分析」及「績效審查」兩項作法。所謂「弱點分析」係指政府各部門先將本身可能的危機界定出來，進行狀況分析，然後針對每項弱點執行「PDC步驟」。PDC指的是，「預防」（prevention）——防範狀況或危機的條件出現；「偵測」（detection）——密切注意危機狀況或徵兆是否浮現；「矯正」（correction）——對出現的危機狀況或徵兆加以解決，避免進一步導致危機發生。至於「績效審查」則在建立一套組織危機預防與處理的評估標準，例如鎖定政府交通、治安、公共設施、生活品質及環保等施政項目，檢驗政策是否失去信譽（loss of credibility）、造成損失（casualty）、引發衝突（conflict）或違背（violation）法律規章與民意等，據以預先掌握危機可能發生的原因。

二、計畫／防範階段

第二階段是計畫／防範（planning/prevention）。在監測組織外部環境的同時，組織可以運用資訊蒐集、早期警告以及內部溝通系統，採取防範策略，進行相關溝通因應作為的規劃工作，諸如（Stocker, 1997; Seeger et. al., 2001）：

1.採取何種主動因應政策。
2.再深入分析組織與利益關係人之複雜關係。
3.針對危機預擬整體計畫及分項計畫。
4.預先組成危機管理團隊。
5.選定處理媒體關係的人員（包括發言人）。
6.設立危機應變處理中心。
7.內部員工危機處理教育及訓練，並進行演練。
8.確定危機應變訊息主軸、目標群眾及新聞稿內容的作業模式。

此外，公關人員也要評估三個問題：

1.潛在危機所牽涉的問題層面，對組織的可能傷害，以及如何回應。
2.組織對情勢的控制程度。
3.組織所能選擇的選項有哪些。

在評估上述問題時，組織應該透過回饋機制，蒐集資訊，作為制定危機策略的參考。

如果組織在此一階段表現適當，應該不致於讓潛在危機發展到不可收拾的下一階段，甚至可以讓潛在危機很快結束。

一旦組織對某項議題的掌控失敗，或是對議題的處理發生疏誤，就代表真正的危機（crisis）階段來臨了，這也意味組織已經喪失原先「主動回應」（proactive）公眾期望的契機，而進入「被動反應」（reactive）公眾要求的處境。例如與伴隨著危機而出現的「活躍公眾」（active publics）溝通是相當困難的一件事，這些人因為可以經由其他消息管道來源，取得替代性的資訊以強化本身的想法，所以通常不太願意與組織溝通或對組織採取敵視態度。因此，當這些群眾聚眾包圍組織所在，或是杯葛組織的商品（或是政府政策）時，組織只能被動反應（Dozier & Ehling, 1992）。

三、危機階段

組織在第三階段危機階段中，應該採取的策略作為有以下幾項（同時參閱Stocker, 1997; Seeger et. al., 2001）：

1.確定危機處理小組名單，並且開始小組的運作。
2.指定專人處理媒體關係並對外發言。
3.視狀況發展，修訂危機處理計畫。
4.研擬有關組織立場、聲明、問題與解答之宣傳資料，並製作文

字、影像宣傳品。

5.對可能的負面報導先發制人，針對目標群眾加強宣傳。

6.尋求第三者如專家學者的「背書」支持，並進行內部溝通。

7.藉由提供媒體快速、正確、最新的資訊，壓制有心人士的論述空間，競逐輿論市場主導權。

8.維持危機處理小組的正常運作等。

在處理原則上，決策者應該：

1.盡一切努力，設法降低危機的傷害或衝擊。

2.在最短時間內修復（補）所有受到破壞的硬體設備或施政內容。

3.馬上找出最明顯的肇因，並且看其他地方是不是也可能發生同樣的情況，並加以確認。

4.重建機關的公信力，例如公開宣示處理這個危機的第一要務（priority）、對受害者表示同情與關切（sympathy）、查明原因並採取對策提供安全（security）的保證，以及採取具體行動（action）等，以強化民眾的信心（邱強，2001：72-81）。

四、危機之後階段

當情勢發展到第四階段的危機發生後（post-crisis）時，並非意謂危機溝通工作已經結束，相反的，公關人員還須檢視危機後續的發展趨勢。一般而言，危機的發展走向有三種類型（如圖6-2）：

1.「梯狀爬升型」（scalable form）走向：指危機不僅未消失，反而朝新的方向或階段發展。

2.「消失型」（fade form）走向：指經過危機處理後，危機慢慢消逝不見。

3.「週期發展型」（cyclical form）走向：指危機消失一陣後，又捲土重來，並循環不已。

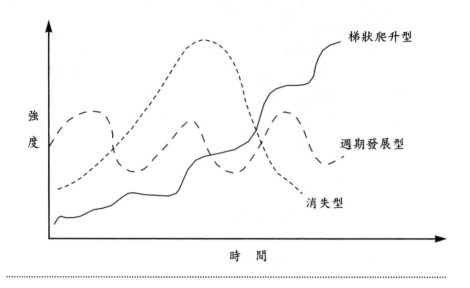

圖6-2　危機發展走向圖

資料來源：Gonzalez-Herrero & Pratt, 1996.

　　面對危機發展走向未定的狀況，組織公關人員應該繼續下列動作：

1.持續注意目標公眾的動態，表達關切公眾利益、解決問題的誠意。
2.密切監視危機是否改變走向。
3.定期將組織所採取之措施告知媒體，展示組織全盤掌握狀況的社會印象。
4.評估先前的危機計畫與措施是否發揮預期作用，以及組織與員工是否正確地回應危機情況。
5.透過回饋機制，將評估結果與危機計畫整合起來，並加以修訂。
6.發展組織與公眾長期雙向互動的溝通計畫，以降低組織未來受到傷害的可能性。

　　綜合上述的說明，進一步以Burnett（1998）的危機管理策略思考模式來解釋如何處理危機狀況。Burnett運用議題管理的概念，將危機的策

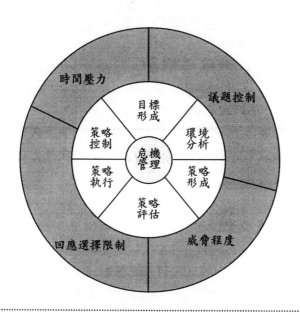

圖6-3　危機管理的策略思考模式

資料來源：Burnett, 1998.

略管理過程分為：(1)目標形成；(2)環境分析；(3)策略形成；(4)策略評估；(5)策略執行；及(6)策略控制等六個步驟，並以此種策略手段逐步解決組織所面對的緊急議題（如圖6-3）。

　　Burnett的模式告訴我們，危機管理工作必然會歷經三大階段：第一階段是危機定位（identification of crsis），主要工作是環境分析及形成目標，目的在了解問題所在；第二階段是主動面對危機（actively confronts the crisis），主要工作為研擬並評估所能採納的策略手段或方案，目的在發展緊急處理計畫並減低組織所面臨的風險；最後階段是重組（reconfigure）組織的人員及預算資源配置，執行解決方案並採取控制手段（Burnett, 1998）。

貳、組織文化與危機處理機制

Marra（1998）在討論危機公關的運作模式時，認為有兩項組織因素會對危機管理的運作與決策產生重大影響：第一個因素是組織的溝通文化（organizational communication culture）；其次是公關部門的自主性（public relations autonomy）。

一、組織的溝通文化

首先就組織的溝通文化加以說明。簡單而言，「組織文化」指的是組織的氣候（climate）、意識形態（ideology）或是理念（philosophy）。Mitroff & Kilmann（1984：65，引自Marra, 1998）主張：「組織文化就是力場（force field）」，他說：

> 文化並非機械性、化學性或電子性的能量，而是一種存在於生命中的社會能量。一個組織的文化與組織的任務、技術、正式的獎勵制度、政策、工作說明……等有別，它是一種控制員工行為及態度的力量。

> 組織文化是一組共享的理念、意識形態、價值、信念、期望、態度、假設及規範，很少形之於文字。透過組織生活加以學習，並成為生活的一部分，組織成員必須親身體驗這種能量，才能了解何謂組織文化。

研究顯示，組織如何因應危機與組織文化息息相關。Marra（1998）發現，良好的危機公關有賴組織溝通意識的支持，假如組織內部缺乏這種溝通的觀念，即使有再好的危機計畫，也不能發揮應有的作用，因為技術性的處理策略與組織的溝通理念如果格格不入，則根本行不通。

二、公關部門或人員的決策自主權

Marra的另一項組織因素為公關部門或人員的決策自主權。決策自主權意指組織是否賦予公關部門或人員應有之權力及責任，以及可利用之資源，以利公關人員迅速執行危機溝通工作。例如公關人員是否被授權可以立即發布最新消息、與目標群眾對談或採取必須之動作。試想，一位對組織內部的政治權力現實相當熟稔的媒體記者，會對一位處於決策核心邊緣的發言人或公關人員有興趣嗎？

三、組織的回饋機制

除了文化與自主權的因素外，組織是否擁有回饋機制也會影響危機處理的表現。Garvin（1993，引自Lerbinger, 1997: 348）主張，為因應危機，危機管理人應該發展「學習型組織」（learning organization），所謂學習型組織係指組織具有創造、吸收、轉換知識，並能因應實際需要修正行為的能力。Garvin認為，學習型組織通常具備五種技能：

1.能採取有系統的手段解決問題。
2.能夠嘗試新的方向。
3.能從過去的經驗及歷史習得。
4.學習他人值得學習的經驗及行為。
5.快速轉換、消化知識。

四、開放的管理文化

除此之外，組織的管理者也要懂得培養組織傾聽外界想法及批評的開放文化。

從政府部門的角度來看，如果政策或危機處理的決策模式是傾向集

中威權式，則溝通文化必然是單向、缺乏互動的；也由於所有的權力及責任都聚集在首長身上，因而很容易養成下屬聽命辦事、被動反應的行為模式，面對瞬息萬變的危急情勢，當然無法期望這種機關會有成功的危機管理結果。吾人可以預期，好的危機管理策略比較可能獲致成功的危機處理結果；反之，差勁的管理策略必然使危機更加惡化。吾人也必須瞭解，良好的危機公關技巧並無法補救錯誤管理、差勁政策及偏差策略所導致的後果；因此，組織除了重視危機的溝通計畫外，恐怕更須關切危機管理策略是否切中時弊。

五、組織的危機管理策略之研訂

影響危機管理策略研訂的因素很多，Marra（1998）共提出八項檢驗標準如下：(1)公關主管是否屬於組織內部決策高層（dominant coalition）的一員，能夠直通首長，提供建言；(2)公關主管是否被授權並擁有資源（人力、財務、設備）調度權，以利快速果斷地採取溝通策略及作為；(3)公關主管是否有權力、也有能力在危機發生時，設定溝通策略；(4)組織是否認同並採用雙向互動的溝通策略；(5)危機處理小組是否納入法務部門的人員，並提供法律問題諮詢；(6)危機溝通計畫的策略是否與組織日常溝通策略相結合；(7)是否與相關公眾發展及維持良好關係，並成為組織文化的重要一環；(8)組織是否建立核心價值，引導決策過程，並在決策時反映出來。

因此，為了發展出優質的危機決策模式，組織必須配合建構一套危機處理機制。並在建構機制時注意下列的原則：

1. 整合化（integration）：以當前政府組織為例，配合行政部門的層級劃分，似可建構「樹狀組織」，將危機處理的組織位階劃分為行政院、各部會局署、院轄市及縣市政府等三個層級。各層級之所有機關均應設置危機管理任務編組。上一層級有督導、指揮、支援及主動協調下一層級之職責；反之，下一層級則有通報、請示

並執行管理計畫之責任。

2. 網絡化（networking）：為確保危機發生前、發生時及發生後之溝通聯繫順暢，各層級之各機關均應指派危機處理專人或專責單位，擔任「環結」角色的聯絡人。各層級之各機關形成網絡的「骨架」，各機關的聯絡人則構成危機管理網絡的「神經網」。

3. 授權化（authorization）：行政部門各個層級的公關單位與主管應該被充分授權，並賦予相當的資源調配權，以便快速、權威地處理危機。

參、釐清危機事件中的角色

以最簡單的分法來看，危機事件中所牽涉的對象有二類：一是處理危機的人；二是受危機影響的關係人（stakeholder）。也就是說，危機溝通的對象除了受危機影響的外部關係人外，危機處理人的內部溝通也相當重要。

Lerbinger（1997：345-346）即主張，危機管理人除了要徵詢組織內部同事及幕僚的專業意見外，更應該建立外界的人脈關係，例如消費者、利益團體、政府官員、政治人物、社會機構及社區民眾或團體等。

在內部溝通方面，各機關於設置危機處理任務編組時應將下列人員列入：

1. 決策者：指機關的最高主管或是被授權之高級主管。

2. 處理公共議題或危機的管理人或聯絡人，最好獲有決策者充分的授權、熟悉新聞處理與公關運作、具備政策分析與策略研擬之專業知識，以及擅長溝通與協調。管理人或聯絡人通常也要身兼發言人角色。

3. 幕僚作業及支援單位人員：包括各機關內現有之新聞、公關部門，及與危機事件相關議題有關之業務單位。

以上這些危機管理人，根據Lerbinger（1997：348）的看法，必須具備「創意思考」（innovative thinking）的修煉，亦即一方面擁有主動、有想像力的「預測」（anticipation）能力，另一方面則具有「參與」（participation）能力，能夠去塑造議題。

其次，在研訂危機管理計畫時，應思考並確認哪些對象是與危機有關係的人，並設定溝通的優先順序。通常，危機溝通時的受眾涵蓋以下幾類：

1. 危機當事人及其近親好友：指受危機直接衝擊的受害者或當事人，例如：地震的罹難者、受傷者及其親屬；或是工業污染地區的社區民眾等都是需要優先溝通的對象。
2. 民意代表：包括立法委員、監察委員、縣市議員等，尤其是掌握法案審查、預算審議等生殺大權的民意代表，因為是當前政壇的權力中心之一，社會上所發生的任何危機事件，都可能被拿來質詢行政部門，因此也應該主動提供相關的訊息。
3. 國內外媒體記者：危機永遠是新聞的好題材，為了民眾知的權利，也為了避免情勢失控、社會人心浮動，行政部門最好能提供最新、最快速的資訊，透過媒體來安定人心；當然，面對媒體可能的敵意，行政部門也要有所警覺（Fink, 1986: 103-120）。
4. 前面提過，第三者的支持力量對解決危機有相當的幫助，因此對危機議題相關的社會（利益）團體，以及代表特定利益的意見領袖，也要加強溝通。
5. 即使是與危機無直接關聯的一般民眾，行政部門也必須重視其觀感與關切之心，提供完整的資訊，畢竟民眾對危機處理的好壞評價往往與政府施政滿意度有直接關係。

第三節　危機管理之操作策略

壹、危機管理策略之基本原則

　　整體而言，政府部門之危機管理策略可就以下五個面向切入，並成為處理各種危機事件的基本原則（Benoit, 1997; Williams & Olaniran, 1998; Seeger et. al., 2001）：(1)決策者的角色扮演；(2)全民的參與；(3)社會公信力的建立；(4)危機意識的推廣；(5)決策者心態的調整。

一、決策者角色扮演

　　政府部門的危機管理者或決策者應該扮演主動積極的角色（proactive role），擔負起組織先發制人（anticipate）的功能，除了要確認真正的問題，找出問題的關鍵所在，也要組成、運用危機處理小組，整合並評估危機的因應策略及作為，主動快速地回應。同時，在與危機事件關係人溝通時要秉持正確、公開、誠實的基本原則。

二、全民的參與

　　因為危機的緊張性、不穩定性及狀況變化不易掌握等因素，所以在處理時切勿企圖掩飾或隱瞞真相，而應抱持全民關切（public involvement）的觀念，就潛在的危機、危機對策、危機的負面效應等，充分告知與危機有關的所有機關或個人，包括媒體，以減輕民眾對危機的莫名恐慌；除此，也要密切監測媒體及其他關係人對組織因應作為之反應，以降低危機對組織的衝擊效應。

三、社會公信力的建立

　　為了建立政府部門處理危機的社會公信力（public trust），從事危機管理的規劃時，除了要能創造並培養組織因應危機的能力外，更不能忽略社會大眾及特定團體對危機本質的認知及對危機管理的期望。例如社會大眾普遍會關切：政府是否對受害者表示同情與關懷？有無魄力查明原因並採取具體補救措施？換言之，政府部門有義務採取妥適的作法公布：危機因應對策、危機處理的決策過程等資訊，接受各界的檢驗，尤其對民眾權益維護的部分，更應特別重視。

　　有關訊息發布是否應該維持一致性的問題，公關界有二種截然不同的看法：一派主張不論對象是誰，對外發言應該始終維持「一種明確說法」（one clear voice），以保持訊息一致性，維護機關發言人及政府的威信；另外一派則強調，因為目標對象對組織處理危機的期望不同，所以應該採取「多種明確說法」（many clear voices），視對象之不同，分別滿足個別的需求（Banks, 1995: 95-97）。這兩種主張在不同的危機情境下，均有一定的解釋能力與立論根據，故何者為佳，恐怕還需決策者就當時情形審慎考量後，自行決定。

四、危機意識的推廣

　　要讓一般民眾了解危機的全盤面貌固然不容易，試圖讓民眾想像可能的危機並加以預防，恐怕更非易事。因此，如何推廣全民對危機預防的認知，便有賴政府部門採取生動、活潑的宣導方法。例如Williams & Olaniran（1998）認為，科技比較法（technological comparison）就是一種不錯的構想，可用一般人熟悉的事務來比擬真實危機的實際狀態，既簡單又容易解釋。

五、決策者心態的調整

機關決策者或公共議題管理者平時就應與相關團體或個人建立順暢良好的溝通關係，以便在危機發生後能立即採取必要之溝通動作，維護組織及首長的正面社會形象。此外，危機發生後，有鑑於一般大眾、媒體或特定團體對危機資訊的需求，決策者與管理者也要能夠耐心地予以說明，甚至如Williams & Olaniran（1998）所說的，「要學習容忍（tolerant）來自於媒體的責難與挫折」。

以下分就危機處理時所面臨的媒體公關、訊息策略及網路危機等主題，進一步分析說明。

貳、化危機為轉機的媒體公關作為

政府組織隨時可能面臨外來或內發之危機，故危機管理的主要目的在「預防危機發生」，亦即在危機尚未形成前或發生初期，就採取危機處理作法，及早消弭可能之危害。若不幸發生危機，也應該根據先前研擬的危機處理原則，控制危機效應之範圍，盡一切努力將危機的後續負面影響減至最小。有危機不一定就代表萬劫不復或大勢已去，處理得宜的話，很可能「危機就是轉機」。

媒體公關是危機管理工作裏最具關鍵性的要素，失敗的媒體公關作為往往引發許多的外在「壓力」，並壓迫到組織的自主能力。因此，當危機爆發後，為掌控相關訊息之流通，管理者應即採取有效之媒體公關策略與作為，其處置原則如下[2]：

1. 訊息定位。危機一發生，即應依據前述議題管理之專業步驟，將危機本身予以定義（identification），並確立組織對此一危機之處理基調，因此所有對外發言必須由新聞發言人或單位指派之專人

統一發布，齊一言論立場。

2.設置新聞中心。在危機處理總部或指揮所規劃之新聞中心，中心內應提供記者採訪所需之各項支援，以及相關資訊，包括背景資料、危機最新發展情勢、圖片、說明資料等。

3.規劃並落實內部溝通策略。為了讓機關內部同仁也瞭解危機最新發展狀況，安定浮動的人心，避免謠言四散，防範不正確的「二手傳播」資訊成為記者炒作的題材，管理者宜加強內部溝通工作。

4.資訊接近與取得（access to message）策略。組織應定期對媒體及社會大眾簡報危機情勢發展與處理情形，對於負面的資訊，應本不迴避、不掩飾之態度，審慎公布或回答，但在操作時要注意避免引起社會大眾之恐慌或不滿。

5.強化輿情管理策略。公關人員應主動蒐集輿論動態，分析各家媒體之報導，提供危機處理小組作為決策參考；對媒體報導有誤或不完整之處，也要適時主動與記者聯絡澄清，以免以訛傳訛，破壞組織對訊息定位的主控權。

6.進行「壞消息」的損害控制。如果危機造成了「壞消息」結果，管理者恐怕還需思考下列問題：如何宣布？透過什麼媒體宣布？在什麼地方宣布？宣布後，民眾及民意代表等關係人可能會有什麼反應？又要如何因應？（Garnett, 1992: 224-226）

以民國八十九年七月發生之八掌溪事件為例。當時，在傳出四名工人受困八掌溪洪流、等待救援之際，電子媒體在最短時間內就已趕到，並立即作現場連線報導，透過電視與廣播，全國民眾均可全程親眼目睹或親聞當時驚險狀況及不幸結局的發生經過。

就訊息管理的角度來看，當時因為情勢混亂，且缺乏來自政府對狀況掌握的立即回應訊息，故民眾的感覺是：情勢失控、政府救災指揮體系束手無策。其次，因為相關政府部門未能在第一時間出面釋出「訊息」，對該事件予以「定調」，故媒體所呈現的整體訊息是單面向的（只

有記者主觀、情緒性的說法）、片段的（四名工人在水中待援、救災人員工具不足），甚至是扭曲的（某位民眾奮勇下水救援、救災人員卻只會留在岸上等待）。由於觀眾或聽眾暴露在這種聲光刺激強烈的現場畫面下，加上情緒感染以及記者之「促動性」言詞，民眾對相關救災單位救援不力的印象乃特別深刻，於是事件在很短時間內發展成嚴重的政治危機事件，並直接傷及政府最高的權力體制以及行政部門整體的運作與聲望。

　　不幸事件發生後的第二天，包括電子與平面媒體均以大篇幅及長時段的專題、特別或調查報導等方式，炒熱整個事件，電子媒體更以四名工人受困水中待援的重播鏡頭，不斷激化、鼓動社會情緒，並抨擊、諷刺政府救災機制的荒謬性及官僚化。媒體這種訴諸情緒的報導模式，加上民意機關、朝野政黨及其他「政治力」的介入，使得事件成為全國矚目的焦點長達一週，甚至引起國際媒體的廣泛報導。

　　該事件的「現場危機」隨著四名工人落水、屍體撈獲，很快的在一、二天內結束，但新聞現場卻由當地轉移至台北。檢討起來，除了新聞中心這項因素可以略而不論外，政府危機處理的媒體策略似乎是失衡、不完整的，甚至隨著大眾媒體輿論、立法委員之動作等「外力」，前後擺盪。例如，行政部門在責任歸屬問題的定調上遲遲無法確定、對事件發生之關鍵環節交代不清、不同救災單位的立場各說各話，甚至相互推諉責任。缺乏媒體管理策略的行政部門，呈現出弱化的行政權，讓媒體及政黨等勢力找到主導輿論詮釋權的操作空間，並將責任追究無限上綱至政府最高層，直接衝擊政府存在的道德價值[3]。

參、訊息策略與處理

　　除了預先擬定危機處理計畫，進行危機監測、分析與通報等職能外，公關人員也應該參與危機管理的實際運作（Benoit, 1997），包括相關法令規範的制定、處理行動、處理過程的掌控等。然而，更重要的工

作則是「訊息控制」（controlling the message）（Fink, 1986: 92-102），其角色在協助研擬「危機」處理的訊息策略及行政部門的立場基調。

在進行危機溝通的訊息控制時，公關人員先要能了解「危機」與「道歉」（apologia）二詞在語藝概念上是相互關聯的兩項要素。危機通常伴隨著稍後相關單位對釐清責任歸屬的問題，而責任問題又涉及某單位對受害者是否道歉、如何道歉的話題。

Heath（1997：307-308）引用早年Chase（1984）有關溝通型態的分類，認為危機的回應策略有三種：

1. 「反應型」（reactive style）回應策略：包括採取否認、迴避及拖延等手段。
2. 「適應型」（adaptive style）回應策略：指配合外界的要求及期望，立即更正錯誤。
3. 「動態型」（dynamic style）回應策略：動態型基本上認為危機是組織改造的契機，是一種以主動積極、負起責任的態度回應外界的批評，但必要時也會反擊不實的指控，其目的在維護組織利益，追求組織與公眾的雙贏關係。

不論運用何種形態，Chase的三種策略都涉及組織「道歉」的問題。Hearit（1994）指出，組織於發生危機狀況時，為求全身而退，可以運用下列三種道歉策略：

1.表達遺憾（expression of regret）。
2.努力說服外界，以求改變社會大眾對危機的定義。
3.讓組織與危機發生的原因脫鉤（dissociation），撇清責任。

Coombs & Holladay（1996，引自Williams & Olaniran, 1998）以符號模式（symbolic model）中的「歸因理論」（attribution theory），解釋危機處理策略與組織聲望損害（reputational damage）控制間之動態關係。Coombs & Holladay指出：

公眾會將危機發生的原因歸罪於某方，如果認為某組織應負的
責任愈大，則該組織所受到的聲望損害風險就愈大。

　　Coombs亦由符號途徑（symbolic approach）觀點發展出危機溝通策
略的兩種相對途徑：一端是「防禦」（defensive）途徑；另一端是「調
解」（accommodative）途徑。在這兩種相對途徑之間又可衍生出七種危
機溝通的訊息策略，以下依序說明（由防禦到調解）（Coombs, 1998）
（如圖6-4）：

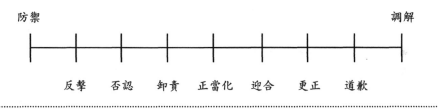

圖6-4　危機溝通策略的途徑

資料來源：Coombs, 1998.

1.反擊指控者（attack accuser）：與危機當事人正面對抗，甚至採
　取威脅行動，如提起訴訟。例如愈來愈多的企業或個人因媒體報
　導錯誤，形成媒體審判（trial by media），而以告媒體（sue the
　media）方式，試圖回復名譽（Stocker, 1997）。Hearit（1996；
　2001）亦認爲，組織可以扮演受害者的角色，採取「相對指控」
　（countercharge）策略，反擊對方，甚至可能因此而塑造另一個
　「傳播議題」（communicative agenda），轉移原有話題。
2.否認（denial）：否認有危機存在，並解釋事情原委，降低危機的
　顯著性及影響性。
3.卸責（excuse）：努力降低或淡化組織應負的責任，如否認組織
　存有惡意，或聲稱組織與危機沒有關聯。
4.正當化（justification）：降低危機層面、涵蓋地區、嚴重性等影

響效應的社會認知，如聲稱損害並不如媒體報導嚴重，或指受害者罪該如此，不值得同情。

5. 迎合（ingratiation）：設計符合危機關係人期望的行為或訊息，降低對組織的敵意，增加善意。

6. 更正行為（corrective action）：採取某些補救措施、或防範再犯類似錯誤，以樹立組織勇於承擔責任的正面社會形象。

7. 完全道歉（full apology）：公開聲明負起全責並請求原諒，同時以實際的財物或措施進行補償。

Benoit另以形象重建的觀點提出危機管理的五種訊息策略（Benoit, 1997; Seeger et. al., 2001）。這五種策略雖類似於前述Coombs（1998）的策略，但在作法上則靈活運用公關「語藝途徑」或「框架理論」的技巧，故頗值得公關人員參考：

1. 否認（denial）任何與危機的關係，在語藝運用上又分為單純的否認與危機的關聯性，或是轉移危機的責任給其他對象。

2. 以各種理由或藉口規避本身應負的責任（evasion of responsibility）。例如，採取下列論述方式，降低外界對組織的責備：

　①辯稱組織的冒犯或錯誤行為是因為他人的挑釁行為所引起。
　②強調是因時因地不巧才造成危機。
　③將危機之發生歸因於意外結果。
　④強調組織原先的行為是出於善意，但不幸發生危機。

3. 減低事件對組織的衝擊性（reducing offensiveness of event），策略包括以下六項：

　①強化公眾對組織的正面印象與感覺。
　②儘量降低公眾對組織的負面感覺。
　③用其它更錯誤的行為來區隔、對照組織的行為，藉以淡化問題的嚴重性，降低責任。

④將組織的行為合理化，或強調是為了公眾更崇高的利益。

⑤反擊對手的指控，或指責對方。

⑥補償危機事件中受害者的損失，表現負責任的態度，修補組織形象。

4.以具體之行動或證據展現組織將要或已改正原有的行為（corrective action），並強力宣傳。

5.承認錯誤，表示悔意（mortification）或道歉，並尋求公眾的諒解。

在了解所謂的「善後處理」訊息策略後，接下來的問題是，在何種環境或條件下，要採取何種策略最有效？所謂的「視狀況」彈性運用指的是什麼？

Coombs（1998）在先前「反擊、否認、卸責、正當化、迎合、更正、道歉」等七個策略上，加入一項變數——「社會所認知的危機責任」，作為策略選擇的參考標準。Coombs假設，社會公眾認為，組織在危機事件中所應承擔的責任，將會影響組織採取何種危機的溝通訊息策略。例如，如果外界普遍認為，組織應對該危機負起主要責任，則組織最好採取「調解途徑」，也就是「迎合、更正、道歉」的策略，低調以對，讓危機儘快結束，以免觸犯眾怒；反之，如果外界多認為組織與該危機無關或責任不大，則該組織就可採取「防禦途徑」，反擊指責者或否認犯錯。

Benoit（1997）的看法與Coombs雷同。他認為，外界的認知比真實的狀況更重要，除非特定的公眾相信組織冒犯了他們、而且應該負起責任，否則不必擔心社會會以負面觀點看待組織（此意味著如果組織確實犯錯，但社會大眾卻不認為組織有錯時，則組織就不用考量道歉的問題）。故在危機時期，公關人員的最重要工作之一就是找出最關鍵的公眾群，了解他們到底如何思考問題，然後傳播最適當的訊息給他們。

肆、網際網路危機之處理

隨著網際網路的普及與滲透力，網際網路的公關處理亦成為政府的重要課題。網際網路雖是政府公關的利器之一，但政府部門也同時深受虛擬網路社區的困擾，主要的問題癥結可以由以下三方面探討：

1. **網路社會與現實社會基本上是脫節的。**網際網路的全球化特性使網路社會發展成一個幾乎不受任何現實社會規範的虛擬社會體系，它與受到國家法律與文化道德雙重規範的現實社會截然不同，這導致某些相同的行為在兩種社會裏受到不同的對待。加上網路因為具有匿名及不易追蹤等特性，如果有網路使用者在網路上製造虛擬危機，或針對社會危機事件透過電子郵件不斷散佈不實資訊、製造謠言，則不僅造成政府或當事人的困擾，也可能引起社會的恐慌[4]。

2. **全天候的網路新聞報導，挑戰政府危機處理的決策流程。**網路新聞雖不若SNG現場連線報導快速，但透過全球網路，卻能讓新聞事件在短短時間內傳遍全球，如果再加上有心人士散佈不實的資訊，則其對社會輿論所產生的負面影響將難以想像。因此，傳統行政部門科層體系層層向上通報的危機處理流程，必須有所調整，除了要能夠授權專人快速回應外，政府目前既有的決策運作流程、人員應變的能力與訓練等都必須有所變革。

3. **改變過去政府與民眾間的聯繫關係。**傳統上，政府與民眾的溝通模式比較屬於單向的宣傳模式，但網路時代來臨後，這種關係已逐漸朝雙向互動的溝通模式發展。因此，行政組織原有的溝通文化、公務人員的工作態度與觀念、資訊社會所需的工作技能、政府探求與回應民意的機制，以及政府各部門現有人力與設備是否足以應付雙向模式的要求等等問題，在在考驗著政府的危機處理能力。

與組織有關的危機事件，不論是屬於災難性的，或是人為造成的，其共通的特性是資訊紊亂、情勢混沌。網際網路因為具備許多特質，故可以適時扮演降低環境不確定因素的角色，因而在組織的危機管理計畫中理應包括危機事件的網路因應方案。同時，計畫內容應涵蓋下列事項：例如，如何監測（monitor）網路社區的情勢？如何運用本身的網站宣傳？發送電郵的作業方式？如何處理特定團體或人士透過網路攻擊政府的情事？以及網路謠言的處理等（Holtz, 1999: 218-222）。

綜合而言，網際網路在危機事件發生期間所能發揮的功能包括有（Holtz, 1999: 202-218）：

1.利用組織本身的網站提供即時（timely）、正確（accurate）、最新（up-to-date）的資訊，把不確定的情勢降到最低；尤其要注意，網站的資訊內容與形式必須符合媒體採訪與報導的需求。

2.透過網路傳播，盡全力維持社會大眾對組織的正面認知，包括讓民眾知道組織如何因應危機、危機被控制的程度、組織領導人所扮演的積極角色等。

3.密切監控網路社區內媒體及其他特定團體有關危機的相關訊息，如果發現有立場偏差、資料錯誤的情形，應立即要求更正澄清。最後，運用電郵傳送必要及完整的資訊給相關機構或意見領袖（諸如立法委員），避免因誤解徒增危機處理的困擾。

另一種網路危機是來自特定團體或人士對組織所發起的網路攻擊。例如，在環保、核能、人權、勞工等爭議性議題方面，或甚至是為了爭奪政治權力優勢，往往可見到某些特定團體或人士透過自行架設的網站，或經由免費網站，登載或以電郵傳送負面性的資訊，對某組織發起網路攻擊。攻擊性的網站不論是蓄意所為或因誤會所致，通常都會對受攻擊的組織造成困擾或嚴重損失，所以這類網站亦被稱之為「流氓（rogue）網站」（Holtz, 1999: 183）。

為了對付流氓網站的網路攻擊，組織可以採取下列的因應步驟及對策：

1.監測關切某項公共議題的特定團體或其他免費網站,分析為什麼攻擊?攻擊事項是否屬實?有無誤解?

2.評估組織所受的潛在傷害,並思考回應對策,例如,如果評估後發現該網站的影響力有限,或攻擊事項不致引起社會大眾的共鳴,則可以用不加理睬(ignore it)的方式回應。

3.即刻針對被攻擊事項,在組織的網站張貼說明資料,強化本身立場宣傳,讓正反意見都能呈現在網路社區。

4.評估是否要採取主動接觸攻擊網站的發起人,以了解攻擊的背後動機。

5.嘗試主動化解彼此對某些議題的歧異,並提供相關資料供其張貼在網站上。

6.如果攻擊網站的內容不實,並已涉及對組織及個人之實質損害,或涉嫌違反相關法律規章,且協商溝通之途亦已窮盡時,則可研究是否採取法律行動,迫使該網站關閉或撤除某些資訊(Holtz, 1999: 176-197; IPRPN, 1999)。

最後,值得注意的公共議題是,網路社區近來出現愈來愈多的討論區,供網友發表意見,但討論區所談論的主題有些是可以用科學方法驗證的問題,有些則涉及個人主觀認定的價值觀,難有統一說法,亦有純屬道聽塗說或謠言者,這些五花八門的內容也引發了不少公關問題。其中,公關人員最常被問到的是:被討論主題指涉的組織如何因應?一般而言,決定回應與否的關鍵在:被討論的主題有無解決的可能、是否會逐步擴大並產生後續負面效應,抑或將自行慢慢消逝。不同的回應思考會有不同的決策方式,故組織決策者除了必須考量組織本身有無能力因應大大小小、層出不窮的網路話題外,還應嘗試查明掀起討論主題的背後人物是誰、其深層動機為何,待相關細節大致有所掌握與了解後,最後才決定如何回應的策略。

註釋

1. 「八掌溪事件」與「墾丁阿瑪斯油輪漏油事件」起初雖導因於天然或意外災害，但後續之處置卻因爲行政上的疏失而擴大爲行政管理危機，甚至演變成政府的領導危機。

2. 行政院爲提昇所屬各機關在危機事件中新聞處理的能力，於民國九〇年九月一日頒布實施「行政院所屬各機關危機事件新聞處理作業原則」（參閱附錄一）。該作業原則針對危機事件之定義、危機事件新聞處理原則、新聞處理及公關運作人員之指派、危機事件現場設置警戒線、設立新聞簡報中心、統一發布新聞、提供國際媒體必要之資訊及協助，以及輿情掌握等工作事項，均訂有原則性規範。

3. 當然，媒體也有值得檢討的地方。針對媒體處理新聞的方式，傳播學者認爲，媒體以深入報導及讀者知的權利爲名，卻行商業炒作之實，目的在提高收視率及發行量。例如銘傳大學廣電系主任蔣安國表示：「……媒體重複加料，以各種形式包裝，使整個災難事件成爲新聞最大賣點，民眾不禁質疑媒體是否眞實反映事件。」又如，政治大學廣電系主任黃葳葳觀察這次事件的媒體報導後認爲，「媒體的災難新聞，反而變成助長黨派之爭的角力戰」（《中國時報》，89.7.30）。八掌溪危機事件媒體的處理方式，以及政府掌握新聞動態的機制，都是危機管理值得研究的課題。

4. 類似的例子不勝枚舉，例如，民國八十八年九二一地震後，網路謠傳還會有更大規模的地震重創台灣，讓全台飽受地震之苦的民眾，恐慌不已；又如八掌溪事件後，網路流傳一張四名工人落水前驚恐、緊緊相扶持的照片，但頭部卻被剪貼合成爲四名政府首長的臉部特寫，造成政府相當大的困擾。

第七章　媒體事務管理

建立良好的溝通管道是現代民主政治運作的基礎，這是我們不能忽略的事實，誠如Cox（1984：7）所言，「民意創造公共政策，公共關係影響民意。」此意謂政府公關的本質就是運用公共關係的作爲去影響媒體及民眾的想法或爭取民意，進而協助制訂有利社會整體發展的公共政策或化解政策推動的阻力。

　　Poole等人（1992）於研究傳播媒介與談判之關係時，發現媒體具有二十八種影響力，譬如將衝突表面化、強化衝突性、呈現贊同及反對的情緒、減少雙方對議題的認知歧異、釐清問題的過程、找出共同關切的焦點、提供解決問題的模式、詳細分析解決方案及改變大眾意見等。其中特別值得注意的影響力是媒體有能力製造「我們—他們」雙方對立的情勢（雖然雙方關係的眞實狀況未必如此），如果媒體的確導致社會對立情勢的發生，則其社會角色將不再是正面力量，而是負面效應。

　　由此看來，吾人將大眾媒介（包括電子與文字媒體）定位爲「社會公器」的主張，實際上恐怕只是反射出人們內心對媒體社會責任的主觀期望，而事實並非如此。在現實的社會裏，我們所觀察到的大眾媒介不僅未能成爲社會公器，也不是客觀反映眞實的輿論平台，而更像是淪爲少數握有社會權勢人物（包括政黨、政治人物、財團等）控制的傳播工具，各自爲本身的利益而效力。因此，政府部門於進行公共議題管理的同時，必須深入了解大眾媒體與其它政治勢力的互動關係，謹愼處理媒體事務，才能避免負面效應的產生。

第一節　媒體與政府

　　大多數的民眾係藉由經大眾媒體編輯過的新聞報導，了解政府的運作方式與內容，以及政府施政對他（她）們的影響；同樣的，政府也經常透過媒體的報導內容得知政策推動的效果與缺失。因此，媒體可以被視之爲是政府與民眾之間的重要溝通橋樑。

此外，基於「獨立又能發掘問題的媒體也是民主責任政治的重要一環」的信念，媒體傳統上也被賦予「看門狗」（watchdog）的角色，專門調查政治人物及政府官員的一言一行，並報導出來供大眾檢驗。所以，民主政治的指標之一便是：一個社會是否存在自由且開放的媒體。

　　但是，愈來愈多的有識之士將批評指向媒體，認為媒體除了只會嘲諷世事（cynical）、走聳動（sensational）路線，就是關注政治人物及權力鬥爭的負面新聞，根本不探討或辯論公共議題本身；更糟的是，媒體扼殺了公共政策的形成（Washington, 1997: 29-30）。

　　Washington（1997：30）認為，上述問題與近年媒體產業的變化密切相關，尤其表現在以下幾個層面：

1.全球各國普遍面臨的現象是：媒體所有權走向集中化趨勢、公有與私有媒體的比例失衡、資訊數量與傳遞速度因新科技的發明而大幅增加、衛星電視與網路傳播的大量使用使政府無法再有效控制資訊的內容及流通。

2.因為電視凌駕其它傳統媒介成為主要的新聞通路，使得新聞報導趨於表象化（superficial），經常將複雜的公共政策議題濃縮裁剪為三十秒的聲光影片。

3.傳播產業的激烈競爭意味著：收視率與利潤的競爭比新聞報導正確來得重要，在此趨勢下，新聞記者成了新聞製造者（newsmaker），而非報導者（reporter），應該是事實與新聞的報導被記者個人的分析與評論取代。

4.更嚴重的問題是，政治人物及新聞記者紛紛在娛樂節目現身或擔任節目主持人，使新聞報導逐漸走向娛樂化（infotainment）的現象。

　　當大眾媒體一面倒地將新聞報導焦點集中在社會危機、政府弊端及施政的錯誤或失敗等議題時，所產生的結果是：對政府所推動的政策形成牽制，並降低民眾對政府及決策者領導國家的信心。更者，當政府被迫必須立即回應媒體的採訪要求，或甚至被要求對無法掌握的情勢做出

回應時，我們很難期望政府的決策品質會有所提昇。如果政府被迫只針對短期的問題提出對策，而忽略長期政策問題的規劃，真正的問題癥結將永遠無法解決。因此，決策者若只考量吸引媒體報導，將嚴重扭曲政府的決策管理與空間，同時也將使政策議題產生偏差（Washington, 1997: 30）。

此外，媒體一向自詡為獨立於行政、立法、司法部門之外的「第四權」，然長久以來，媒體與政府的互動卻產生既合作又對立的權力關係，彼此對新聞價值的認知雖有立場之別，但也常見雙方自制，不侵犯對方。例如在媒體是否濫用民眾「知的權利」，逾越第四權的範圍，報導了不該報導的消息；或反過來說，對政府有無藉種種理由（如國家安全）干涉媒體自由採訪與報導之第四權[1]等問題上，均可見雙方既施壓又展現其善意的行為表現。

Washington（1997：30-31）強調，責怪媒體或把問題推給記者並無助於上述爭議的解決，甚至會引發反效果。事實上，媒體對政府的不信任也反映出政府未能提供媒體正確資訊，或是未能有效管理與媒體關係的缺失。試想，如果媒體得以自由發揮「自主權力」，用自己的立場隨意對政治及政策議題加以定位，則是否表示政府在傳播政策立場的工作上還有努力的空間？或代表媒體未能正確認知政府的政策？政府官員應該深思，何以政府手中握有大量的資訊，又可使用許多資源與管道，卻反而不能有效掌控議題詮釋的主導權？

由此便衍生出政府如何進行「新聞管理」（news management）的議題。Pfetsch（1998）認為，政府針對新聞所採取的管理途徑有二種：(1)「媒體中心的新聞管理」（media-centered news management）；(2)「政治或政黨中心的新聞管理」（political or party-centered news management）。Pfetsch強調，影響一國政府採取何種管理模式的因素主要有四個層面，包括：(1)該國的政治體制（內閣制或總統制）；(2)政府的組成（單一政黨或多黨政府）；(3)政府的傳播主管機關；以及(4)媒體的結構及文化等四項。也就是說，當思考媒體管理的方式時，最好能夠將這四個因素等量齊觀，否則如果一廂情願地推行一套模式，不僅容易招致媒

體的反感與抵制，也做不好新聞管理的工作。

以下針對前述兩種管理模式的特質分別說明。「媒體中心的新聞管理模式」通常存在於偏重商業走向、對立的（adversarial）媒體環境（指媒體與政府的互動關係），例如美國。此類政府於進行新聞管理時，係把焦點放在新聞如何處理、新聞呈現的型態（format）與價值為何，以及新聞事件的意涵等方面。目的是希望透過管理手段，創造對政府有利的正面新聞報導，爭取社會大眾的認同；在此要求下，新聞所傳達的訊息內涵是次要目的，正面報導才是新聞管理的終極目標。

反之，「政治或政黨中心的新聞管理模式」則較容易出現在重視媒體公共服務角色的國家，如英國、德國等歐洲國家。在此模式下，政府與媒體的關係不若前者經常處於對立的狀態，基本上較為和諧；管理的目的在利用對訊息的掌握，達到告知民眾、為決策合法化、動員公眾換取政治上的支持、爭取對政府施政的信任等成果，最終目標是維護政治權力，並為政府領導人的一切作為辯護。因此，媒體只是政府達成政治目的的運用工具之一，真正的管理企圖是進行政治遊戲。

國內大眾媒體與政府的關係長期以來深受各界的關切，一般認為解嚴前後，以及近年的民主化發展確實對政府與媒體的關係產生重大影響。過去的研究發現，在一九九○年代初期，國民黨內部爆發「主流、非主流」路線之爭之前，聯合報和中國時報均與國民黨政府當局保持良好的夥伴關係，但政爭以後，聯合報的政治立場漸漸轉變為非主流路線報紙，而自由時報反而竄起，一躍成為主流路線報紙。有趣的是，中國時報在當時的政治情勢下，反而逐漸轉變為較無明顯派別的報紙，儼然成為「中立」的報社（林麗雲，1999，引自彭芸等人，2000：109）。

平面媒體如此，無線電視台（新聞）言論立場的轉變也有類似情形。例如，台視、中視與華視傳統上分屬於台灣省政府、國民黨及軍方所掌控，新成立的全民民間電視則屬於傾向於民進黨的媒體。二千年總統大選前，台視、中視及華視與國民黨政府的關係相對處於和諧狀態，民視則較站在批判政府的對立面。大選後，台視、華視高層人士改組，該二台與民視的立場漸漸拉近，與民進黨政府的關係開始轉變，國民黨

所有的中視反而與政府的關係走向對立面。由此一現象來看，我國政府與媒體的關係似乎同時存在著媒體中心與政治中心兩種型態，區別的關鍵因素在於：執政黨是誰？

　　政府若因為媒體立場偏頗或與媒體的關係不理想，而企圖加強對媒體的管制措施，將無助於問題的解決，也不符合言論自由與民眾知的權利的理念，更可能危及媒體監督制衡機制的運作，挫傷民主政治的發展。因此，Washington（1997：31-32）主張，解決此一問題的思考方向應該是：可否朝建構一個負責任的媒體文化環境開始？並從以下二個途徑著手進行：(1)鼓勵媒體自律，重建媒體在民眾心目中的形象及信任感；(2)培養民眾主動向媒體表達意見的習慣，以制衡媒體、防杜權力濫用。

第二節　媒體聯繫與新聞處理

壹、政府官員與媒體記者關係

　　了解消息來源與媒體記者之間的互動關係，有助於政府官員（尤指機關首長或發言人）掌握與記者的相處之道，並維持彼此建設性的工作關係。

　　早在一九六一年，Gieber & Johnson（1961）便嘗試將消息來源與新聞記者的複雜關係，簡化為三種型態：(1)相互獨立關係型態；(2)相互合作關係型態；及(3)雙向的關係型態。茲分述於后。

一、相互獨立關係型態

第一種是相互獨立型態（如圖7-1）。表示消息來源A和新聞記者C彼此保持獨立地位，二者分別用不同的參考網絡進行溝通，資訊的傳遞傾向正式的（formal）方式；二者對新聞價值的看法並不一致，除了與新聞有關的訊息外，額外的訊息（extra-message）溝通很少。此模式代表傳統報業獨立處理、判斷新聞價值，不受消息來源左右立場的情形。

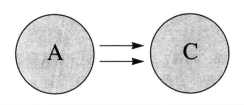

圖7-1　消息來源與新聞記者的關係型態（一）

資料來源：Gieber & Johnson, 1961.

二、相互合作關係型態

第二種關係型態（如圖7-2）代表消息來源A與記者C的參考網絡重疊，二者處於相互合作的關係。除了與新聞事件有關的資訊外，二者也進行非正式的訊息溝通行為，額外之溝通訊息也很多。此一型態說明消息來源與記者彼此相互依賴的關係，例如消息來源希望透過記者讓新聞報導出來，而記者則需要消息來源的新聞線索與素材。

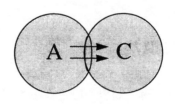

圖7-2　消息來源與新聞記者的關係型態（二）

資料來源：Gieber & Johnson, 1961.

三、同化的關係型態

第三種關係型態（如圖7-3）表示消息來源A與記者C二者的參考網絡結合在一起，或是說一方被另一方「征服」（taken over），使一方的溝通行為成為另一方的行為表現（cue）。McQuail & Windahl（1981：98）指出，理論上，此模式的同化（assimilation）過程是雙向的，但實際上，提供資訊的消息來源總是較能影響對方。故站在消息來源的立場言，此模式代表消息來源掌控優勢權力，能夠「掌握」（capture）記者的報導內容。

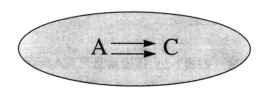

圖7-3　消息來源與新聞記者的關係型態（三）

資料來源：Gieber & Johnson, 1961.

Gieber & Johnson（1961）發現，消息來源認為記者應該扮演「開放」（open）的守門人角色，以便讓資訊毫無阻隔地投射到報紙（媒體）

上；相對的，記者則認爲消息來源應該「敞開大門」（open-door），不要阻隔資訊，讓記者完整報導新聞。此外，消息來源希望能「同化」記者，一如圖7-3的型態，而記者則希望維持相互獨立，如圖7-1的型態。儘管雙方對彼此的角色認知有所不同，但二者基本上都體認到：彼此相互依賴，並有共同的傳播利益。

Gieber & Johnson的發現同樣可以用來解釋政府官員與新聞記者的互動關係。例如，發言人（消息來源）希望能夠同化記者，掌握記者的報導立場與內容，而新聞記者則希望與官員保持一定的距離，以維持媒體獨立自主、不受政治支配的角色；但在現實社會的諸多因素限制下，發言人與記者的主觀期望恐怕都無法完全實現，而必須有所妥協，反倒是第二種相互依賴的關係較能解釋實際的狀況。誠如McQuail & Windahl（1981：99）所說的，這兩者的關係比較像是一種「討價還價的關係」（bargaining relationship）。

貳、消息來源與媒體記者眼中的對方

其次，如果能夠了解消息來源與媒體記者彼此間的認知關係，亦有助於政府官員認識對方並掌握與記者交往的分寸。身爲政府公關人員，既不必期望與記者的合作關係達到水乳交融的境界，萬一偶爾與記者相敬如「兵」時也不用太過擔心，因爲長期以來有關兩者關係所累積的刻板印象已經爲雙方的互動關係訂定了「常模」，不會因爲一、二件偶發事件而改變。以下進一步說明這個「刻板印象」。

雖然消息來源與記者是新聞產業不可或缺的兩大支柱，但有趣的是，某些研究卻發現，二者對彼此的工作、角色與形象有著極爲相反的看法。例如，新聞記者認爲公關人員的消息來源可信度相當低，「對多數記者而言，公關人員有企圖控制報紙的嫌疑」。但多數公關人員卻認爲，在新聞的蒐集、寫作以及傳遞上，公關人員提供了非常有用的服務（Aronoff, 1975; Kopenhaver et. al., 1984）：其次，公關人員經常被指責

只提供事件的光明面，所以是記者追求眞實（truth）的障礙；然而，有趣的是，公關人員如果跟記者愈熟識反而愈看不起（disrespect）記者（Jeffers, 1977）。

Grunig & Hunt（1984：223-224）也指出，聽新聞記者與公關人員談論彼此會覺得媒體關係就像是個戰場（battle ground）。記者覺得自己受許多公關人員（消息來源）的包圍，這些人不斷提供記者不想要的或沒有新聞價值的資料，但另一方面，公關人員（消息來源）卻感覺記者與編輯對他們的組織有偏見，同時也不太知道組織的複雜性。

不過另有研究指出，記者與消息來源（公關人員）的關係比較像是合作（cooperation）、而非對立（adversary）的關係（Sachsman, 1976; Jeffers, 1977，卜正珉，1990）。例如，記者不僅引用公司發言人的談話，也引用壓力團體發言人的說詞，而且記者很少懷疑官方的說法；此外，二者都相信彼此間可以互相合作，爲公衆利益服務。不過，記者大量使用公關人員提供的資料，又不太對其內容存疑，這與傳統上認爲媒介是公衆之看門狗，監督政府、企業的制衡角色完全不同。

新聞記者與公關人員兩者的關係非常複雜、也很微妙。誠如Ryan & Martinson（1988）所說：「自有公關行爲以來，新聞記者與公關人員的愛憎（love-hate）關係便已存在。」

Cutlip等人（Cutlip et. al., 1985: 430）綜合過去的研究，歸納出新聞記者對公關人員的看法如下：

1. 公關人員企圖裝飾（color）或檢查（check）應屬自由流通、合法的新聞。
2. 公關人員攫取媒體版面或時段作免費的廣告，使媒介損失實質收入。
3. 公關人員企圖間接、甚至直接收買記者，以影響或壓迫新聞之報導。
4. 公關人員完全忽略媒體編輯上的需求，對何謂新聞或撰寫新聞沒有概念。

5.公關人員企圖對資深記者賄賂財物。

相對地，公關人員對新聞記者的評價則是（Cutlip et. al., 1985: 430）：

1.媒體組織未善盡職責增加記者人數與各類專業人才，以致未能跟上社會發展潮流，針對相關領域如工業、金融、教育、醫療等作更多的報導。
2.媒體對新聞的定義缺乏變通，只強調衝突性並簡化社會事件的複雜性，總是以聳動性（sensationalism）作為取捨新聞的標準。
3.記者總認為公關人員所發布的新聞稿不是新聞，而是具有商業目地的發言稿。
4.記者分不清哪些是誠實、肯幫助記者的公關人員，同時否認媒體對公關人員的依賴正逐漸增加中。

同樣的，政府官員與新聞記者間的關係似乎也存在某種認知上的落差。根據Lee（2000）的說法，媒體記者經常把政府官員比喻為「壞傢伙」（bad guy），意指官員們浪費公帑、官僚、對民眾漠不關心；其次，媒體也把政策問題的報導變成是善與惡的道德劇碼，使政府官員的形象跌至谷底；甚至於，在報導中把一些社會問題解讀成是因為政府無能、官員麻木不仁，未能採取對策所致。Lee將媒體這種報導策略的動機歸納為二種：第一種是為了「抓住民眾心理」（grabber），投其所好，蓄意提供讓讀者義憤填膺的報導；其次是「勾引民眾內心」（teasable），故意引發讀者心生不滿的好奇心，而繼續收視（看）下去。

媒體此種鎖定政府、挑動民眾情緒的報導手法，也常出現在國內新聞事件上。最明顯的例子是民國八十八年九二一震災後，大眾媒體包括報紙、廣播與電視台，爭相投入大量人力、設備於中部災區之報導，對於政府之救災行動、災區重建等工作多所批評；部分有線電視台甚至將現場叩應節目拉到災區舉行，邀請受災民眾參加。媒體當時的表現曾引起政府官員的反彈，認為媒體蓄意挑起災民情緒，抹煞政府積極救災的

用心，以致雙方言詞交鋒，關係一度緊張。此一事件後來引起各界討論，認為媒體應該善盡公正、平衡、客觀報導之專業倫理要求（彭芸等人，2000）。

參、電子媒體SNG作業的因應

近年來，國內電視媒體為強化新聞時效，提升競爭能力，紛紛購進「衛星新聞蒐集」（satellite news gathering, SNG）電視轉播車（許世明，1997），採取所謂的現場連線報導模式。它的特性以及對新聞處理的影響有以下四點：

1. 主播台現場化。透過衛星連線，電視台內的新聞主播台可以直接拉到事件現場，由第一線記者同時扮演主編及主播的角色。這種報導形態使第一線記者的「用字遣詞」直接引導觀眾對事件的定位與思考的角度。當事件單純，記者也僅就事實及過程加以說明時，所引發的爭議或問題可能不大；但如果事件錯綜複雜，記者又因資訊不足或受到現場氣氛、群眾情緒之感染，進而加入個人主觀立場的詮釋，則難保不會扭曲事件原有面貌，而其所引發的負面影響恐將使事件更難善後。

2. 處理時間壓縮化。新聞競爭的結果迫使各電視台不論大小事件發生，都得在最短時間內出動轉播車前往現場連線報導，這使得包括現場及後方的危機處理人員，於進行現場救援或從事橫向與垂直聯繫協調時，必須更快速、更有效率，否則經由SNG轉播車所看到的畫面可能是凌亂無章、驚慌失措的。

3. 決策即時化。媒體為了報導危機事件，經常會要求政府有關單位立即說明處理情形，故危機公關的決策模式也應配合調整，譬如現場要有被充分授權採取必要措施、且能立即回應媒體採訪要求的「負責人」。同時，電子媒體為了向觀眾展示對新聞的掌握程

度,達到所謂的「連線」效果,也常會要求遠在他地的權責部會首長立即針對事件現場情況「下達指示」,故決策流程較從前大幅縮短。

4.弱化政府的議題主導權。當電視媒體在第一時間經由SNG連線報導新聞事件時,媒體對該事件的主觀定位亦已同時傳播給觀眾,告訴民眾應該如何解讀該事件,在此情形下,政府主導新聞議題發展與詮釋立場的力量將因此被削弱。

面對上述現象,公關人員可以透過一些控制手段儘量降低干擾因素;同時,為了避免引起媒體對控制手段的反彈,認為政府干涉新聞採訪自由,在實施控制手段時應有互補或配套的措施。不過,公關人員也要有心理準備:在某些狀況或某個時間點下,因為某種未知的原因,控制手段就是無法達到預期的效果。所謂的控制手段包括:

1.用「警戒線」的方式限制記者採訪區域,將事件現場分割為第一線、第二線。以危機事件為例,第一線是救災或處理危機人員的工作場所,媒體不得進入,第二線才是媒體採訪報導的地方。例如,在民國八十八年九二一震災期間,台北市政府處理東星大樓倒塌救援工作時便曾運用這種手段,效果不錯。但九○年六月所發生之巴士遭劫持事件,則屬失敗例子,當時在警方發動攻堅的同時,因封鎖線完全未發揮功能,採訪記者與看熱鬧的民眾也跟著一擁而上,導致險象環生。

2.定時召開記者會,回應現場記者的需要。再就前例而言,在東星大樓救援期間,台北市政府為方便媒體SNG作業,每隔一小時或有突發消息時,就立即在現場第二線舉行記者會;如此一來,媒體既可以充分報導現場實況,滿足民眾知的權利,救災單位與人員也不用一邊救災,還要一邊接受採訪,而顧此失彼。

3.充分授權做必要的處置。危機事件之處理重在快速、果斷,稍有遲疑就可能令事態擴大或失控,因此現場人員是否被充分授權,絕對與危機處理能否圓滿完成密切相關;事件現場的新聞發布工

作也是如此，一位事事要向上級請示才能對外講話的發言人是不會受到媒體歡迎的。

4.單位首長應掌握第一線訊息，迅速作補充回應。現場官員對媒體的立即回應只是第一步，根據媒體的作業習慣，他們還必須採訪到機關首長對該事件的陳述或評論，至於首長是透過電話發表談話，還是親臨現場接受專訪，何者較佳？尚需視當時狀況而定。

此外，前面提過，九二一震災後，電視媒體一度流行在台中、南投災區事件現場舉行叩應節目，並邀請民意代表、地方官員，及來自各界的「意見領袖」連線討論問題。當時即有人質疑媒體本身或主持人以既定之觀點或立場，利用現場群眾之悲戚情緒，挑起對政府救災行動之敵視及不滿心態，以致對政府後來的重建工作造成不利影響。因此，面對這種新形態的電子媒體作業方式，政府媒體公關的處理策略勢必要有所調整。

肆、媒體關係與「活動公關」

近年來，傳統上對新聞的定義開始產生質的變化。明顯的例子包括過去媒體配合行政部門作業跑新聞的習慣漸漸改變；電視新聞走向綜藝化、廣告化，紛紛採取聳動及新奇的方式報導新聞；公共政策愈來愈複雜以致於記者被迫在很短時間內，用簡化、重點摘要等方式加以報導（Lee, 2000）。對上述挑戰，如果政府對有關政策或施政的新聞處理仍僅以開記者會或新聞發布等方式對外宣傳，則其效果勢必有限，因此，另一種宣傳策略的思考——「活動公關」（event public relations）乃應運而生。

活動公關之目的在有系統地規劃行動策略，運用各種宣傳管道，吸引媒體注意，以達成預期之宣傳推廣目標。有關活動公關的定義與策略將在第九章詳加說明，此處專就活動公關的媒體策略予以分析。

在活動公關的媒體策略方面，政府公關人員於推動活動前應先釐清活動的目標為何，此一目標並應與組織目標、媒體公關目標相符合，同時應充分做好內部溝通工作，讓組織內的同仁認同並支持活動本身。

為吸引媒體及社會大眾的注意，拉抬聲勢，提昇宣傳效果，也配合媒體採訪的需求，活動設計最好能邀請「新聞人物」出現。例如，邀請政府高層官員或代表第三力量的「社會名人」出席致詞，或公開表示對活動之支持。但在人選上應避免邀請社會形象具爭議性，或新聞的熱門話題人物，因為這些人物的出席，必然引起媒體一窩蜂地報導其個人話題，活動本身所要傳達的主旨及觀念反而成了配角，或甚至被媒體遺忘。

其次，配合媒體採訪報導之需，必須做好訊息策略管理工作，對任何足以影響媒體報導內容之訊息加以有效的控制。例如應準備相關新聞資料袋（press kit），資料袋中視狀況要準備下列資料：活動新聞稿、其它相關背景資料、照片（黑白或彩色）或幻燈片、錄影帶或betacam帶、與會貴賓名單及簡歷、活動協辦單位介紹，以及新聞發言人、聯絡人之聯絡方式。此外，為強化訊息的強度，亦可事先考量安排媒體專訪主要人物。

管理者也要規劃在適當的地點成立新聞中心或協調中心，並準備各種新聞發布所需之文件、文具與設備。在活動現場佈置方面，不論是記者會或展示會等均應考量不同媒體採訪需求，以方便記者作業為優先。

俟活動結束後，為了解活動公關的執行情形與成效，以便檢討改進相關缺失，亦宜進行媒體績效評估作業，根據新聞剪報或側錄帶，分析宣傳效果。

第三節　社會建構與輿論詮釋權

壹、「議題設定」與「議題建構」

　　站在對消息來源較有利的角度來看，如果媒體記者傾向配合消息來源的期望，則消息來源便可以順勢引導新聞的報導方向，使宣傳達到最大功效。但在實際的環境中，消息來源與記者的角色卻往往是相互衝突或對立的，消息來源總是企圖主導媒體報導的內容，而記者也努力不成為消息來源的御用工具。雖然如此，根據過去的一些研究，公關人員有時仍舊能夠導引媒體或大眾的某些想法，其所使用的方法之一就是「議題設定」（agenda-setting）。

一、議題設定

　　早於一九二二年之際，Lippmann（1922）便提出媒介建構事實（reality construction）的觀念。他認為，外在的世界與我們腦中的圖像是有差別的，人們很少直接觀察、經驗到外界的環境，而是透過他人或大眾媒介間接得知，因而在個人與環境之間另有一個「假環境」（pseudo environment）存在。

　　Lazarsfeld & Merton（1948）指出，大眾媒介不僅可以賦予個人或團體地位，也能賦予公共議題和社會運動某種地位。Wright（1986：154）也認為，人們對議題的意見有時會受媒介的影響而改變，有時則不會，但某些公共議題或政策之所以成為眾人認為的重要主題，卻是由於大眾媒介的關注展現了重要性與顯著性。Cohen（1963）曾指出，「報紙多半不能告訴人們想什麼（what to think），但它告訴讀者該想些

什麼（what to think about）。」

　　一九七〇年代初，傳播學者McCombs & Shaw（1972）研究媒介如何報導美國總統大選新聞時發現，「讀者不但從新聞報導獲知某一特定問題，還從新聞報導對該問題所賦予的份量與地位，獲悉該問題的重要性。」換言之，媒介為受眾建構了一個認知環境，受眾不僅從媒介獲知重要的問題，而且依賴媒介的指引賦予問題某種意義。

二、議題建構

　　Lang氏夫婦（1983，引自Wright, 1986: 157）分析「水門事件」期間，美國大眾媒介與民意的關係。他們指出，大眾傳媒透過「議題建構」（agenda-building），以一種複雜的方式與政治過程及民意進行互動。也就是說，議題建構是媒介、政府和民眾在某些方面相互影響的整體過程。

　　媒介議題設定或建構的功能經許多學者研究後已具備一定之可信度，同時一項假設——「美國之新聞學植基於報業自由的原則，這意謂報業可以自由出版它認為重要的消息並免於政府的檢查，這也意謂報業守門人本身可以決定什麼是新聞、要報導什麼，因此可以假設說報業人員決定了新聞議題。」也普遍為人轉述。但Pavlik（1987：99）對此說法抱持質疑的態度，他指出，許多研究都顯示，報紙的議題只不過是反映了其它社會部門和機構關切的議題，尤其是公關單位。Pavlik的問題因此引發吾人另一個思考空間——「誰為媒介設定議題？」

　　其實早在六〇年代，Boorstin（1964）便提出「假事件」（pseudo event）的觀念——許多組織每天「製造」一些事件，並被媒介視為是「新聞」。這些事件並非自發的，而是被小心策劃、雕飾的（colored）；組織製造這些事件係為了影響媒介，便於將有利的訊息傳播給大眾。

　　後來Sachsman（1976）的研究也發現，洛杉磯地區超過二分之一的環境議題新聞是來自記者會，其中大部分由政府機關提供。Cutlip等人（1985：429）也指出，在美國，公關人員每日提供媒介40%的內容，所

以公關人員影響、整合了全國公共資訊系統的一部分。

　　Turk（1986）更強調，新聞不一定就是所發生的事，因為新聞記者與來源交換資訊後，新聞才算發生，故新聞來源所述發生的事才算是新聞。這意謂著消息來源透過「資訊津貼」（information subsidy）的方式，讓記者有「新聞」可寫；消息來源站在主動的地位，與記者進行接觸，「推銷」事件、觀念，以便「管理」（manage）新聞，作對自己最有利的報導。

　　Lang氏夫婦（1991：286，引自臧國仁，1999：177-178）指出，新聞媒體無法獨立於政治體系之外，必須不斷隨著事件發展而改變報導重點。例如在報導初期，媒介會對事件中的某些團體或個人特別注意；其次，媒介會強調事件中的某一部分，接著新聞報導將此一事件與其他政治情勢連結；最後，相關團體的重要人物相繼發言，使整個故事變得更為完整。此一報導歷程顯示，媒體議題設定的功能的確影響民眾的閱讀認知；但另一方面，媒體不斷改變報導內容及方向，意味著媒體的議題建構功能乃是一種「集體（合作）的過程，並牽涉到某些程度的互動（reciprocity）」。

三、誰為媒體設定新聞議題

　　Lang氏夫婦的說法直接點出本小節所要探討的核心問題：到底是誰為媒體設定新聞議題呢？本書認為，Lester & Stewart的研究發現可以充分解答吾人的疑問。Lester & Stewart（2000：73-76）以三種觀點解釋這個問題。分別是：(1)菁英觀點（the elitist perspective）；(2)多元觀點（the pluralist perspective）；及(3)次政府觀點（the subgovernment perspective）。以下分別說明之。

(一)菁英觀點

　　菁英觀點基本上認為，社會是由少數的菁英分子，及多數的一般大

眾所組成，公共政策是支配菁英個人價值及偏好的產物，所以公共政策並非反映大眾的需求；是故，社會議題係由當權之菁英分子，包括企業、軍方及政治菁英等設定。

(二)多元觀點

多元觀點認為，菁英分子與一般大眾對公共政策的參與是動態的；換言之，在不同議題上，許多社會領袖因相互爭奪公共政策的主導權，故其領導能力係處於流動、機動的狀態，同時隨著議題之改變，此一時之大眾與彼一時之大眾也互有不同。此外，由於社會上存在著許多權力重心，故權力關係也不是固定不變的；因此，在沒有一個團體能夠支配所有議題之決策過程的前提下，公共政策只不過反映了不同團體協商（bargain）及妥協（compromise）的結果。基於上述，多元觀點主張，利益團體是社會議題的設定者。

(三)次政府觀點

次政府觀點主張，社會議題係由三種力量共同建構，分別是：(1)民意代表（congress persons）；(2)行政官僚（agency bureaucrats）；及(3)代理人團體（clientele groups），此團體泛指利益團體或公益團體。這三種力量基於利益交換的關係，會就不同議題而相互結合或抗衡。

總之，不論是菁英觀點、多元觀點或次政府觀點，均凸顯出一項重要概念，社會裡的各種「力量」，包括政府部門、立法機關、特定團體及一般民眾等，都在運用一切手段，企圖為媒體設定符合其本身利益的議題觀點，影響社會輿論。

貳、新聞的產製

除了前述社會各種「力量」的積極介入，企圖影響新聞的產製外，

媒體組織及所屬的人員（如所有人、編輯、記者）對社會議題的認知與
立場也不能忽略。

　　假設政府溝通的目的除了在告訴民眾想知道的資訊外，其次便是告
訴民眾政府希望民眾知道的事務，則從新聞產製的模式便可想像要達成
上述目的的困難程度。

　　Douglas（1992）主張，新聞的產製模式可簡單分為二種：一種為
操縱模式（manipulative model），指新聞的選擇是為了服務媒體所有
人，所以一般民眾的利益不是考慮重點，也不追求新聞的正確性及社會
價值；另一種則為市場模式（market model），強調受眾的需要及利益，
以及新聞生產者的社會責任。

　　Gandy（1992）則認為，單純的二分法並無法解釋複雜的新聞製造
過程，而主張將影響新聞產製的因素擴大為三種更周延的觀點：(1)工具
性（instrumentalist perspectives）；(2)結構性（structuralist perspec-
tives）；(3)制度性（institutionalist perspectives）

　　因此，吾人可以發現，新聞產製乃是一種複雜的社會建構（com-
plex social constructions）過程，產製的階段則包括新聞選擇、新聞呈現
及新聞影響的評估等，每一階段都受到來自不同因素的影響。簡單而
言，新聞的產製流程是由新聞製造者（news makers，指消息來源）、新
聞推廣者（news promoters，指決定事件是否具有新聞價值的人）、新聞
組裝者（news assemblers，指記者、編輯等）以及新聞消費者（news
consumers，指讀者、觀眾）等角色所組成，新聞就像是此一新聞鏈生產
的「商品」（commodity），事件被包裝（packaged）後賣（sold）給記
者，經過媒體再包裝（repackaged）後又轉賣給受眾（Douglas, 1992）。

　　記者與媒體擁有「定義」事件的權力，其建構社會的力量主要受到
兩個因素影響，分別是：(1)科層及組織的限制（bureaucratic and organi-
zational constrains）；及(2)新聞產製者的參考框架（frames of reference
of news assemblers）。以上兩個因素共同決定了新聞選擇與呈現的預設
解釋網絡（pre-established interpretive frameworks）或所謂定型的刻板印
象（patterned stereotypes），也簡化了影響因素的複雜性。換言之，媒體

記者因為受到組織的制約，及本身對事物認知態度雙重的影響，在報導新聞時，係以腦中原有之印象來解讀外界的事物，並將複雜的事物加以簡化（Douglas, 1992）。

對民營之媒體組織而言，新聞商品是否具有市場優勢，為所有人帶來經濟利潤，將決定組織如何操縱記者；除此以外，媒體所有人之個人理念、媒體與政府、企業界及廣告界等之相互關係也會影響記者之採訪報導作業。反之，公營媒體的限制則多數來自政府及官員的上層結構因素，以及整體社會權力結構的消長等。故由此角度觀之，大眾媒體事實上是某些「人或機關」的社會控制工具之一（Douglas, 1992）。

其次，新聞組織內部在運作的過程中會自然發展出階層、分工及標準作業流程等現象，並產生套裝式的新聞（pack journalism）。換言之，不同記者因為受到套裝新聞框架的影響，於報導新聞時會呈現相似的趨勢；再者，記者在報導新聞的時候會習慣性的採訪固定的新聞來源，特別是知名、擁有權力地位的人，更是記者追逐的對象，政府官員，尤其是接近決策的人當然也包括在內。由此亦可歸納，政府官員擁有讓某項政策或某種觀念變成重大社會議題或媒體新聞焦點的能力。（Douglas, 1992）。

媒體記者固然必須仰賴新聞來源提供資訊，但不代表新聞產製者沒有製造（generate）社會問題的空間，前述「議題建構」的論述對此已有說明。吾人所憂慮或關切的重點是，媒體如何升高社會的緊張程度？如何在社會衝突過程中投入新的變數？媒體應該在公共政策過程中扮演何種角色？又有何種力量可以對媒體形成制衡？

參、框架理論現象

新聞的產製無疑的反映出消息來源（政府官員）與媒體記者兩者對事件（政策或社會議題）的認知，也就是說，新聞的圖像是由兩者共同拼湊出來的。臧國仁（1999：149）以「框架理論」的概念探討新聞的產

製，他強調：

> 新聞產製過程基本上是一項不斷受到特殊條件（包含組織常
> 規、個人認知與語言結構）制約的社會行動，……新聞報導內
> 容均與此一隱藏之制約行動息息相關。框架在新聞中的影響力
> 處處可見，決定了哪些素材有關或無關，……雖然新聞工作者
> 對這些影響力未必能清晰分辨，但從組織、個人與文本層次觀
> 之，框架的確是媒介再現社會真實的重要影響因素。

臧國仁（1999）認為，新聞記者所受到的媒介框架有三種：第一種
是「新聞組織的框架」，也就是媒體日常運作的新聞常規（routiniza-
tion），包括新聞路線的指派、寫作形式的規範、截稿時間的限制、專業
意理的堅持，以及組織對成員的內部控制手段等；第二種框架為「個人
的框架」，包括記者個人對事物的觀察與選擇、記者對文字運用的能
力，編輯對文字的認知與選擇、編輯對版面的組織等因素；最後是「文
本框架」，也就是新聞報導的句法、情節、主題、修辭等結構因素以及
用字（語）等[2]。

至於影響新聞框架形成的因素則可歸納為五種來源，分別是：(1)新
聞媒體組織的自主性，或是受政府控制的程度；(2)社會事件的訊息提供
者（如政府官員）；(3)新聞組織的流程或常規，如新聞記者喜以政府或
其他建制組織為其採訪路線中的主要報導對象，使得官方立場在政治爭
議中占有先天優勢；(4)新聞工作者的意識形態；(5)原有團體或組織呈現
社會事件的方式（Wolfsfeld, 1993; 1997，引自臧國仁，1999：110-
111）。

由此觀之，新聞媒體並非建構或轉換社會真實的唯一來源，消息來
源的影響力亦不容忽視。Schlesinger（1990，引自臧國仁，1999：180）
認為，消息來源的確在新聞產製過程中扮演重要角色，但條件是組織必
須是機構化的（institutionalized），才能配合新聞媒體的路線設置常規性
的作業；同時要具備擁有長期提供資訊給媒體的財力。此外，消息來源
的公信力，以及不同消息來源間的競爭或合作關係也會影響新聞的產

製。以政府為例，政府官員所處的部會組織屬於功能完整的制度化組織，基本的運作預算不成問題，且擁有公信力與公權力，雖然部會之間的立場偶有不同，但透過橫向協調溝通，合作的空間相當大，因此，政府部門絕對可以在建構或轉換社會真實方面享有舉足輕重的地位。

除此，消息來源所處之組織的既存框架也是重要因素。所謂「組織框架」，其定義為，「消息來源組織針對媒體報導所採取的主觀解釋與思考結構。」（臧國仁，1999：226）例如，在核四電廠續建與否的議題上，執政的民進黨之組織框架是，「反映新民意，行政院有權不執行核四預算案」；反之，在野聯盟（包含國民黨、親民黨及新黨）的組織框架則是「預算案如同法律案，立法院已覆議過的預算案具備法律地位，行政院無權以行政裁量權停建核四廠」。

每一個組織對某件事物的看法都可能與其他組織有所不同，因而組織所進行之組織溝通行為，目的就在傳達不同的組織觀念，爭取認同。臧國仁（1999：224；237）指出，組織對內對外的溝通策略乃源自組織文化中之假設或世界觀（框架），這種意義建構的過程逐漸成為組織內部的共識，而此種共識將影響組織溝通策略，並進一步影響組織與新聞媒體之互動模式，同時藉此向外界尋求支持與認同。舉例而言，核四廠案呈現民進黨與在野聯盟不同的核能源世界觀，反核並已成為民進黨黨綱內容，因此民進黨的對外溝通行為向來反映此一框架，而某些環保團體、人權團體也因為反核的理念而與民進黨發展出良好的關係。

消息來源為了建構符合本身期望的社會框架，通常會採取策略性的公關作為（或稱之議題管理，見Grunig & Repper, 1992），以影響媒體的新聞報導。綜合而言，消息來源通常採取的框架溝通策略包括如下：

1. 透過傳統新聞發布、提供新聞稿件等作法，藉以影響記者報導內容，呈現對消息來源有利的立場。Gandy（1982，引自臧國仁，1999：176）將此作法稱為「資訊津貼」（information subsidy），具體的內容包括：直接與媒體接觸、出席公聽會接受媒體採訪、購買廣告、透過公關人員發動活動，甚至如以匿名方式洩漏資

訊、提供背景說明、使用「試探氣球」（testing balloon）、發布民調結果等都是可以採行的策略。

2.透過議題設定或議題建構的手段，往往能影響媒體的新聞框架，進而主導社會議題框架（有關議題設定或議題建構的討論請參閱前述介紹）。

3.Shoemaker & Reeve（1996：150；192）認為，除了單純從報導內容切入外，消息來源可以提供「情境」（context），讓記者隨之起舞。例如藉由捐助智庫、提供新聞獎助、舉辦研討會等方式影響新聞常規，讓記者產生「意識形態的動員」（ideological mobilization）。一般的消息來源恐難對媒體產生這種影響，但政府部門絕對有此實力。

4.尋求可結盟的「友好框架」，或了解立場相異的「敵對框架」，並爭取其他框架（如媒體框架、讀者框架）的支援，以便產生框架對應或共鳴效果，增加訊息被接受的程度。此外，還可透過「框架連結」（frame bridging）、「框架擴大」（frame amplification）、「框架延伸」（frame extension）及「框架轉移」（frame transformation）等策略，靈活運用組織框架的力量（臧國仁，1999：226-235）。

第四節　媒體運作的控制

此節將探討媒體在產製新聞內容的過程中，可能面臨哪些內部或外部的「控制」因素，公關人員可藉此了解新聞管理的進行途徑及目標對象。

Hirch（1977）將傳播者研究分為三個層次：第一層次著重人的研究，重點在記者角色、守門過程、內部控制及專業意理等；第二層次為組織的研究，係探討新聞部門有關新聞蒐集、處理行為，及影響新聞產

出之組織因素；最高層次則是制度或環境的研究，主要在分析媒介組織間，以及組織與社會各種制度之關係，研究重點在組織與社會環境、媒介組織競爭、跨媒介所有權等議題。

Shoemaker & Reese（1996：63-251）則從五個層面探討控制媒介內容的力量。這五個力量分別是：⑴個別媒體工作者的因素，與前述Hirch等人的研究層次相似；⑵媒介日常運作的因素，如消息來源、受眾需求對記者之影響，組織處理新聞的過程，官方新聞發布等；⑶組織因素，如媒體政治立場、經營目標、媒體角色定位與結構，媒體對記者報導新聞的控制等；⑷媒介組織外部的因素，例如來自外部新聞來源的控制，政府的操控，媒體間的競爭關係，廣告營收的影響，以及新科技對媒體運作與記者報導新聞的影響等；⑸意識形態的因素，包括涉及國家、媒體經營者或國際傳播強權的意識形態，政府對媒介體系的控制，政治、文化對媒體的影響等。

媒體組織是社會開放系統下的一個次系統，其在運作過程中，很自然地會發展出所謂的媒體「政策」或新聞「標準」：一方面藉以規範新聞內容的規格化；另一方面則作為組織內部控制或社會化的工具。Breed（1955）即認為，「政策」是媒體所表現出來的一致方向，包括社論、新聞及標題等都有所謂的政策存在，透過「潛移默化」（by osmosis）的過程，組織的成員很自然地了解政策是什麼。Breed的說法反映出「新聞室控制」對新聞產製的強大影響力。

Joseph（1985）研究發現，有時報紙發行人願意釋出一些媒體內部事務的決策權讓記者參與並表達意見，有些則否。前者如報導主題的建議、撰稿期限、報導長度、新聞部門的長程計畫、採訪路線指派調動、擱置某一報導、版面編輯、言論版方向、版面主題等；至於人員的考核、升遷、獎懲、僱用、薪資結構等權力則由主管緊緊掌握，絕不可能下放給記者。從Joseph的分類來看，組織內部的確有一些不成文的規矩，記者最好照做，否則，違反規矩者將遭到某種處罰。

媒體所有人因為掌控記者之僱用、解僱、報酬及獎懲等權力，所以可以設定自己想要的政策。Sandman（1982）等人指出，這樣做的目的

有三種考量：

1. 基於經濟利益的考量（business policy），為了媒體經營，媒體必須在言論市場上建立本身的定位，爭取閱聽眾，才能獲取利潤。
2. 係基於媒體及個人的經營理念（personal policy），希望傳達某種社會價值。
3. 為了政治考量的政策（political policy），希望透過媒體力量，取得政治領域上的影響力。

以上述第三點為例，我國於報禁開放前，國內報紙屬於國民黨營、政府公營或軍方所有者共十四家，其餘民營報紙之所有人亦多具黨（國民黨）政關係，因而鄭瑞城（1988：49）指出，「主宰台灣大眾媒介的力量，政治勢力遠大於經濟勢力。」即使報禁開放後，或以民國八十九年總統大選政權更迭後為界，政治因素對媒體的深層影響仍然存在。[3]

新聞室控制的現象除了影響報社組織的日常運作外，在電子媒體的表現方面，因為同時涉及黨政勢力的運作介入、媒體集團利益（包括平行──指同時掌握報紙、無線電視或有線電視經營及垂直協力廠商──指同時為有線電視系統業者與頻道節目供應商）、及企業財團追求獲利等複雜因素，情況恐怕更為複雜[4]。

此外，政治人物（尤指有意參選民意代表的人士）藉由參與媒體經營（投資或所有）、管理（擔任高層經理人）及內容產製（如主持節目或參與叩應節目）等手段，主導媒體新聞立場或傳達本身對政治議題的詮釋，又形成另一種政治力「介入」媒體控制的模式，而且有愈來愈嚴重的趨勢[5]。

姑不論新聞控制的因素是來自政治力的介入、媒介組織的規範，抑或記者本身的意識形態等等，新聞工作者為何多數時候願意放棄個人的堅持，而順從組織的政策呢？歸納過去的相關研究，可以找出以下幾點原因（Breed, 1955; Matejko, 1967; Warner, 1971；李金銓，1983；Dessler, 1983）：

1.制度的權威與制裁：媒體所有人的行政權可以給順從者獎勵，並對不順從者施以懲罰，嚴重者甚至失去工作權。

2.基於對組織及主管的認同，以及希望藉由順從組織獲得陞遷。

3.缺乏與組織抗衡的團體：雖然媒體工作人員也可以成立工會，但勞資對立的輸家通常是勞方。

不過，媒體的控制不必然一定導致組織與記者間的緊張關係，事實上，組織與記者間其實都會作出一些讓步，讓場面不致太難堪。這種現象就是Dimmick（1979）所指出的，政治性聯盟（political coalition）的過程必然充滿著妥協與協調（compromise & negotiate）。

Astley & Sachdeva（1984）以交換理論觀點分析組織內部的權力來源，並推論組織與記者間何以多數時候雙方都能相安無事。Astley & Sachdeva所謂的權力來源共有三點：

1.階層的權威（hierarchical authority）：指權力主要控制在媒體所有人或新聞主管手中。

2.資源的控制（resource control）：組織的資源意指時段、版面、資金、組織形象與政經勢力的關係等；記者所握有的資源則為消息來源、採訪路線、採寫能力、環境偵測能力，以及新聞客觀中立之象徵意義等；唯有組織與記者相互合作、共享權力，組織才能順利運作。

3.網絡核心（network centrality）：不論層級與職務，組織內部的每一位新聞工作人員都各自扮演不同、且不可或缺的角色，此種結構性的依賴關係（structural dependence）使組織與記者都具有某種權力，讓彼此不得不相互妥協。

Astley & Sachdeva的觀點顯示，媒體的控制力量不見得只是由老闆到記者的單向或片面的控制形態，多數時候，雖然有程度上的差異，但應該都是雙向互動、甚至是共享權力的。這也意味，政府公關人員於推動媒體事務管理工作時，除了要努力經營與媒體高層人士之良好關係

外，也不能忽視第一線記者與編輯的聯絡工作，畢竟這些基層從業人員手中可能握有不少極具爆炸性與敏感性的新聞來源與「線索」。

　　而在操作上，不論是透過媒體高層去影響基層的記者，或是運用某些記者的特殊管道去說服媒體高層，政府公關人員都有可以運作的空間，只要策略運用得當，時間點與人脈掌握正確，此種媒體體制外的「外部控制」是可以發揮很大力量的。

第五節　媒體事務的管理策略

　　Pfetsch（1998）指出，政府的新聞管理步驟有四個階段：(1)設定目標與溝通手段；(2)掌握環境情勢；(3)選擇與執行最能達到預設目標的溝通手段；(4)評估溝通的有效性。這四個步驟其實已勾勒出媒體管理的基本原則。

　　此外，Garnett（1992：36）的政府溝通模式（本書第四章）亦可運用於媒體事務的管理。綜合而言，政府部門於進行媒體事務管理時最好能就下列工作加以釐清，包括：建立媒體關係的目的何在，如何建構媒體管理的機制，如何有系統地深入了解媒體記者的背景及需求，分析媒體組織的運作、權力關係，培訓並指派適當的媒體溝通官員負責媒體事務，訊息如何製作，透過何種媒介發布等，均應事先就策略與作法有所規劃。

　　以上的工作又可歸併為二大面向：(1)媒體溝通的組織運作機制如何建構；(2)媒體溝通管理的實務如何推動。

壹、建構對媒體溝通的組織運作機制

　　在建構對媒體溝通的組織運作機制時，以下兩項議題頗值得政府公

共議題管理者詳加思考[6]：(1)政府機關發言人的角色定位；(2)建立與媒體的互動工作模式。茲分述於后。

一、政府機關發言人的角色定位

雖然能言善道、反應敏捷是政府機關發言人的基本條件，但更重要的是，發言人是否具備社會「公信力」？因而，在「積極介入政策本身的爭議，為政策辯護」、與「在政策爭議過程中，扮演協調各方爭議立場的角色」二者之間，政府公共議題管理者到底應如何抉擇才最能符合社會大眾對「公信力」的要求。

依據Susskind & Field（1996：213-214）的看法，政府部門發言人應該站在「中立者」（neutral）的立場，盡可能表達社會各界的不同觀點，扮演機關與公眾「建立共識」（consensus-building）的橋樑，最好不要捲入尚有爭議的公共議題，以免斷送政府機關發言人的社會公信力。換言之，政府部門的發言人最好以建立全民共識、代表國家利益為角色扮演的基調，在發言時，盡量不要有太強烈的角色形象，以免外界質疑其立場帶有個別政黨、利益團體或其他特定對象的色彩。

另一事關發言人公信力的因素是，為了建立與媒體的互信，發言人要以誠信對待媒體，發展良性的互動。不論是故意透露錯誤的訊息，或是因「狀況外」而傳達不正確的資訊，其結果都會影響雙方的互信基礎。

二、建立與媒體的互動工作模式

每一個政府機關都有所謂的「組織文化」或「領導風格」，而這兩項因素又影響該組織及決策首長如何與媒體互動。例如，傳統上較為保守、封閉的機關及其所屬成員便比較不願意與媒體打交道，故也不想去運用媒體的優點；相對的，某些機關則對媒體持歡迎、肯定的態度，並積極利用媒體的管道，傳播訊息。在當前民意高漲的時代，任何政府機

關均不可能迴避媒體的監督與批判，故不論組織氣候與文化到底是開放或保守，機關決策者均將面對下列挑戰：如何一方面能夠滿足記者採訪報導新聞之需要；另一方面又能夠獲得機關同仁的認同，而建立與媒體記者的良好互動關係或工作模式。

　　另一個現象是，因為政府機關首長更迭，新、舊任首長對媒體關係的不同認知所產生之新的互動模式。在正常狀況下，機關首長與媒體記者的互動型態通常是經過長期的衝突、妥協、學習、適應等所得出的產物，新的首長帶來新的領導風格，也代表與媒體記者要重頭經歷由衝突到適應的階段。在這過程中，政府公共議題管理者乃扮演著機關首長與媒體記者間極為重要的潤滑劑角色，如果這層中介角色的「緩衝器」未能發揮功能，記者將因不滿而施放種種壓力，並直接衝擊機關政務與首長形象。

貳、發展媒體溝通及管理策略

　　政府部門負責處理媒體事務的人必須講求策略性之觀念及作法，來滿足媒體記者之需求，才能做好訊息管理的工作。Susskind & Field（1996：198-221）認為，組織如果能夠對「互利途徑」（mutual-gains approach）有所體會，並採取有效作為，當可妥善地處理媒體事務，降低與記者間的緊張關係。以下是一些值得深思的策略途徑。

一、因應新的媒體現況，發展媒體關係技能

　　新的媒體趨勢引發媒體新的資訊需求，身為政府媒體公關人員必須懂得設身處地和記者交往，了解記者的胃口。例如研究發現，媒體記者對於包裝過（packaged）、帶有衝突性又符合個人需求的公共政策資料較有興趣報導，因為這些包裝過的訊息能見度高、容易吸引目光，又能引起公眾認同（Lee, 2000），所以，公關人員就應該多設計這類「新聞」。

不過，包裝不代表要犧牲新聞的正確性及品質，更不能因為過度強調包裝而帶動媒體追逐表面化及聳動主義的偏差行為（Washington, 1997: 33）。

Susskind & Field（1996：204-205）也指出，媒體記者的工作是採訪新聞，所以公關人員應該考量媒體興趣，不僅提供資訊，更要提供「好的」資訊，同時不要把記者當成敵人看待，要誠實對待（be honest）。

Lee（2000）認為，配合媒體需求的策略有以下幾種：

1.濃縮訊息，主題簡潔明白，方便記者了解並報導。

2.公共政策除了嚴肅面外，還要附帶一些人情趣味。

3.要透過不同媒體及各種方式進行傳播。

4.要懂得幫助媒體處理緊急的需要，建立盟友關係。

5.賦予某些人在決策過程的影響性，滿足新聞來自「權威消息來源」的心態。同樣的，Susskind & Field （1996：208-210）也強調，權威消息來源與記者間應有聯繫管道，並能向記者分享資訊。

6.提高媒體公關人員在組織內的「地位」，比如讓公關人員成為政府部門或高層的「機要」，彰顯其權威性與專業素養。

改進溝通作法固然可以增加接近媒體（media access）的機會，讓公共政策被報導的可能性增高，但吸引媒體注意與爭取媒體支持是不同的兩個概念，如果媒體的新聞框架是扭曲的，則更迫切的作法應該是掌握主宰媒體的源頭並爭取支持（media sources and media support）（Douglas, 1992），讓新聞的框架由不利政府轉變為對政府有利。這也就涉及政府官員如何能夠建立與媒體高層主管，及重要資深記者之良好互利關係。

二、口逕一致，避免訊息混淆

媒體最喜歡報導政府內部衝突的新聞，不論是人事傾軋，或是部會

立場相左、爭鋒相對，玩起爭權遊戲等，都是媒體報導的絕佳題材。因此，政府機關決策者應該透過內部管理的手段，加強機關之間的整合（co-ordination）工作。然因「整合」一詞，意味著政府將加強對訊息發布的掌控，因此容易引起媒體記者之反感，故政府機關首長在進行訊息整合協調時，應該注意分寸的拿捏與記者之反應（Washington, 1997: 35）。

要避免訊息混淆的另一個重要手段是將政策研擬與新聞管理連結起來；也就是說，在政策形成過程的一開始，就把溝通及媒體事務的機能列入考量，並確立政府決策的訊息定位（Washington, 1997: 35）。

此外，政府官員也要對所謂的「洩漏消息」（leaks）（俗稱「放話」）有所了解。一般而言，資訊流通快速、豐富、自由的政府部門比較不會有這種現象；反之，事事要求保密，不得隨便對外公開發言的組織反而容易謠言四起。因此，除了儘可能地公開訊息外，組織也要藉偶爾「處罰」洩漏消息或放話的人，讓所有成員了解到應有的言行規範。至於，某些政府官員有時在決策高層授意下策略性地釋放政策空氣，以便評估社會大眾對某項議題的民意反映情形，則是另一個值得討論的公關課題（Washington, 1997: 34）。

三、政策推動行銷化

無疑的，媒體之所以對政府極具重要意涵乃因媒體是政府傳播觀念、散佈資訊、教育公眾的最有效工具，由於媒體往往足以決定什麼是重要的政策議題，並建構議題的型態，因此在媒體定義公共政策的初始階段，成功的政策行銷者就必須能建立良好的媒體關係（Lee, 2000）。

而媒體關係的好壞又與政府如何定位與媒體的關係有關。換言之，如果政府對媒體採取開放（open access）、透明的策略，代表媒體記者比較能夠接近政府高層或容易採訪到新聞，與政府的關係將會較為和諧；反之，如果政府對媒體的態度是封閉的（closed access），則雙方關係將很難改善（Washington, 1997: 32）。

媒體如何報導一項議題會影響問題如何被定性、解釋，議題如果在被一般人注意到以前，就被媒體以某種方式加以報導，則公眾將很難再以不同的觀點去重新認知這個議題（Luke, 1998: 62）。Luke（1998：41）因此特別強調，公眾領導人主要是扮演「催化者」（catalyst）的角色，不必然一定要提出解決方案，更重要的是要發現並拋出議題。

雖然角色有別，但政府官員、民意代表、利益或特定團體等在公共政策論壇的議題行銷地位都是平等的，每一個人都可以盡其所能地去影響媒體的報導框架。因此，為了贏得框架競逐的最後勝利，機關首長及公關人員應抱持主動態度積極運用媒體，踏出政府的大門，走入群眾，去「行銷」議題，爭取認同（Lee, 2000）。

另一個值得深思的問題是，「有新聞就是好新聞」（all publicity is good publicity）的觀念對不對？政府官員為了行銷政策或理念，而參加談話叩應或娛樂節目，讓政策議題變成「娛樂資訊」（infotainment），會不會讓政府政策變得較不莊重，失去了政策的嚴肅面，而政府官員的權威性也因此同樣受損呢？因此，在開放策略與政策的莊嚴性之間似乎應該求得某種平衡（Washington, 1997: 33）。

四、建構或導引「社會框架」

誠如前述，政府部門及政治領導人具有塑造或導引社會議題框架的權力與實力，問題關鍵在於何種議題框架對組織及領導人最為有利？如何建構才不會產生負面效應？對於社會或媒體既存之議題框架，如何轉換或導引至對政府及領導人有利之方向？凡此均涉及框架理論之運用與政府領導人對當時政治氣候，及權力態勢掌握之智慧等因素，值得決策者深思。

五、建置直接溝通機制

建置直接溝通機制（direct public reporting）及鼓勵民眾參與公共政

策形成，可以抗衡媒體可能的偏差立場。亦即，除了要借助媒體力量，政府也要嘗試運用政府溝通的策略與作法，跳脫媒體間接傳播的窠臼，直接訴諸公眾。也就是說，除了透過媒體的中介外，政府官員尚可利用其他直接管道向一般公眾解釋，政府想做什麼？為什麼如此做？又達成什麼成果？舉例而言，政府可以運用下列方式達到與民眾直接溝通的目的：(1)刊行各種報告供民眾索閱；(2)建構網路環境，如政府網站、虛擬市政會議、電子信、聊天區、電子郵件等；(3)社區公共廣播或有線電視；(4)設立政府出版品展售中心，供民眾選購或瀏覽（Susskind & Field, 1996: 216-218; Lee, 2000）。除此，以「事件公關」推動政策宣傳活動，或舉辦公聽會、說明會等面對面溝通場合，亦有助於直接向民眾說明政府的施政動機與成果。

上述作法的主要目的說穿了，只是想透過分散政府提供民眾資訊的來源，打破媒體過濾資訊的權力。這種主動採取多種手段、直接散布資訊給民眾的作法早已在先進國家中快速發展（Washington, 1997: 35）。

六、建構理想之媒體環境及經營制度，發揮媒體正面角色

就制度面而言，從媒體制度或組織所有權進行控制手段，固然極具效果，但我國當前的政治社會生態恐將令此種控制策略付出極大的政治及社會代價[7]。

國內有識之士針對當前媒體制度與偏差現象之反省不在少數。例如在報導內容的改進方面，彭芸等人（2000：123-124）曾針對九二一震災新聞報導之爭議，建議政府應制定災難新聞報導特別規範，以界定媒體之報導行為；同時，政府應與媒體及學界共同努力合作，促進媒體產業的健全發展。又如陳水扁總統於《世紀首航——政黨輪替五百天的沉思》一書，所提出的「媒體新中間路線」五大思考：(1)正向與負向的平衡；(2)速度與深度的平衡；(3)自由與自制的平衡；(4)本土與國際的平衡；(5)災難與幸福的平衡（引自《中時晚報》，90.10.29）。姑且不論新

聞學術界、實務界或普羅大眾對這五大平衡的看法如何，社會大眾及有識人士對國內媒體新聞報導走向煽情化、偏鋒化及低俗化的趨勢，倒是批評甚多。

　　誠如Susskind & Field（1996：210-213）所強調的，除了告知、娛樂，及反映廣泛之社會觀點外，由於媒體在推動公民討論（civic discourse）上扮演重要角色，故公關人員亦可適時灌輸記者「媒介具有教育角色」的認知，讓記者注意自己的報導行為。因此，為了培養自律、負責、客觀、公正、平衡的媒體文化，政府有責任去鼓勵建構一個注重新聞專業意理的媒體環境，以根本解決前述問題。這也是近年來，許多傳播學者積極鼓吹公共新聞學（public journalism）或公民新聞學（civic journalism）的原意，其目的無非是希望媒體在善盡報導社會真實之際，能以「社會公器」自居，多盡一份社會責任，減少對整體社會的負面影響。

註釋

1. 以軍事情報局劉冠軍洩密案、中時晚報總社及記者被檢調單位搜索事件為例。媒體界認為，檢調單位的作法違反新聞自由的理念，是開民主倒車；反之，檢調單位則強調，記者的採訪報導方式已危害國家安全。媒體與檢調單位雖都強調本身的立場，並爭取社會大眾支持，但在處理本案的程序及作法方面均異常謹慎，步步為營。

2. 有關這三種框架的深入探討，可參閱該書第107-148頁。

3. 根據《財訊月刊》二〇〇〇年十一月第二二四期專題〈台灣三大報深層結構大探索〉的分析。以國內三大日報《中國時報》、《聯合報》及《自由時報》為例，在兩岸政策及政黨立場上就明顯不同。《聯合報》是「反獨反李不反共不反扁」；《自由時報》是「反共反統親獨親李」；《中國時報》則是「反獨反李不反共不反扁」。《財訊月刊》進一步以各報主管人員的省籍結構佐證三報的政治基本立場，如《中國時報》的外省主管比例達65.6%，本省閩南人和客家人各占18.8%及15.6%；《聯合報》的三十四名主管中有二十八位外省籍，比例逾八成，本省閩南和客家籍主管各有三位；至於《自由時報》的二十四名主管中，本省籍佔七成五（閩南籍十六位、客家籍二位），外省籍只有六位。

4. 例如羅文輝等人（1996）研究一九九六年我國總統大選期間，國內三家無線電視台（台視、中視、華視）及三家有線電視台（真相、TVBS、傳訊〔註：現已更名中天〕）對各組總統、副總統候選人的報導情形發現，三家無線電視台的選舉新聞明顯偏袒國民黨候選人（李登輝與連戰），而有線電視台則比較公正平衡。羅文輝等人歸納此一現象認為，台灣政治環境的民主化、自由競爭的媒介市場，以及新的傳播科技等因素，使黨政軍力量不易影響民營電視台。上述研究顯示，來自政經勢力的力量往往足以控制媒體的運作及表現。

5.「媒體觀察基金會」於民國九○年十月十四日召開「強烈要求參選人全面退出媒體」記者會，呼籲所有參選九十年底台閩地區縣市長選舉與第五屆立法委員選舉的候選人主動退出媒體，包括經營、管理，及主持節目在內，都應一律退出。該基金會並提供了一份「參選人與媒體經營關係一覽表」，檢視當時政治人物介入媒體運作的情形，包括：許榮淑（北美衛視董事長，民進黨不分區立委候選人）、蔡同榮（民視董事長，民進黨嘉義市立委候選人）、張俊宏（環球電視董事長，民進黨不分區立委候選人）、周荃（眞相電視董事長兼總經理，台北縣第三選區立委候選人）、洪秀柱（POWER 989 董事長，國民黨台北縣第三選區候選人）、陳文茜（夢想家媒體董事長等，台北市第二選區立委候選人）、林崑海（三立電視董事長，高雄市第二選區立委候選人）、雷倩（太平洋聯網科技執行長，新黨台北縣第三選區立委候選人）、蔡豪（東森媒體科技執行董事，屏東縣立委候選人）。主持廣電節目的參選人則包括了郭素春、李慶安、朱立倫、朱鳳芝、陳文茜、陳學聖、廖風德、璩美鳳、沈智慧、蔡同榮等人。（《聯合報》，2001.10.15）

6.行政院爲增進政府與民眾之溝通，早於民國七十一年七月二十八日即訂有「行政院各部會加強新聞發布暨聯繫作業要點」，要求各部會加強新聞預判、做好重要施政新聞發布，以及強化部會間之橫向聯繫等工作。爲應時空改變之需，行政院復於九○年九月一日修訂該作業要點爲「行政院所屬各機關加強新聞發布及新聞聯繫作業要點」（參閱附錄二）。

7.民進黨於民國八十九年五月二十日接掌政權後不久，進行台視及華視董監事改組及管理高層的人士布局，即引起在野黨與輿論各界之諸多批評，不僅導致民眾對新政府於選前承諾打破黨政壟斷媒體之決心存疑，也讓當初支持推動無線電視台公有化的相關人士頗有微詞。

第八章　國會（立法院）事務管理

政府公共議題管理所面臨的第三個課題是國會事務的管理。國會事務管理所關注的範圍及層面相當廣泛，包括營造行政、立法兩院運作順暢的互動機制、朝野推動政策法案之運作攻防，以及政府部門維持與民意代表間之公、私關係等均屬之。

立法院對行政部門推動政務之影響力毋庸置疑。特別是自民國八十八年國民大會修憲將原有職權移由立法院承接以後，國民大會的職權即大幅萎縮，而立法院則因承接國大的許多職權而成為掌握政治實質權力的單一國會[1]。

民進黨雖贏得公元二千年的總統大選，首次掌握執政權，但面對的卻是由國民黨掌握多數席次的第四屆立法院，這種少數的執政黨（民進黨）相對於多數的在野黨（國民黨）之立法院權力生態，導致行政部門的諸多政策在立法院遭受強烈的挑戰，甚至既定方案被全盤推翻，影響所及明顯不利於執政理念之落實。此一現象，愈益凸顯國會事務管理之重要性，理由有三：

1. 國會事務管理功能係行政機關與立法機關之間的溝通機制，缺少這項機制，將使兩院無法順利正常地互動。
2. 基於立法院之法定職權，立法委員可以「涉入」行政部門之政策議案、計畫，以及預算分配等實質運作議題，如果雙方缺少溝通機制，將連帶影響政務工作之推動。
3. 立法院係當前國內政治權力競逐的最重要場域，所有欲爭奪政治資源分配與媒體輿論焦點的政黨、團體、企業、人民組織、地方派系等，都會試圖結合「利益共生」的立法委員，而立委基於選舉考量、擴大民意基礎等因素，自然願意出面整合各種勢力，因此兩者一拍即合，並聯手對行政部門施加更大的政治壓力。有效的國會事務管理將有助於化解或降低這些壓力。

根據何鴻榮（1996：114-125）的研究，促成國會對行政部門發揮影響力的因素有五項，分別是：

1.**國會的結構與制度因素**：包括國會（委員會）法定職權的大小，結構分化與權力分散情形，幕僚人力資源與專業程度的完備與否，國會資訊系統是否充分及對行政機關資訊的依賴程度，以及是否具有充分有效的控制工具及技術等。

2.**環境網絡因素**：包括立法行政部門是否由同一政黨主導，立法行政部門之互動關係（敵對或合作），選民、利益團體、媒體對國會所持的態度和利益涉入的程度，政治氣候是否有利於行政部門或立法部門等。

3.**議題（議案）相關因素**：包括議題的複雜性、凸顯性、嚴重性、衝擊性，行政機關是否有重大疏失或施政表現不佳情形等。

4.**國會議員的專業能力**：包括教育程度、背景及經歷、身體狀況、資深或資淺程度，參加某一委員會的穩定性（即是否經常轉換委員會）。

5.**國會議員的動機或意願因素**：包括人格特質傾向（如在統獨意識形態上是傾向兩岸統一、台灣獨立或維持現狀？），對影響行政部門施政所抱持的信念（如是否尊重行政部門的職掌與專業考量），過去與行政部門交手的經驗（如合作愉快或關係惡劣），及個人利益的考量等。

本書係從政府公共議題管理角度切入，故排除行政部門無法掌控之外部因素，純粹就行政部門能夠著力之處而論，故將何鴻榮的五項影響因素簡化爲兩大類：第一大類是單就國會（立法院）本身的地位及職掌、幕僚支援系統、國會事務之角色與功能、議事運作機制等層面加以分析；第二大類則由行政立法兩院間的權力關係，分析權力競逐的來源及兩院間的互動課題。至於有關法案審查流程，院會與委員會法案審議運作等課題，則不是本書的探討重點[2]。

第一節　國會事務概論

壹、立法院的地位及職權

「國會」是現代民主國家的重要象徵，也是最開放、最能代表社會各種不同聲音及利益之機構，在代議體制裏，國會扮演著人民與政府之間最重要的橋樑。

從過去至今，我國對「國會」一詞的界定已有所轉變。根據民國四十六年五月司法院大法官會議釋字第七十六號解釋，我國之立法院、監察院及國民大會三者相當於民主國家之國會。此一定義歷經多次修憲後，目前的監察院已成為一「準司法機關」，而國民大會也已虛級化為「任務型國大」，因此立法院乃順理成章成為我國的國會代表，而且呼籲立法院朝「單一國會」制度規劃與發展的趨勢正日漸高漲。

立法、行政兩院是政府組成的兩大部門，互為主體，合則兩利、分則兩害。根據憲法第六十二條、六十三條及增修條文規定：立法院為國家最高立法機關，由人民選舉之立法委員組織之，代表人民行使立法權；同時，立法院有議決法律案、預算案、戒嚴案、大赦案、宣戰案、媾和案、條約案及國家其他重要事項之權；亦有人事同意、質詢、文件調閱、對行政院院長提出不信任案及提出罷免與彈劾總統、副總統等法定職權。另外，憲法第五十七條也規定：行政院有向立法院提出施政方針及施政報告之責；立法委員在開會時，有向行政院院長及行政院各部會首長質詢之權。因此，就法理層面言，立法院對行政部門決策權擁有相當大之影響力。儘管依據憲法增修條文第二條規定，總統得宣告解散立法院，但行使此項反制權力的前提是，立法院必須先通過對行政院院長的不信任案。

立法委員的權力基礎來自社會上廣大的民意，其產生則是民眾的選票。理論上，立法院應該是反映及整合各種民意的場所，姑不論這些民意是多數或少數、理性或非理性、可行或不可行，由於立法院享有預算及法案審查權、質詢權，以及立法委員擁有龐大的社會動員力，行政院及所屬部會對立法委員重視的法案、議題或社會事件等均不敢輕忽。因應這種發展趨勢，目前中央政府各部會也都設有專責單位與人員從事立法院的聯繫工作。

貳、立法院的幕僚支援系統

　　立法院在院長、副院長、秘書長及副秘書長之下，其行政及專業支援系統架構分為四處一局一中心一館。除十二個常設委員會及人事處、會計處及資訊處之外，行政支援系統部分，分設秘書處、議事處、公報處及總務處等四處；另專業支援系統則有三個，即法制局、預算中心及國會圖書館。

　　這些幕僚單位之功能在提供立法委員必要的後勤支援，包括開會場所、設備及資訊的提供，或針對法案與預算，提出評估的意見，以強化立法委員問政、監督政府之效率及能力。其中，法制局、預算中心之原始設立目的即在協助立委對法案制定、修正及預算監督之能力，故若能運作順利，將對行政部門之法案研擬及預算編列形成更大壓力。

　　此外，為因應立法院委員會走向專業化需要及配合憲法增修條文有關中央體制之改變，強化各委員會功能，立法院分別於八十七年下半年及九十一年元月，針對「立法院委員會組織法」提出檢討修正。綜合而言，該法修正目的在落實下列基本理念：

1. **強化各委員會審查法案的專業權威**。為加強委員會專業功能，提高議案審查效率與品質，增進國會自主性，並符合民意要求，新的修正案採取下列措施：

①各委員會召集委員，應於每會期共同邀請各該委員會委員擬定
　該會期之立法計畫；必要時，得邀請相關院、部、會人員列席
　說明。

②各委員會於議案審查完畢後，應就該議案應否交由黨團協商，
　予以議決，以期對立法目標產生共識，發揮整合作用，使國會
　議事能夠有效運作。

2.加強對行政機關的監督。基於行政院對立法院負責之憲法規定，
　立法院對於行政機關之監督，亦為重要職責，而此項行政監督之
　行使，除院會議事外，則以設置相對應之委員會以發揮其功能。

3.強化國會在運作時的政黨約束力。委員會除了在法案與預算案之
　審議必須建立在專業分工、專業知識及責任感之基礎上，委員會
　之組成改採「政黨比例制」，去除過去由委員抽籤所帶來的問題。

4.蒐集資訊。在立法過程中為求確保立法品質並充分反映民意、匯
　集民意，委員會可以公聽會之方式，給予政府機關、社會相關人
　士、學者專家或團體表達意見之機會，藉以蒐集必要之資訊，同時
　喚起輿論之重視。

立法院現設置有十二個常設委員會，包括：內政及民族委員會、外
交及僑務委員會、科技及資訊委員會、國防委員會、經濟及能源委員
會、財政委員會、預算及決算委員會、教育及文化委員會、交通委員
會、司法委員會、法制委員會、衛生環境及社會福利委員會。另設有四
個特種委員會，包括程序委員會、紀律委員會、修憲委員會及經費稽核
委員會等。

參、國會事務之角色與功能

涉及國會事務管理工作之角色可以就五個層面來分析，分別是：立
法委員、立委助理、政府各機關之國會聯絡人、國會採訪記者、立法院

職員與立院各黨團辦公室工作人員等。其中,最重要的角色當以立法委員莫屬,但就國會聯絡人之角度言,這六種角色間錯綜複雜的利益關係及互動過程,卻正是國會事務管理可以切入的環節。

一、立法委員

依據憲法增修條文第四條規定,立法院自第四屆起應選出二百二十五名立法委員,並依自由地區直轄市、縣市一百六十八人(每縣市至少一人),自由地區平地原住民及山地原住民各四人,僑居國外國民八人,全國不分區四十一人之方式分配。其中,前述第一、二種係依照選區經由人民直接選舉產生,一般稱作「區域立委」;後二者則是由政黨提名,並根據政黨在立法委員選舉中總得票數所占的比例分配席次,稱作「僑選立委」或「全國不分區立委」。

立法委員的職權為何?除了一般人所認知的為民喉舌與選民服務外,立法委員真正的職權乃在定期集會,並參與法律及其它議案的審議與制定,且透過質詢的方式,參與國家的決策過程並監督行政機關的工作。由於立法委員所處理之議題通常涉及一般人民或特定團體的權益事項,因此往往是社會及媒體矚目的公共議題焦點。

立法委員雖如前述有區域、全國不分區或僑選之類別,但在行使立委職權時,每一位立委的地位均是平等的,同樣在完成人民(包括一般大眾、原住民及僑胞)的付託。總括而言,立委回應人民的內容可從四種面向來看:(1)政策回應(policy responsiveness),指制定符合人民期望的法案,滿足人民的期許;(2)服務回應(service responsiveness),指為選區選民個人或團體爭取權益或特殊利益;(3)分配回應(allocation responsiveness),指經由公共支出過程的肉桶交易(pork-barrel exchange),為其選區選民爭取利益;(4)象徵回應(symbolic responsiveness),則是以表現出來的外在姿態,建立選區選民對本身的信任或支持(黃秀端,1994:34-35)。

因此,在這種民主代議制度下,立委的政策立場、職權行使以及行

為特質乃受到以下因素之影響：

1. **政黨效應**：除少數無黨無派之立委外，多數立委均可歸類為某一政黨，並受該黨黨紀之約束，故政黨之意識形態、理念、政策立場，甚至派系力量等，便自然影響立委之行為模式。

2. **媒體效應**：立法委員為了打響社會知名度，進而成為影響社會輿論的媒體意見領袖，無不努力抓住或製造每一個可以曝光的機會，以建立自己的形象。

3. **選票效應**：立委的行事原則大多向選票看齊，除了一方面不能讓固有的「票倉」流失選票外，最好還能夠向所有群眾展現強大的票源動員能量，以利於快速累積、增加其選票基礎。黃秀端（1994：3）即認為，雖然選區服務並非憲法賦予國會議員的責任，然唯有對國會議員在選區的活動加以了解，方能使我們將國會議員及其在國會的行為關聯起來，而對國會議員的行為有完整的了解。

4. **面子效應**：由於工作性質使然，立委往往成為社會公眾人物，其一言一行均成為社會大眾注目之焦點，立委也樂得利用提案、質詢、舉辦公聽會、參加喜喪事，甚至肢體抗爭等種種方式，凸顯社會地位，讓「面子」更有光彩。

5. **利益效應**：除了政黨利益、政策利益、選民利益等不同層面的考量外，立委及所屬政黨與背後龐大的利益集團的關係更是錯綜複雜，彼此相互利用、各取所需。例如，一方面利益團體透過立委在立法院提出各式各樣的法案，並由立委運作通過，或向行政部門施加壓力爭取補助款、工程合約等；另一方面，利益團體則提供立委競選經費、人力，甚至「選票」，讓立委得以繼續連任、保有「權力利益」。

6. **特權效應**：立委的特權可就二個層面說明，一是立委職務所賦予的特別待遇，例如言論免責權、出國或國內考察、公費助理及其它福利等；另一種特權是來自外部、非正式的待遇，例如可以分

享行政部門所掌握的某些資源、享有企業集團的特殊對待等。

二、立委助理

為應立委問政所需，立法院組織法規定每位立委可聘任公費助理六至十人。若以現有二二五位委員編制計算，委員公費助理最高可達到二千二百五十位，此尚不包括立委個人聘用之助理或地方服務處的工作人員。

一般而言，立委助理有如立委本人之分身，也經常代表立委與外界聯繫，其功能在協助委員處理問政所需之各項準備工作，諸如：資訊蒐集及研析、聽取委員會報告及質詢、議案的提出與推動、審查預算書、舉辦公聽會和協調會、協助委員對外聯繫事宜；甚至如平時之選民（區）服務、接受民意反映、媒體經營、行政資源與利益團體之結合與運作、選舉動員及其它委員交辦之工作等都屬於助理的職責範圍（可參閱田麗虹，2001：51-185的詳細介紹）。少數資深助理或立委之親信助理甚至可以影響立委本人之立場。

根據澄社「國會記者評鑑立委」報告（2000年），在國會記者眼中，表現良好的立法委員，其背後之助理及幕僚群也大多有較佳的表現，可見影響立委問政表現的因素中，助理亦占了相當重要的地位（參閱澄社網站http://ts.yam.org.tw）。

三、政府部門的國會聯絡人

目前，政府部門並未有正式的國會聯絡人編制，一般都是由機關首長指派機要幕僚、秘書處（室）或總務單位的人員負責。立法院自全面改選後，由於功能及重要性日益增加，因此包括行政、司法、考試等部門均普遍設有國會聯絡人；值得注意的是，國會聯絡人在各機關內部大多是職等較高的公務員。

政府部門設置聯絡人的目的不外乎遊說立法委員支持該機關之法

案、預算案及施政，或辦理立委請託事項，加強與立委之個人關係，俾順利推動政務。此外，聯絡人也要與立法院相關部門人員建立聯繫管道，以便掌握立法院及立委最新的議事運作動態。相對的，立法委員往往也會透過國會聯絡人，索取問政資料，或將選民陳情事項委請行政機關配合處理。

國會事務相當複雜，所以國會聯絡人也要扮演以下不同的角色。包括：(1)服務角色：提供立委各項服務，從問政所需的資訊到選民服務的請託，均有賴國會聯絡人居間聯繫，協助解決；(2)潤滑角色：聯絡人是機關本身與立委間的溝通橋樑，當二者發生誤解或衝突時，聯絡人必須主動協調化解；(3)解說角色：當政策或法案非常複雜難以了解時，聯絡人要負起向立委解釋說明的角色，並爭取支持；(4)配銷角色：如何將行政機關所掌握的有限資源分配給立委，皆大歡喜而不引起爭議，需要對立法院權力生態有精確的掌握，因此，聯絡人必須是「精明的配銷員」；(5)耳目角色（前哨兵）：聯絡人對影響機關運作之任何蛛絲馬跡，如立法院會或委員會決議、公聽會或立委之「動作」，必須眼明手快，精準掌握，並於第一時間內回報機關首長，以便及時採取因應措施化解；(6)消防角色：當發生國會關係危機時，聯絡人要負責協助「滅火」，解決危機；(7)參謀角色：國會事務涉及複雜之利益分配及權力運作，聯絡人因位居權力最前線，理當對權力運作之操控較為熟練，故聯絡人經常成為機關首長之重要智囊，與聞並參與決策。（此處引用自教育部前社教司周司長燦德〔註：先前擔任教育部之國會聯絡人〕民國九〇年七月六日於行政院人事行政局人力發展中心〔九〇年度公關與媒體研習班〕之演講）

四、國會記者

基於主權在民原理及國民「知的權利」保障，現代民主國家的國會均強調議事公開制度，並開放媒體進行採訪，我國亦不例外，只有少數委員會審查或專案報告會議，及朝野政黨協商等才會以秘密會議方式召

開。國內各媒體機構均派有國會記者，必要時，更出動SNG轉播車，這批為數眾多的國會記者，每天報導即時的國會新聞，不僅讓國民了解國會議事運作，也扮演監督立法委員言行、問政表現的角色。

不過，在行政部門與立法委員爭奪權力主導權的過程中，國會記者也不可避免地成為立委或行政部門「放話」的管道之一。在某些情況下，記者可能對本身所處的關鍵性角色有所體認，也了解不應成為放話對象利用的棋子，但迫於媒體競爭激烈因素，以及「放話」本身所具有之新聞價值性等，或甚至記者（媒體）本身與消息來源間就有共同利益存在，所以便選擇「順勢而為」。另一種情況是，放話的訊息被包裝得很好，記者根本察覺不出來，以致為消息來源所利用。就政府公共議題管理之角度來看，國會記者是國會事務管理工作可以善加運用的「訊息管道」。

五、立法院職員及各黨團辦公室工作人員

以上兩類人員均屬支援性質幕僚，前者功能在協助立委行使職權，讓立法院議事運作順利進行；後者則係由各黨團辦公室雇用，負責整合、協調、動員黨籍立委。由於立委仰賴這兩類人員協助的地方甚多，所以占職位之便，他們往往能洞悉立委或黨團之重要「行動」，甚至預測未來之情勢發展。

國會聯絡人與上述兩類人員如能建立良好之合作關係至少有以下好處：(1)預先掌握立法院院會及委員會之議程，及審議法案的內容；(2)了解立委關切或推動議案之方向；(3)預判各黨團對某法案之立場及推案策略。

肆、立法院的議事運作機制

立法院的議事運作可以分為：公開及不公開的兩種方式，並透過下

列四種機制來進行。

一、立法院院會

　　立法院院會是國會議事的主戰場。所謂的「院會」是由法定人數的立法委員出席，並由立法院院長或副院長等擔任主席的會議。所有立法院最重要的職權行使，例如通過法律案或預算案等，都必須在院會中進行且做最後確認三讀。依慣例，立法院院會係在會期中的每個星期二及星期五開會，必要時得增減會次。

　　由於院會是由所有立法委員參加，因此若每位立委都舉手發言或每人都可以提出議案，則立法院將陷入無法運作的癱瘓場面。因此各國逐漸發展出促進議事效率運作的方法，所謂的「政黨朝野協商」，就是其中的主要方式。目前我國立法院所進行的方式乃是由各黨派推派代表針對委員會審查通過之議案或特定的議題，以非正式的方式進行討論，尋求共識，最後再提到院會進行二讀、三讀確認，成為院會的決定。

　　但為了避免過去少部分委員為了特殊目的，一夫當關「綁架」法案，或朝野協商推翻委員會決議之弊病，新修訂之國會改革法案業已規定：除非有十五位委員連署，否則不能否決程序委員會提出的報告事項；同時委員會決定不再經朝野協商之議案，院會除非有二十人連署，否則不再送朝野協商，而且黨團朝野協商代表必須是該議案之院會說明人及審查會委員。上述新規定是否真能改善長期存在的問題，尚有待進一步的觀察。

二、立法院各委員會

　　「委員會」係現代國會的重要制度，是由國會議員參加特定委員會而組成，負責審議由院會交辦下來的法案或預算案等，並可邀請與委員會職權相關的政府官員列席備詢；可以說，所有議案的詳細討論或是利益運作的過程往往都是在委員會中進行。在一般的立法程序中，委員會

具有決定性的影響力，例如從法案的審查順序排定、法案的實質審查及進度、對行政機關的質詢及監督、公聽會的舉行，委員會幾乎都扮演重要的角色，因此「委員會中心主義」逐漸成為國會政治運作中的現實狀況。

在面臨行政權日益膨脹、國會立法走向專業化、分工化的情況下，委員會的健全運作實有其絕對的重要性及必要性。立法院於八十八年元月十二日三讀通過之「立法院委員會組織法」，其實已融入專業與資深制度之觀念。然自第四屆立委起，在扭曲的權力現實下，「政黨朝野協商」機制盛行，架空了委員會的決議效力，甚至凌駕委員會應有的功能。誠如前述，此一制度設計上的缺失在九十一年元月國會改革法案再次修訂後，已有所補救，至於其實施之成效，尚有待觀察。

三、立法院各黨團

國會是一合議制機關，隨著立法委員人數的增加，以及立法院議事的日趨複雜與專業，同時配合立法院中的政黨席次，國會中形成「黨團」是很自然的事。黨團的政治角色通常被界定為「政黨在國會的代理人」、「政黨在國會的發言人」、「國會運作的政治橋樑」及「國會政治的統合機器」等[3]。立院黨團是由同黨立委所組成，由「黨鞭」負責組織、指揮、協調、動員及運作，俾與他黨黨團進行政策協調、競爭與制衡。各黨黨團內部有關紀律執行，黨鞭、幹部產生方式及決策過程等自有其一套運作模式，各黨不同。

鑑於黨團在議會政治之重要性與必要性，八十八年元月十二日三讀通過之「立法院組織法」乃將各主要政黨黨團予以法制化，規定每一黨團須有五席委員以上始能設置，不足五人之政黨或政團則可與無黨籍委員合組聯盟，黨團辦公室由立法院提供。九十一年元月立法院新修正之立法院組織法，其中第三十三條已將黨團委員人數由五人提高至八人以上，並規定未能組成黨團之政黨或無黨籍委員得加入其他黨團，或合組八人以上之黨團。

黨團法制化後的影響，除了有利朝野協商運作，強化協商共識之約束力外，因小黨或無黨籍委員亦可以聯盟方式結盟，發揮黨團制衡效果，故立法院可能出現更多新的黨團或次級團體。以第四屆期間為例，立法院共有五個黨團，分別是：民進黨團、國民黨黨團、新黨黨團、親民黨黨團及無黨籍聯盟；到了第五屆時，隨著新黨的敗選與台灣團結聯盟的興起，台聯黨團取代了新黨黨團的地位。

　　立法院合議制行使職權的方式，使得法案之討論、審議及表決的三讀會過程繁複耗時，而且在會期內同時要進行預算審查、法案審議及質詢監督等三大任務，使得時間永遠不夠用；同時，面對成千上百的法案，個別立委只要透過「垃圾提案」或消極抵制，便可進行討價還價的行為。為了解決此種議事不彰的問題，朝野協商機制於八十四年起開始被引進，進而被大量使用，只要朝野間對法案有不同意見，就交由朝野指派代表協商，然後交由院會通過。民國八十八年元月通過之「立法委員職權行使法」，更規定只要朝野協商經院會同意，「出席委員不得反對」，「除黨團依政黨比例派員發言外，其他委員不得請求發言」。但是，協商機制被扭曲濫用的結果是：朝野立委不論黨派，透過五名委員組成黨團，就可「綁案」、「交換」、「密室協商」，令整個立法院空轉；更有甚者，協商機制讓體制外的設計，侵入透明化的體制運作，進而喧賓奪主，弱化或取代委員會一讀或院會二、三讀委員發言、審議的原有功能；或者，藉機阻礙議案審議之時程，而社會大眾及媒體卻無任何監督的機會（周萬來，2000：269-270；《中國時報》，90.1.7）。在民國九十一年元月的國會改革法案修訂後，上述問題雖已有所補救，但成效仍有待檢驗。

四、立法院各次級團體

　　次級團體是國會制度中的非正式團體，與黨團不同，不過在立院政治運作過程中，往往扮演不可輕忽的角色。次級團體的組成原因不一，例如有來自委員個人間的理念結合、政黨內的派系屬性、反映個人及選

區利益、促進立法功能或為增進立委本身政治實力及地位、提供立法委員的參與管道並累積政治資本尋求連任等。從次級團體的組織、競爭及協商過程中，可以觀察立法院權力分配、政治運作、人脈關係等微妙的現實。值得注意的是，立委並不會只參與單一次級團體，多數委員通常會選擇同時參加不同次團，以建立廣泛之政治人脈，增加本身之影響範圍[4]。

第二節　行政立法兩院之權力關係

壹、權力競逐的來源

　　行政部門與立法委員互動關係的核心關鍵因素是「權力」，擁有權力就能掌控社會資源的分配，因此兩者均試圖在權力競逐的過程中，爭取主導地位。這種情形在行政權與立法權同屬一個政黨時，雖也存在競逐態勢，但透過政黨內部之控制，行政、立法兩院的協調尚稱平順，立院少數政黨即使採取激烈抗爭企圖打破現制，基本上不致影響兩院間的互動關係。但在行政權與立法權分屬不同政黨控制時，兩院間對權力主導權的競爭就將趨於白熱化。對行政部門而言，後者的國會事務管理工作顯然更具挑戰性。

　　以下將根據Yukl（1992：18-19）有關權力來源的分類，探討行政、立法部門如何進行權力競逐（參閱第三章，Yukl對權力的分析）。

一、職位權力

　　Yukl（1992：19-28）所指的第一種權力為「職位權力」（position

power），亦即因個人職務所賦予的權力。職位權力共有五個評量標準：
(1)法律上的授權；(2)對資源與酬賞之控制權；(3)懲罰的控制權；(4)對資訊的控制權；(5)對生態環境的控制權等。茲分述於后。

(一)法律上的授權

根據相關法令規定，立法委員擁有議決法律案、預算案、戒嚴案、大赦案、宣戰案、媾和案、條約案、不信任案及國家其他重要事項之權；此外，還有人事同意權（司法院院長、副院長、大法官、考試院院長、副院長、考試委員，監察院長、副院長、監察委員、審計長等）、質詢、文件調閱及提出罷免與彈劾總統、副總統等法定職權；同時，憲法第五十七條也規定，行政院有向立法院提出施政方針及施政報告之責。因此，立法院具有制衡行政部門之權。反之，行政院為國家最高行政機關，享有行政執行及裁量之權，亦非立法委員所能隨意擅自干涉。

(二)對資源與酬賞之控制權

行政部門擁有預算支配及人事晉用等許多行政權，對於與行政部門「配合」良好的立委，行政部門可以針對立委關切事項釋出一部分的預算支配及人事權，作「面子」給立委，但對於不配合的立委，則可採取「封殺」策略，讓立委之選民服務「跳票」。相對的，立委雖未有明確的行政資源，但擁有「社會動員力」（如發起群眾示威抗議，對行政部門施加壓力）及「立委連署權」（如連署提案與行政部門相反立場之法案）等「制衡資源」，對於不「配合」的行政部門，則祭出反制力量，壓迫行政部門。

(三)懲罰的控制權

相對於先前的獎賞權，懲罰的控制權係採取強制手段（coercive power），迫使對方無法得到想要的酬賞，甚至動用法律手段對付之。例

如，行政部門除了採取消極的不配合策略，讓立委得不到任何好處外，也可以藉由將政策績效、地方建設等「功勞」，歸功於其對手，來削弱其選票基礎。反之，立委亦可採取許多激烈的懲罰手段，例如在全院院會中連署運作立委對某部會之法案是否交付委員會審查「反對」到底，讓法案連審議資格都排不上；或於委員會審查該部會年度預算時，大砍一番或藉故刁難等。

(四)對資訊的控制權

資訊是一種力量，控制資訊也等於控制權力。無可否認，行政部門所掌握的龐大行政官僚體系及各種資訊蒐集管道，使行政部門在資訊控制權方面較個別的立委享有更多的優勢，行政部門對於立場親疏程度不同的立委，可以決定「透露」較多或較少、有用或用處不大的資訊給對方。甚至，對立委完全封鎖資訊，讓立委無從發揮作用。資訊代表「專業」程度，缺乏專業，社會公信力自然降低；因此，透過資訊的控制，行政部門很容易藉塑造「立委不專業」的社會形象，來凸顯本身的專業水準，進而爭取社會大眾、媒體對行政部門的支持。

當然，在資訊的控制權戰爭中，立委有時也會動用各種手段挖掘出行政部門不想公布的資訊，例如弊案、政策疏失等機密資料，並運用言論免責權，訴諸輿論壓力，迫使行政部門承認錯誤，或打擊政府及首長形象。

(五)對生態環境的控制權

立法委員可以利用法定職權及立院之法律程序，要求行政部門配合遵守立院「規矩」，以掌握或衝撞行政部門之運作。例如，向某機關行使調閱權，再就文件內容找出問題加以質詢，讓該部門疲於奔命、窮於應付；或是運作委員會召開公聽會，邀請部會主管及媒體與會，再安排與會學者專家或民眾加以批判等。相對的，行政部門也可以就本身所掌控的機構或活動，提供立委表演的「舞台」，讓立委能夠有機會向社會

大眾呈現正面形象。

二、個人權力

Yukl（1992：28-32）所指的第二種權力來源是個人權力（personal power），包括：(1)對工作或業務相對的熟練程度；(2)雙方的友誼與忠誠關係；(3)權力所有者所具備的人格魅力等三個評量標準。

(一)對工作或業務相對的熟練程度

對工作或業務相對的熟練程度，即所謂的「專家權」。而所謂的熟練程度是相對比較的概念，愈熟練代表愈權威。任何一項議題發生爭議時，必然涉及誰的論點較具「權威」性。同理，行政部門與立委也經常處於誰是專家的爭辯，不僅是社會大眾及媒體會密切觀察行政部門是否較立委更具專業特質外，立委本身也會注意是否確實較行政部門更了解議題內容、或更會找出行政部門的錯誤，如果答案為是，則立委即可掌握所謂的「專家權」。譬如，許多立委長期專注於經濟議題，博得財經專業立委名聲，相較於其他專業特質不明顯的立委，前者之財經專家權自然比後者高，同樣地，對財經部門而言，前者所施加的挑戰與壓力一定比後者大。

(二)雙方的友誼與忠誠關係

行政部門及首長與立委間是否建立長期友好的互動關係，也會影響雙方如何行使權力。關係愈密切、彼此愈尊重，雙方相互影響的可能性愈高；換言之，對行政部門而言，平日與立委維持愈良好的互動關係，愈可能在有事求助時，獲得該立委的協助。這項論點可以佐證何以各行政部門均積極採取各式方法與手段，努力做好立委聯絡工作，拉攏彼此感情。

(三)權力所有者所具備的人格魅力

具有所謂「領袖魅力」或「群眾魅力」的政治明星人物，通常也擁有群眾號召力，所以，魅力也是權力的另一種形式。在立委眼中，一位施政滿意度極高與另一位滿意度偏低的行政首長相比，前者所代表的權力優勢必然比後者高，對該立委的潛在影響力也就更大，立委也比較不敢挑戰該首長。相對的，面對社會風評較好的明星立法委員，政府官員往往也會多禮敬三分，充份配合，以免觸怒立委背後龐大的民意。

三、政治權力

Yukl（1992：33-41）的第三個來源為政治權力（political power）。政治權力涉及政策發展的過程，共有四個評量標準：(1)決策過程的控制權；(2)整合或組成聯盟的力量；(3)推舉參與決策的掌控權；(4)藉由體制化過程保障權力的操控能力等。

(一)決策過程的控制權

政治活動的目的在增強對重要決策的影響力，諸如珍貴資源的分配或計畫與政策的發展等；就此而言，行政部門無疑地擁有此一權力。行政部門對決策過程的控制可以是超然公正、依專業標準而定的，但也能透過看似合理且客觀，實則有利某政黨或利益團體的決策標準。反之，立委也並非完全無著力之處，比方透過安排部會首長赴委員會專案報告、或運作委員會做成附帶決議等方式，對行政部門之決策過程加入「外部因素」，達到影響或延擱決策內容的目的。

(二)整合或組成聯盟的力量

個別立委或單一政黨的力量有限，所以組成聯盟以對抗或支持某特定政策、計畫等，往往可以獲取可觀的政治資源。在最高共同利益原則

下，上自立院各黨派所組成的聯盟，如「在野聯盟」、「執政聯盟」、「泛藍軍」或「泛綠軍」，下至各次團間複雜之合縱連橫關係，行政部門對立院之陣陣攻勢往往難以招架。不過，行政部門亦可仿照類似作法，運作立院內的「同志」、媒體輿論、意見領袖等，整合「泛友我勢力」，形成對抗力量。總之，誰能夠整合最多的力量，誰就占有主導優勢。

(三)推舉參與決策的掌控權

「推舉」亦是一種權力的行使，而被推舉的人則享有特別的權力。行政部門經常有機會運用這種權力。例如，政府部門基於政治、政務之特殊考量或需要，藉由成立臨時性的專門委員會或召開全國性會議時，即可推舉立院各黨派或社會各界代表參與，彰顯活動本身之社會代表性。此舉除了可建構廣大的民意基礎、匯集各種民意反映外，透過授與「名器」，尋求朝野「背書」，謀求共識，同時也有化解各方反彈的功能。

站在立委之立場，如果能夠爭取成為行政部門推舉之「民意」代表，至少有以下幾個好處：(1)建立「專業」立委之口碑，提昇個人形象；(2)成為同黨立委之代言人，有利鞏固在黨派中之地位；(3)擴大與政、商、學、輿論及其他團體等意見領袖之人脈關係；(4)直接介入議題本身的討論，影響決策方向。因此，多數立委都會努力爭取成為代表，但行政部門亦有相對權力主導或決定要不要邀請。

(四)藉由體制化過程保障權力的操控能力

這種權力的運作涉及非常高層次的政治布局，最明顯的例子是，總統任命行政院長要不要經立法院同意的憲法修正案。民國八十六年憲法增修條文修正案通過前，總統所提名之行政院長必須經立法院行使同意權，因此，總統於提名時必須考量立法院對行政院長人選的接受度，由於立法院握有法理上最終的組閣決定權，總統的人事權乃相對受到限縮；為了改變這種現象，後來之憲法增修條文因此修改為總統所提名之

行政院長毋須經立法院同意。此處暫不對憲法增修條文之憲政意涵做價值判斷，但當時的國民黨透過政黨運作改變立院既存運轉體制的操控手段，除了一方面確保了總統的絕對人事權外，另一方面也架空了立法院在野黨派對總統任命行政院長的影響力，因而能夠主導整個政局的發展方向。

貳、行政立法兩院的互動課題

行政與立法兩院的互動行為非常多樣化，有些是屬於法令規定範圍內的權利或義務，兩院均無法迴避；有些則屬於非正式、人際關係的層面，彼此可以保有彈性空間。以下僅就兩院間最常出現的互動關係加以說明。

首先是法案及預算案審議部分，議案有行政部門提案者，亦有立院政黨或個別委員提案者，不論何種議案，所有介入該議案之行政部門及立法委員均企圖透過下列手段推動通過有利本身的版本，遂行意志。這些手段包括：

1. 準備相關資料說明並強化本身立場。
2. 動員立委（指行政部門動員執政黨立委、在野黨動員黨籍立委）出席或不出席、發言支持或反對、投票贊成或反對。
3. 提出相對版本，以抵制、抗衡原有版本，獲取折衷案的「妥協」利益。
4. 運作委員以流會、變更議程、冗長發言、保留院會發言權等方式，拉長戰線。
5. 利用遊說團體由外部向行政部門或立委施壓。
6. 以切割議題或綁案方式，通過或不通過某特定法案。
7. 為避免激化雙方立場，私下和解，各退一步。
8. 將有爭議之法案預先向媒體、大眾曝光，爭取輿論支持，打擊對

方。

9.網羅社會各界代表組成專案小組，建構「主流力量」，抗衡對方，壓制其影響力。

其次是行政部門與立委面對面的口頭對話，包括立法院會上的施政報告、政黨與個人質詢，委員會的專題報告及詢答，以及朝野協商時要求行政部門派員列席說明等。此外，行政部門與立委私下的餐敘、拜會、巡訪等，也是雙方常見的互動方式。

再者，立委基於本身或背後利益集團之需要，也常對行政部門索取重要資料、遊說爭取經費、分配利益等。而行政部門則必須考量社會公平正義、政黨政治現況、立院權力態勢，及社會觀感等種種因素，才能決定如何因應。當然這其中涉及諸多「政治權力與利益」的交換、妥協、威脅與利誘等，這類利益操作的現象當然不爲外界所知，否則必然成爲政壇醜聞，兩敗俱傷。

除此，行政部門也經常接獲來自立委各種疑難雜事之查詢，或是對個案之關切，較常見者如工程招標、地方建設經費、國營企業釋股、人事遷調等案件。另外，立委爲了順利連任當選，一般非常重視選區的服務工作，尤其是婚喪喜慶、人事請託、冤屈申訴及地方建設等事項。龐大的選區服務工作，以及所需的配合資源，個別的立委通常難以負荷，故往往必須將選區民眾的需求轉嫁給行政部門，由行政機關配合解決。

另外，當政府面臨危機事件時，行政部門所受到的最大壓力往往來自立法部門。例如在八十九年所發生的八掌溪事件中，因爲政府危機處理不當引起社會民怨，不僅執政的民進黨團舉行記者會公開向社會表示歉意，在野的國民黨、親民黨及新黨等黨團，並以訴諸民意的公開方式要求行政院相關單位與官員負起責任。行政院在這些強大壓力下，不得不以道歉、懲處、辭職、賠償、政策補救，及到立法院做專案報告、接受「砲轟」等方式因應之。

第三節　國會事務管理策略

　　根據前文的討論，吾人可以了解，國會事務管理的核心焦點乃是「權力的運用」與「影響力的發揮」。行政部門進行國會事務管理的目的則在掌握、操控及運用對行政資源的分配權力，影響立法委員採取對本機關「有利」的立場，貫徹政務之推動。進一步而言，國會事務的管理策略可以就以下四個面向來看。

壹、強化協商機制

　　不論是第四屆立法委員後期的朝小野大局勢，或是第五屆的三黨不過半情勢（即使執政黨掌握相對多數席次），由於行政部門處於相對弱勢的地位，故面對在野黨的杯葛，「強化協商機制」乃成了國會事務管理必要的因應策略。有鑑於少數政府的困境，澄社於民國八十九年八月二十日所發表「針砭新政府」報告，其中第二部分「新政府必須正視憲政困境」一節中，即特別針對行政院與立法院之關係，提出三項策略性思維，頗值得行政部門於推動國會事務管理時之參考（參閱澄社網站http://ts.yam.org.tw）。

㈠建立有實質功能的政黨協商機制

　　澄社認為，行政部門應該尋求建立各主要政黨間的定期協商機制，甚至可以考慮進行較正式的政黨結盟，或是就個別具體議題，與其他政黨取得共識，進而形成立法時的合作基礎；有實質功能的政黨協商機制也正是任何聯合政府的成功基礎。協商與合作都需要經驗的累積，而不只是一時的痛快發言，故不論是執政黨或在野黨，都應該努力建立政黨

協商機制。

(二)強化行政與立法部門間的協商機制

其次，澄社在報告中指出，不論是哪種政府體制，都需要國會的多數支持才能通過立法及預算。即使如美國式的總統制，行政與立法兩個部門間反而更需要協商；這在分裂政府時，更是如此。過去國民黨一黨獨大的威權時代，立法院多半只是行政院的「立法局」，沒有制衡機制可言；現在情形已經不同，因此行政部門也毋須將立法院的表決，一律視為政治鬥爭。其實所謂僵局，在某種程度上，不也正是憲政上的制衡，而要化解僵局就是需要協商。

然因我國政府體制屬於混合制的雙首長制，政黨屬性也是不剛不柔的混合性格，既沒有剛性政黨的嚴明黨紀，也沒有柔性政黨的議題取向，反而是個別立委及利益取向的自主性派系主導著立法。過去國民黨同時控制行政與立法部門時，就已出現過黨籍立委「叛變」的情形，例如老農年金等條例；這種情形即使在組成聯合政府之後，恐怕還是無法完全避免，故期待以聯合政府模式化解行政與立法部門間的衝突，可能還是會部分落空。

(三)建立與個別立委間的協商機制

最後，澄社建議在黨紀不很彰顯的情形下，行政部門也要特別重視與個別立委間的協商，直接爭取個別立委或立委次團體的支持，讓立委所屬派系有運作的空間。

貳、建置部門管理運作機制

行政部門設置國會聯絡專責單位及人員乃是國會事務管理之基礎。在建置此一運作機制時，以下原則必須考慮：

1. 國會聯絡專責單位除核心成員外，尚需透過順暢之聯繫機制將各業務相關單位之指定成員納入，以形成綿密、多層次及密切溝通的國會聯絡網絡。此一網絡可由三個層面審視：

   ①行政院與所屬部會上下間所形成的網絡，由行政院負責指揮、協調、統籌以及運作，怯除各部會本位主義（周萬來，2000：275）。

   ②第二層面為行政院所屬部、會、局、署等一級單位形成個別運作的網絡，由一級單位之國會聯絡單位指揮所屬司處等二級單位，進行國會聯絡工作。

   ③最後，各部、會、局、署等一級單位之間形成平行、橫向的聯繫機制，以利彼此協調立場與步調。

2. 各層面之國會聯絡人必須獲得單位首長之授權，並與首長互動密切，才能在詭譎多變的國會議場，迅速回應，採取因應對策。

3. 做好「立法委員」資料庫的管理工作。在資料庫中，除了記載立委之個人基本資料外，凡有關立委請託事項、完成或未完成項目、立委選區服務、重大事蹟、關切法案或議題等等資訊均應建檔。完整之資料庫除有利於掌握與立委之互動關係外，也有助於業務交接及人員訓練。

4. 加強政府部門處理民眾申訴或抱怨的機制，並與國會聯絡專責單位建立資訊通報系統，亦有利於做好國會事務管理工作。因為根據經驗，當民眾得不到行政機關適當的回應與救濟時，往往會尋求立委的協助，而立委在選票壓力下，自然將壓力轉移給行政部門去處理。

參、精進人際溝通策略

國會事務管理除了制度面與組織面的策略外，與立委之間若能講究

多樣態化的互動溝通策略，靈活運用，亦可發揮積極作用。

(一)理性說服

對許多立委而言，「說之以理」並非不可能，如果行政部門所提出或反對某項法案的理由足以攤在陽光下，接受社會大眾之檢驗，並博得媒體與意見領袖之認同，則少數立委應不致獨排眾議、一意孤行。所以，為了說服立委接受行政部門的立場，行政部門應該做好資料蒐集及研析工作，提供完整的資料與強有力的理由，另一方面立委也能用這些資料及理由說服其選民，減輕民意壓力。

(二)交換策略

以行政部門所掌握之行政資源，在不違法及合情合理前提下交換立委配合部門的要求。例如，在委員會及院會發言支持部會法案、或至少不發言反對，召開公聽會聲援或不召開公聽會向行政部門施壓等，而行政部門則回報以補助款、安排考察、法案「功勞」（credit）、選區服務，或其他特別待遇。如果立委基於選票考量，不得不公開質詢，向選民有所交代時，則與其在正式議場借題發揮，傷及部會及首長形象，不如與立委協商尋找替代場景，讓委員有曝光機會，在選民面前作面子給立委。個別委員如此，黨團或次團亦可比照辦理。

(三)合法要求

行政部門的一切行事均必須「依法行政」，或是在法律授權範圍內執行，如果立委的要求超乎範圍，甚至違法，則行政部門必須堅守立場，不能讓步，否則其它立委要求比照辦理，勢必後患無窮、忙於應付，甚至吃上官司。

㈣壓力策略

與立委保持良好和諧的互動關係是國會事務管理的優先原則，但在某些特殊狀況下，對少數立委採取強硬施壓立場，讓雙方關係處於「緊張」、但不「破裂」的狀態，也有其不得不然的正當性與必要性，尤其當立委之言行涉及違反相關法令之「犯罪」時，更有利於採取這種逼迫策略。行政部門所掌握的政治資源與權力運用手段，畢竟比立委一職所擁有的權限來得多而廣泛，被行政部門「封殺」的立委絕對討不到好處。不過，行政部門於出手時，必須把握快、狠、準之原則，讓目標立委無法俟機回頭反撲。

㈤個人訴求

與立委個人維持密切的動態互動非常重要，因此部會首長、國會聯絡人平日就應該做好與立委之「人際關係」，動之以情，增進彼此的互信。例如：(1)對立委請託之事，要站在其立場以同理心待之，儘量為立委解決問題；(2)不論公開或私下場合、大事或小事，都要保持尊重立委職權及人格的原則；(3)對於立委的問政表現要多加讚揚，讓立委的問政成績看起來很豐碩；(4)在部會權限能力允許下，施予小惠，滿足立委享有「特權」的心理；(5)注意與立委之語言溝通技巧，如傾聽的態度、遣詞用字等。

㈥結成聯盟

立委普遍善於透過整合各種利益團體、動員社會力量，以達成政治目的；同樣的，立委也最怕被媒體或利益團體等鎖定，成為被輿論或民意「聲討」的對象。所以，行政部門應該妥善利用各種行政資源，有效結合並運用各種「社會勢力」，如同黨或友黨立委、媒體、利益團體、意見領袖、企業、學術界等力量，針對目標立委施加壓力。

㈦操控資訊

前文指出，資訊代表「專業」、也是一種力量，控制資訊也等於控制權力。由於行政部門掌握各種資訊蒐集管道，因此享有絕對的資訊控制權，透過操控資訊「分享」的多與寡，行政部門可以向立委「釋出善意」，或者採取完全封鎖資訊的強烈手段，制裁立委。

相對的，面對立委所掌握對行政部門不利的資訊，例如弊案、政策疏失等危機，行政部門也必須要能立即掌握，予以回應，讓混亂的局面因正確的資訊而逐漸平息。最顯著的例子如八掌溪事件發生後，行政院對事件經過、各相關單位人員之責任，以及消防救災體系之經費、設備等環節均未能有效掌握，也未在第一時間完整告知立法委員，俟立委自行調查並透過媒體舉發後，行政部門之整體形象乃受到嚴重打擊與傷害。

因此，行政部門若能掌握立法委員對事件反應模式之「資訊」，便能預測類似事件的發展趨勢並預擬因應措施，降低對組織與首長的傷害。例如八掌溪事件發生後，立法委員的後續「動作」就包括：拜會內政部；質疑主計處把九十八億的消防預算刪成七億；朝野黨派舉行記者會或發布聲明稿；慰問受難家屬，並前往事件現場及軍方指揮所瞭解搜救狀況；民進黨籍委員晉見總統；利用立院質詢機會強烈批評行政部門，要求行政官員負責下台並提出補救措施；點名有人在事件發生時「打牌」；帶領嘉義縣義消前往內政部及立法院抗議等。為了掌控類似資訊，各行政部門之國會聯絡人應該有效掌握立委動態，並建立與立委助理、立院工作人員及國會記者之聯繫管道。愈早掌握資訊，就可爭取愈多時間研擬因應對策。

肆、推動全民監督的互動機制

站在行政部門的立場，行政立法兩院的互動模式最好是權力操控最

大化、利益壓力最小化；簡言之，就是行政部門優勢「絕對」凌駕立法部門的情況。為了主導權力資源的分配，同時化解來自立法院的龐大壓力，在「依法行政、社會公義」的基本原則下，似可建構一個「訴諸民意、全民監督」的機制，讓行政立法兩院的互動情形適度攤在陽光下，接受社會公評。

為了塑造這種環境，並建構行政立法兩院的遊戲規則，法制設計是不可避免的要件。例如，在行政部門的決策過程中，有關立法委員向個別部會所進行的關切、請託、遊說等互動行為，行政部門即可考量是否推動在「政府資訊公開法」或「遊說法」（尚在立法院審議中）內增列相關規定，公開上述訊息，或將上述的政府決策過程上網，供作社會各界監督立法部門的參考。

澄社成員顧忠華、王業立及林繼文三人在〈國會改造是民主化必經歷程〉一文中即主張：「應儘速完成『遊說法』、『政治捐獻法』等其他『陽光法案』的立法工作，並特別加強對立法委員個人及所屬政黨相關的罰則，以健全議事運作並提昇議事品質。另外，立法院也應主動公布各種立法資訊及各種統計數據，例如立委參與委員會與院會的出缺席紀錄等，以對選民負責並有利於輿論的監督。」（《中國時報》，90.11.6 或參閱澄社網站http://ts.yam.org.tw）

註釋

1.例如，立法院得對行政院院長提出不信任案，對總統、副總統犯內亂外患罪提出彈劾案，及對監察院院長、監察委員、審計部審計長，以及考試院院長、考試委員之任命行使同意權等，並有議決法律案、預算案、戒嚴案、大赦案、宣戰案、媾和案、條約案及國家其他重要事項之職權。

2.有關立法院議事運作的介紹，可參閱周萬來（2000）的專書。

3.參閱「國會觀察基金會」的相關介紹，網站為：
http://www.congress.org.tw。

4.立法院第四屆期間共成立了二十餘個次級團體，如就政黨屬性來分，傾向民進黨色彩部分的有：美麗島、福利國、正義連線、台獨聯盟、新世紀、新潮流等次團；屬於親國民黨色彩者有親正會、親民會、e世代問政聯盟、國大聯誼會及巾幗會等次團；其他政黨色彩較不明顯之次團包括：台聯會、國改會、新台灣問政聯盟、改革會、厚生會、永續發展促進會、協和會、新台灣政策研究基金會、原住民問政會、60社及大陸台商權益促進會等。

第九章　政策宣傳與形象塑造

第一節　公共事務與政策宣傳

壹、政策宣傳概論

　　民國八十九年十月底象神颱風來襲造成基隆、台北地區重大傷亡與損失，僅僅一年期間，九十年七月底桃芝颱風引發的土石流，以及十月的納莉颱風又造成台灣中部、東部及北部縣市等地區的嚴重傷亡與財產損失。姑不論這兩次災害的主因是天災，抑或有人為疏忽，社會大眾經此慘痛教訓後，應已對保護森林，不濫墾山坡地形成相當的共識。然而，長期以來，雖經政府相關部門一再呼籲、不斷宣傳，民眾對水土保持工作重要性的認知何以仍無法轉化為具體行動？民眾對間接造成水土流失的高山蔬果、茶葉等淺根性農作物的偏好為何無法改變？政府的宣傳機制與訊息訴求發生了什麼問題？

　　又例如，台北市政府為減少垃圾總量並回收可用資源，多年前即已加強推廣「垃圾不落地」作法，俟民眾習慣這種「倒垃圾」的新方式後，乃於八十九年七月起開始推行垃圾費隨袋徵收新制，藉由收費制度誘導民眾自動減少垃圾量並進行垃圾分類回收。由於台北市政府事前的作業規劃與宣傳工作尚稱圓滿，故實施一年後，垃圾分類的目標確已獲致相當的成效，全台北市的垃圾量也減少達24％（《聯合報》，90.8.23），一般民眾對新制的反應普遍給予正面評價。

　　以上兩件個案雖分屬不同性質之公共事務，惟均涉及社會大眾的公共利益，同時需要所有民眾充分配合始能獲致相當成效，政府部門每日所面對的其它類似案例俯拾皆是、不勝枚舉。然不論何種公共議題，政府部門為達到預設之政策目標，都必須盡一切努力，規劃妥善之施政項目，做好政策宣傳的工作，其最終目的在建立所謂的「社會公民意

識」，以作爲社區整體建設的精神基礎。

　　爲達成各種政策目標或管理與民眾利益相關的公共議題，政府經常要面對各式各樣的群眾。爲求管理方便，Garnett（1992：166）把複雜的公眾加以簡化爲兩大類：

1. 「選民群眾」（constituent publics）：指對政府施加影響力要求回應的團體或個人，如壓力團體、政黨及政治人物等。
2. 「顧客群眾」（client publics）：指政府提供服務的團體或個人，如社福機構、交通用路人、學生及一般民眾等。

　　本書於稍後探討政策宣傳的目標對象時，基本上是針對上述第二類而言，但因選民群眾對政府之政策宣傳及形象塑造也具有相當影響力，故在此對其角色扮演亦稍加探討。

一、政策宣傳目的

　　由國家與人民之關係的觀點來看，政府是爲人民而存在，所以政策宣傳的目的有以下幾項：第一，告知民眾（keeping publics informed）；第二，讓民眾了解政府的服務及表現（gaining publics' insights on government services and performance）；第三，回應民眾之要求（responding to citizen requests）。

(一)告知民眾

　　首先，在告知民眾方面（Garnett, 1992: 172），民主政治強調「民眾有知的權利」（rights to know），故凡是與民眾切身有關的公共政策或措施，政府均有告知民眾之義務。此處之「知的權利」隱含二種意義：

1. 民眾有權知道想要知道的資訊。例如民眾有權要求政府公佈九二一地震救災基金的支用情形，以了解所捐獻的錢是否被正當使用。

2.民眾有權知道應該要知道的資訊。例如如果不幸身為九二一災區
　受災民眾，就有權利知道政府的救助措施為何，政府也有義務主
　動告知相關須知與權益。

(二)讓民眾了解政府的服務及表現

　　第二項目的是讓民眾了解政府的服務及表現（Garnett, 1992: 194）。
除了單向（one-way）之告知外，政府也有責任採取雙向（two-way）溝
通模式，主動探詢民意反應，藉由回饋機制，了解政策及措施之民意支
持度。例如，有些政府部門會定期針對特定議題或政府施政滿意度進行
民調。

(三)回應民眾之要求

　　第三項目的是回應民眾之要求（Garnett, 1992: 198）。為了回應民眾
不同的要求，政府必須規劃有效之政策宣傳機制，以便快速、正確、完
整地滿足民眾之需求。例如，民眾經常透過信件、陳情函、電話、電子
郵件，甚或借助大眾媒體之報導與讀者投書，要求政府提供資訊或服
務，因此政府乃設置專責單位與專人負責回應。

　　再由政黨政治的觀點來看，以上三項目的又可歸結到另一個概念—
—即「執政者與民眾的選舉契約關係」。執政者於選舉前向選民提出政
見主張，因而獲得選民的支持而當選；執政後，政府領導人一方面有責
任、也有義務告訴選民，選舉政見之兌現及執行情形為何，同時另一方
面也為了能夠繼續執政，政府領導人乃要求龐大之官僚體系，做好服務
選民工作，提升施政滿意度。當然，政府領導人藉由達成選舉契約，亦
可建立個人在社會大眾面前的正面形象，累積豐厚的政治資源。

二、政策宣傳方式

　　政策宣傳的方式可以概分為直接傳播與間接傳播兩種。直接傳播的

手段包羅萬象，包括面對面的人際接觸，直接電話聯繫，發行文字出版品供民眾索閱，藉由製作電視節目、宣導廣告片、錄影帶等傳達政策資訊，運用電腦網路科技設置網站及發送電郵等均屬之。甚至於政府執行公權力及政策宣示本身也能直接傳播某種訊息，例如，政府為加強社會守法守紀之風氣，除了可以藉由文宣品、網站資訊、宣導影片等途徑外，強力取締交通違規事件、拆除違建、打擊特權、掃除黑金等具體行動往往更能傳達正面訊息。

其次，間接傳播係指以發布新聞稿、接受記者採訪、舉辦記者會等方式，透過新聞媒體如報紙、雜誌、電視、廣播等向目標對象傳播政策訊息。此外，透過中介團體或個人（intercessor），如民意代表、利益團體、公益團體等，以舉辦公聽會、座談會、戶外活動等方式，也是政府政策傳播經常採用的方法。

貳、政策宣傳與創新

一般而言，政府常態性之運作或例行性工作固然重要，平日亦有對民眾宣導之必要，然囿於政府預算及資源有限，政策宣傳的範疇事實上無法涵蓋所有涉及民眾之公共事務，故僅能將心力與有限資源放在重要之公共議題，如重大國家建設、領導人施政理念、社會危機事件，或關係政府團隊及首長形象建構之工作上。從此角度來看，本書所討論之政策宣傳，其本質基本上比較側重於對「創新」事務、議題及觀念的探討，而較不涉及政府例行業務的宣導；換言之，本書將政策宣傳的性質定位為：政府政策創新過程的溝通行為。

一、政府政策創新過程的溝通行為

Roberts & King（1996：182）研究政策創新的過程，指出下述觀點值得深思：首先，政策創新過程雖然複雜，但可以切割為政策源起

（policy initiation）、規劃（design）、執行（implementation）及制度化（institutionalization）等四個階段，而且每一階段都有可能出現巨大的變動；其次，政府如何詮釋創新的意義並持續維持大眾對該創新政策的關切至爲重要，也關係政策之成敗與否；最後，透過政治權力的運作機制（dynamics），政府可以促動社會大眾對政策創新的接受程度。以下進一步說明上述觀點。

假設在最理想的情況下，一項創新觀念從提出到最後獲得公眾支持的過程應該是：執政者導入一項新的觀念（radical idea）或政策後，果然引發社會大眾的論辯（debate），甚至抗拒（resistance），但論辯的衝突性吸引了媒體的注意（media attention），然後媒體基於社會責任，把新觀念的報導焦點放在公共利益（public interest）的探討上，假以時日，該議題之公共利益逐漸爲公眾所熟悉（familiarity），最終獲得群眾的支持（support）。

但在實際情境中，創新政策或觀念的推動往往不會如此順利，而是阻礙重重。因此，Roberts & King帶給吾人的第一個啓示是，「不論是哪一位政府領導人，要在短短三年或四年任期內打破現制，推動新觀念或作法，必須先克服各個階段的阻力；這除了需要無比的毅力與卓越的政治智慧外，更重要的是，要具備完美的領導統馭智能，能夠帶領基層同仁共同努力。」因此，機關決策者非常重要的管理工作即在：一方面要積極向社會詮釋創新政策的意義，尋求支持；另一方面則是要能激起基層同仁對政策推動的熱誠及意願。

以政府組織改造工程爲例，因爲必須在創新過程的每一階段採取許多「斷然」措施以打破既有成規或程序，故影響所及第一個受到衝擊的是政府的文官體系，其次則是在野政黨或一般民眾。而所謂的反彈也是很正常的反應，理由很簡單，要龐大官僚體系下的事務官，以及在野黨派與民眾，在很短時間內改變長久以來的認知習慣，甚至價值觀，犧牲「既有利益」，轉而接納新的觀念並配合進行變革，絕對不是一件容易的事，因爲所有人都需要時間去調適、接納這些轉變。

這也意謂，在推動政府組織改造工程時，爲了減少來自各方的抗拒

並凝聚政治支持力，主其事者一定要在各個階段與受影響的機關首長、基層公務員、特定團體（與被裁併部會業務有直接關聯的團體，如體育委員會與體育運動團體）等充份溝通及諮商，彙整、折衝相關黨派、媒體、立法院等之有關意見和方案。

二、如何詮釋新政策對社會的實質意義

Roberts & King（1996：186）的第二個論點是，政府領導人必須懂得如何詮釋新政策對社會的實質意義，並且能夠持續維持公眾對新政策的關切。也就是說，一項新政策從提議到大家認為它是值得討論的議題，除了要同時與社會上發生的所有事件競爭，獲取民眾的注意、關心與投入外，還必須與一般人偏好安定的環境、熟悉的事務、既定價值觀等習慣相互抗衡，待克服了這些「障礙」後，新政策才有可能成為社會上多數人可以接受的事務。

研究指出，要吸引社會大眾持續關注某項新政策或新觀念，最便捷有效的策略是「危機訴求」（Roberts & King, 1996: 186）。危機除了可以喚起眾人對問題的注意外，更重要的是能夠促動群眾的行為；如果缺乏危機的急迫壓力，人們通常不願改變例行性的行為模式。

其次，在進行創新政策宣傳時，要能證明新的會比舊的好，並且要把創新政策與其個人切身利害連結起來。如果能夠按部就班（step-by-step），透過溝通作為，做到上述要求，新政策便可逐漸成為大眾願意接納的事務。

三、政策變遷的核心因素

Roberts & King（1996：190）的第三個論點是：權力與政治是政策變遷的核心因素。其所代表的意涵為，政府領導人若想要成功地推動新政策，就必須建立本身強有力的權力基礎，並有辦法克服來自政治上的抗拒。新政策的推動過程之所以經常面臨抗爭與紛擾，乃因為新觀念必

然對民眾原有之生活經驗、深層價值等造成影響，故當政府部門引進一項新觀念並嘗試說服民眾接納新的價值觀時，一開始可能先要灌輸民眾整體思考的觀念，讓民眾相信新觀念能夠帶來新的秩序。

來自政治層面的抗爭最常出現在立法部門，以及與立法部門有直接或間接利益關係之企業界、利益團體、社區組織等，而受新政策影響的廣大民眾當然也是主角之一。當政府面對抗爭情勢之壓力時，決策者也同時面臨兩項決策點的抉擇：

1. 新政策的政治成本計算與效益分析（political cost-benefit analysis）：根據理性決策思維，除了政府本身要考慮新政策的政治成本與功效外，廣大的民眾、立法機關及各相關團體也同時在評估，贊成或反對新政策所必須付出的成本與預期獲得的利益，是不是達到最佳化狀態。

2. 如何化解政治壓力：為求降壓，Roberts & King（1996：193）運用緩衝器（buffer）的概念，主張成立公共論壇（forum），以提供所有關心政策之人士進行討論，建立對話機制，化解政治分立及對抗，增進彼此瞭解雙方之想法。Roberts & King認為，就政策論政策通常比較容易解決歧異，但如果把問題拉到政治層面去談，反而會因為泛政治化使問題更為複雜。一旦透過新論壇形成多數共識，則可以預期的是，後來的立法過程、宣導、推動等都將更為順暢。

Roberts & King的論點顯示，政策宣傳之成功與否涉及政府領導人精細之社會及政治分析。此意謂政府除了要維繫社會大眾對新政策及觀念之注意力、詮釋新政策及觀念對社會之意義外，還必須整合與新政策及觀念有關之所有關係人的不同意見與利益，更重要的是，要懂得運用政治手段化解來自立法部門及一般民眾之抗拒及壓力。

四、如何避免創新宣傳的盲點

綜合前述論點，在此以民進黨政府於民國八十九年間所推動的停建

核四廠案為例，說明如何避免創新宣傳的盲點。

　　台灣使用核能發電已有數十年之歷史，在享受核能發電的便利，與長期接受核能發電訊息的刺激下，「非核家園」的觀念在起步上已處於較弱勢的地位。在核四廠的興建議題方面，前後歷經一、二十年之論戰，結果主建派獲得勝利，「興建核四廠」也逐漸成為人們所熟悉、並產生態度認同的事務。然長期以反核為訴求的民進黨贏得政權後，即嘗試於極短時間內變更政策、改變多數人的認知，並在執政約半年時間後，由行政院宣布停建核四廠。當時，由於在野立委、民間廠商、公務員及一般民眾尚未能完全熟悉及認同「非核家園」的新觀念，對政府所提出的電源替代方案也不清楚，一場影響深遠的政治風暴終於爆發，也對政府及整體社會造成重大的負面影響。

　　核四廠停建案的決策過程有以下幾項問題頗值得吾人深思及檢討：

1. 行政院是否如在野黨派所批評的，以「政治正確」或「意識形態」支配政府運作，主觀認為停建核四廠所帶來的非核家園願景將比續建核四廠所帶來的經濟效益好，並強迫業務主管單位改變原有之專業建議，使得許多公務員只好選擇冷眼旁觀、沉默以對？

2. 執政黨在這場議題戰的對峙中是否缺乏整套戰略思考的佈局？也就是說，雖然社會大眾對廢核四政策的議題高度關切，也並非不能接受，但政府的決策手段卻因為與既有法律程序不甚相符，而傷害了政府「依法行政」的最高原則。在此情況下，很可能導致公務員捍衛政策、為新政策辯護的意願降低，更遑論以積極態度去導引媒體及意見領袖對該政策之社會實質意義加以詮釋。

3. 倉促停建的決策本身是否違反了一般民眾及公務員偏好安定的環境、熟悉的事務及既定價值觀等習慣因素，因而廢核四廠政策並未受到多數民眾、企業界及公務員的支持？

4. 政府在民進黨位居立法院少數、權力基礎相對處於弱勢的情況下，以核四案係舊政府官僚體系之產物為名，逕自做出停建決策，除了引發立法部門在野政黨之強烈反撲外，亦可能撕裂了新政府與

廣大公務員之夥伴關係。這項決策似乎並未事先計算過所有的政治與社會成本。

總而言之，本案在推動之際，如果政府決策者能夠仔細盤算過宣布停建核四廠的政治社會成本與風險，以及對經濟發展與公務員官僚體系的衝擊，以拉長戰線、按部就班之策略，逐步傳播非核家園觀念，並透過「緩衝器」努力化減來自各方的壓力，同時等待九〇年十二月第五屆立法委員改選後所可能形成的新國會權力態勢，謀定而後動，則停建核四案的後續發展可能會有不同的結局。

參、政策宣傳之推動過程

因研究者關注的角度與重點不一，政策宣傳計畫的步驟也有不同分類，通常為便於分析說明，研究者習慣將計畫切割為：(1)研究；(2)目標設定；(3)行動策略；及(4)評估等四個階段。本小節係根據Kendall（1996：10-13）對公共關係活動的分類，以此四個階段來探討政策宣傳之推動過程，並簡單予以介紹於后。

一、研究階段

第一個階段是研究（research），其目的在於為宣傳計畫奠定基礎。研究階段的重點工作包括：

1.鎖定與政策宣傳有關的「人」與「事」之情形加以分析，這相當於情勢與環境研究；例如針對目標民眾的基本人口資料、態度、偏好、媒體使用情形等，或社會大眾對某些議題的價值判斷、宣傳議題面臨的可能挑戰及影響等加以研究。

2.運用科學研究方法進行資料蒐集，例如進行內容分析法、問卷調查法、親身訪談法、實驗法等，以瞭解影響政策宣傳之各項變

數，並釐清不同因素間的相互關係。

3.根據所蒐集之資料及數據，以正確、客觀、專業的方式予以詮釋。

4.釐清所有問題的本質，以利做為下一階段工作之依據。

二、調整階段

　　第二個階段是調整（adaptation），其目的在政策宣傳計畫研擬過程中，妥適運用組織所握有的資源，並使計畫內容符合組織的實際需要。此階段的主要工作包括：

1.將統括性、抽象層次的政策宣傳主題解構，並發展為數個較精確、簡潔、可以測量的工作目標。

2.依宣傳主題的優先順序列出目標受眾，亦即運用市場區隔的概念，鎖定某些「群體」。

3.針對前述每一個工作目標列出所有可能之宣傳方案，然後再逐步篩選出最適當、最有效的方案。

4.列出所能掌握的資源有哪些，例如預算額度、時間、人力、現有相關法規或其他政策工具等，以及動用這些資源時可能受到的外部限制，如立法院的制衡、媒體輿論的壓力，或利益團體的反彈等。

5.由於來自決策高層的支持對政策宣傳的成功與否具有舉足輕重的影響力，所以，此一階段很重要的工作是建立與決策高層的溝通管道，以方便後續執行階段上下間之雙向溝通。此外，宣傳計畫如牽涉相關平行單位時，則要注意橫向聯繫機制的運作問題。

三、執行階段

　　第三個階段是執行（implementation），其目的在解決問題或達成設

定的政策目標。基本的工作要點有：

1. 依據先前的研究分析、目標受眾及宣傳目標等因素，擬定政策宣傳的推動策略。
2. 規劃整套之傳播計畫，包括擬定訊息訴求及策略、媒體運用計畫等。
3. 訂定推動策略及傳播計畫時程表，並設定流程管考的標準與作業方式。
4. 編列相關工作的推動經費。
5. 爭取決策高層親自介入宣傳方案，協助推動傳播計畫。

四、評估階段

政策宣傳的最後階段是評估（evaluation），目的在評量整個宣傳活動的成效與可能缺失。其主要工作包括：

1. 彙整政策宣傳方案的績效與成果。
2. 分析所獲得的工作成果是否達成預設之政策目標。
3. 檢討推動過程中所面臨的各項內部及外部因素，以作為未來推動類似方案時的參考。
4. 評估政策宣傳計畫對組織本身、首長形象及政策目標是否有正面效應，或是否會引起負面影響。

肆、政策宣傳之推動策略

一、喚起公眾對公共議題的注意

公眾領袖（包括政府領導人）固然要針對社會問題提出某種對策，

但更要懂得找出及凸顯真正的問題所在，以導引公眾去關心問題的可能影響。

根據公眾介入的程度，可以將社會議題的發展分爲三個階段，分別是：⑴情勢（condition），指現存的情況；⑵問題（problem），指公眾開始注意某些情況時；⑶優先議題（priority issue），指議題引起決策者優先考量，並成爲大眾關切的公共議題。因此，公眾對議題的認知反應可以從二個層次加以審視（Luke, 1998：41-53）：

1.由情勢的注意轉換到問題的認知，稱爲「知識層面」（intellectual dimension）。
2.從問題的認知發展爲決策者心中優先的議題，稱之爲「感情層面」（emotional dimension）。

在「知識層面」階段，公關人員喚起公眾注意的管理策略有三：

1.增加可見度，讓民眾對當前情勢有深刻的了解，例如利用資料的對比，凸顯問題的嚴重性及困難度。
2.運用具體的個人經驗陳述、影像照片或其他視覺的方式增強問題的顯著地位。
3.利用人類趨吉避兇的心理，呈現問題對民眾的威脅與利益，以引起公眾感情上的關切及注意。

其次，到了「感情層面」階段，管理策略則應朝下列方向推進：

1.要引起社會對問題的關注，並形成優先政策，問題必須要有解決的急迫性，例如，危機訴求是最常用的方法。
2.問題要能發展成優先政策，並受到輿論的支持，必須要讓民眾相信問題的解決將帶來美好的希望與樂觀的遠景。

綜合而言，Luke（1998: 54-65）主張，公共議題的管理人如能熟諳以下三種手段之運用，應可在知識及感情層面上喚起民眾的注意：

1. 靈活運用「扳機」（triggers）原理：所謂「扳機」係指足以觸發公眾高度關切某問題的關鍵事件。例如，核能意外災難引起公眾注意核能安全問題、反核團體大遊行喚起民眾注意他們的訴求、或是藉發表權威性之核輻射影響研究報告，吸引社會大眾去思考核能電廠之存在危機，則「核災」、「反核遊行」及「權威報告」就是促動情勢改觀的「扳機」。因此，公眾領袖要善於利用一些社會事件及他人的力量，轉化社會的詮釋意義，做最有利自己的宣傳。

2. 媒體在告知、說服及認知改變的影響力至少有二項：(1)媒體可以讓危機、衝突及矛盾等在最短時間內成為眾所週知的事情；(2)媒體如何報導一項議題對問題如何被解讀有很顯著的影響。所以，熟悉媒體運作的流程與習慣是公眾領導人非常重要的溝通技能。

3. 利用框架（framing）及再框架（reframing）的策略，簡化複雜的公共議題，凸顯某項特質，以標籤（label）或隱喻（metaphor），讓議題更容易了解，進而引起注意、促使公眾討論。公眾領導人對於社會情勢、問題及公共議題一開始如何被框架要有政治警覺性，因為如何框架會產生下列後續影響：(1)影響民眾認知問題的方式；(2)是否認為該議題很急迫；(3)哪些人與議題有關；(4)影響解決方案之方向。

二、組成工作團隊

有效的政策宣傳工作團隊最好具備以下條件：(1)團隊成員相互認同、動機一致，同時有優異的技能及知識；(2)團隊成員對組織目標有共識，並且願意全力以赴；(3)遵循內部相關規範，互動良好，能夠相互學習，共同解決問題，甚至主管願意與部屬共同分享領導權（shared leadership），授與部屬某種決策權力；(4)有一套制度化、可靠的策略發展作業流程，從目標訂定、方案研擬到工作策略及計畫執行等都有一套標準的作業模式（Luke,1998: 90-99）。

在實際操作時，除了機關本身的團隊外，有時針對某項議題或宣傳活動之特性，亦有必要設置一個跨部會或跨單位之工作團隊；為求橫向聯繫協調順暢，跨部會小組的每位工作成員要有明確的責任分工，並要對工作方案的推動進度加以管制。

三、發展工作策略及計畫

政府部門於規劃政策宣傳活動計畫時，目標不外乎：為了推廣某一政策或帶動全民參與的熱潮；活動訴求的對象愈廣泛愈好；民眾對政策的投入或關切能持續維持相當的時間；活動的宣傳主題能提昇政府或政府官員的社會形象；活動吸引媒體興趣，使政策主題成為報導題材。

政策宣傳方案的成功與否，關鍵之一即在於有無一套完整周詳的活動計畫及管制措施，這套計畫除了應考量前述吸引注意及工作團隊設置之因素外，也要同時設計完整的媒體訊息策略，才能吸引媒體廣泛報導，凸顯或傳達政府的政策訊息。

政策宣傳計畫可以概分為靜態活動與動態活動兩種。前者偏重透過大眾媒體發布新聞稿、印製平面文宣品、刊登廣告或播映廣告片，或是應用網路新科技延伸出來的溝通管道等進行訊息傳播。至於動態活動一般係指舉辦各類動態形式之活動，如演唱會、座談會、運動賽會等，目的在經由廣大參與群眾之投入，引起社會其他大眾之注意，進而帶起風潮，讓政策議題成為社會的主流意見。

宣傳計畫要考慮各種相關細節，諸如設計一個易記、易懂、意義又特別的活動主題；舉行日期與時間除了不要與其它重大活動撞期，也要配合活動主角（尤指政府高層官員或活動代言人）的行程以及媒體作業方便的時機；舉辦日期有無特殊意義；活動地點的交通與停車問題、會場安全維護等；邀請對象如各級政府機關官員、社會或企業意見領袖、地方重要人士、媒體記者、民間團體等之篩選；哪些社會資源可以整合運用；活動形式如記者會、酒會、茶會、餐會、展示會、研討會等之選擇；宣傳資料如新聞稿、演講稿等之準備以及會場佈置等。

在媒體策略計畫方面，過去的研究顯示，影響政策傳播成功與否的關鍵之一在於權責機關是否採取了正確、有效的訊息訴求策略。例如，徐美苓（1999）以愛滋病宣導廣告為例，研究閱聽人對訊息訴求的接受程度。徐氏發現，在不同條件及情境下，情感訴求、行動呼籲訴求及代言人訴求等三種訴求策略各有優勢，也有不足之處，宣傳者要能彈性運用才能發揮最大效果。又如黃鈴媚（1999）研究恐懼訴求之訊息內容對健康宣導活動（如減少抽煙）之作用，發現高恐懼、高效能（指個人對訊息相信程度、採取行動的能力及是否願意承擔負面後果等因素）的訊息能對受眾產生預期的說服效果。

四、執行方案並持續推動

為了評估政策宣傳計畫之執行是否成功，計畫本身要設定評量指標，就下列問題加以釐清：(1)每一階段所要達成的目標以及執行的進度；(2)在方案執行過程中，是否與計畫有關之利益關係人維持良好的互動關係；(3)計畫目標的達成與否固然是重要指標，但有沒有從執行中學習到經驗也算是指標之一，因為對組織而言，成員的專業知識便是組織的資產；(4)除了達成組織的目標外，首長的個人目標是否也達成了（Luke, 1998: 124-126）。

其次，在政策宣傳計畫執行過程中，免不了經常要面對一些障礙，唯有盡力克服這些問題，才能確保宣傳方案的有效執行。根據Luke（1998：126-128）的看法，這些障礙來自：(1)政策宣傳有時會衝擊既有體制，引起相關的人或團體基於維護本身資源、權力及合法地位而抗拒宣傳計畫；(2)溝通與語意上的誤解或解讀不同；(3)相關部門或單位間因聯繫協調不良而產生之問題，如權責不清、或重複浪費人力資源；(4)在社會壓力下，急功近利，打亂既有之規劃與進度，使組織處於不穩定的狀態下。

公眾領袖是組織的靈魂人物，其一言一行均足以影響組織成員的表現，因此，政策宣傳方案應盡可能同時展現機關領導人的領導智慧。例

如要懂得資源整合與權力運作，借力使力，透過建構政策執行的穩固基礎，以順利推展宣傳計畫。無疑的，爭取來自決策高層的肯定、認同，與獲得民眾、特定團體、立法機關的支持是最重要的努力方向，也就是說，政府政策宣傳的對象最好能達到最大公約數，支持的人越多越好；其次，為了快速分享資訊與回饋，齊一步調與口徑，建立相關部會間制度化的聯繫合作機制也是非常迫切的任務。

第二節　政府與首長形象塑造

壹、形象概論

「形象」（image）是一種主觀的認知（subjective perception），它包含了認知與感情等許多面向的因素；通常用來形容社會大眾對一個企業或組織的看法，也可以應用於描述一般人對政治人物或明星的認知；社會大眾往往會隨著組織或個人的行為表現而產生不同的印象，並據此採取支持、冷漠、或負面的態度（Haedrich, 1993）。

形象對政府組織與政治人物極為重要，以系統理論觀點來檢視政府的角色，即可印證此說。人們所生活的整個社會體系是由許多相互依賴、支援的次系統所組成，所有次系統也分別依不同的角色設定，發揮功能；政府是社會體系的一環，並對其他次系統發揮極大的影響力。以行政部門所扮演的角色為例，除了提供公共服務、掌管社會資源之分配權力外，它也是執行公權力、展現社會公平正義理念的執行者；一般相信，政府存在的合法性來自人民的信任與託付，而政府給人民之整體形象則影響民眾是否要繼續信任及託付這個政府。換言之，一個形象不好的政府，輕者影響人民對政府施政的配合度，重者恐將招致人民的唾

棄、失去執政權[1]。

　　企業界通常將企業之形象概分為：「企業形象」（corporate image）
及「品牌形象」（brand image）二種。前者指企業組織本身的社會印
象，後者則是產品或服務之社會形象；對企業營運而言，提昇社會地位
的企業形象與可以增加營業利潤之品牌形象同等重要，不可偏廢。此
外，社會大眾評估一個企業之形象好壞時，通常會從市場因素及非市場
因素兩個方面切入，所謂市場因素包括：產品市場占有率、營業收入、
利潤等；非市場因素則指：產品品質、環保表現、參與社區工作或公益
活動等（Haedrich, 1993）。換言之，當一個企業在市場及非市場方面均
能達到社會期待的標準時，其整體社會形象應該是正面的。

　　同理，廣義的政府形象其實可以再細分為：政府組織的形象（如同
企業形象）與政府領導人的形象（如同品牌形象）[2]二類。其中政府組
織的形象係由政府法令規章、公務員服務態度與品質、政策產出、施政
表現及危機處理等軟體事項，以及機關建築與辦公場所之規劃是否方便
民眾洽公、建築外觀等硬體設施是否符合民眾期望等所構成；至政府領
導人的形象則由政黨色彩、領導能力、施政理念、群眾魅力、語藝表
達、肢體行為等因素組成，例如媒體常出現的「宋省府團隊」、「國民
黨政府」、「扁政府」等字眼，即代表政府領導人之品牌形象。

　　以下將先就政府組織形象的面向加以探討，政府領導人形象塑造部
分則留待下一小節再予說明

貳、政府形象塑造

　　誠如前述，民眾往往經由公務員的服務態度及品質、政策產出、施
政表現及危機事件處理等各面向，而形成對政府組織的印象。因此，為
了樹立政府在民眾心目中之正面形象，政府團隊乃必須在上述施政表現
上全力以赴，並且減少錯誤。一個有經驗的政府領導人必然了解：當政
府所犯的疏失愈少，愈能累積正面形象，而一個小小的錯誤，可能摧毀

長期以來政府投入龐大心力、辛苦建立起的良好社會印象。

另外，哪些因素會導致民眾產生對政府的負面印象呢？簡單來說：第一是弊端（fraud），如黑金或政商勾結、利益輸送、工程舞弊等問題；其次是浪費（waste），如政策錯誤導致公帑浪費，或是以公款大肆鋪張、奢華享用等；第三是濫權（abuse），最常見的如不依法行事、公器私用、自肥、違反人權、進用私人親戚擔任要職、行政裁量權無限上綱、或決策不重專業只講求政治正確等。因此，政府機關與領導人如果能夠斷絕上述三大因素的發生，則在建立政府正面形象的努力上即已踏出成功的第一步。

積極而言，如何才能建立正面的政府組織形象？根據Roberts & King（1996: 162-163）的看法，首先要培養一個有效率的政府團隊。Roberts & King進一步指出，有效率的政府團隊應該具備下列條件，始能有全方位的表現：

1. 具有專業性及功能性的技能，足以向民眾展現政府之權威性及公信力。
2. 有解決問題與決策創新的能力，並值得人民所信賴。
3. 有良好的社會與政治溝通能力，並降低政府與民眾間發生誤解的可能性。
4. 能夠承擔社會或政治風險，接受外界批評，並能主動聆聽及尊重民眾的意見。
5. 團隊成員有共同奮鬥的方向與共識。
6. 成員以追求整體政府的成就為目標，而不以塑造個人英雄為目的。
7. 成員間有良好的工作默契及做事方法。
8. 為達成組織目標，團隊成員相互信任，共同承擔施政的成敗責任。

其次，政府團隊成員之多樣化（diversity）特質也會影響政府之表現與形象。換言之，多樣化可以避免團隊因為同質性太高而形成「一言

堂」與威權性的組織文化，或陷入「團體思考」（group think）之陷阱，讓決策不致成為「錯誤的共識」。當處於變動快速的社會情勢下，單調化的組織氣候不僅難以激發公務員的工作熱誠與創意，長久下來，也將使政府決策者與基層同仁習慣於單一思考。所以，除了團隊成員之組成應該盡可能容納不同背景、風格的人員外，決策者也要容忍並鼓勵組織異質、多元的聲音，讓不同的思考方式相互激盪，引導政府組織朝不斷創新、突破的方向前進（Roberts & King, 1996: 164）。此種思考異質性的要求，尤其應該存在於政府決策高層的決策過程中，並運用多元思考的結構設計，降低所謂「決策盲點」發生的可能性。

　　時間是另一個影響組織形象的因素，以下試從兩個層面來觀察。第一個觀察項目是：當新政府團隊組成或是組織人事大幅更動後（如內閣改組及牽動之人事調動），讓政府運作步入正軌並獲得民眾肯定所需要的時間；「學習」時間愈短或是根本毋須學習就可以立即「上手」，愈能夠塑造正面的形象。一般而言，雖然社會大眾可以接受經驗累積與傳承需要時間的理由，也可以容忍新人新政帶來短暫的不穩定情勢，但卻不能容許政府一再以「再給一點時間」，延遲社會各界對施政成果的檢驗時程，迴避執政者所應承擔的政治責任。

　　時間因素的第二個衡量標準是組織的「行動效率」。即以政府團隊面臨緊急事件或重大議題時為例，決策表現的過程若以相對的兩種現象來呈現：(1)「快速及正確」的加速循環；(2)「緩慢且有爭議」的惡性循環。很明顯的，前者的決策及回應因為能夠有效控制情勢，所以政府與首長的形象或施政滿意度必然得以累積加分；反之，後者的處置不當，讓情勢失控，則使政府與首長的威信快速惡化，社會形象或施政滿意度因此嚴重受挫[3]。

　　另外，民眾也會觀察政府團隊是否具備自我修正並學習的能力（Senge, 1990，引自Roberts & King, 1996: 165）。所謂學習能力係指政府團隊必須擁有監測環境、蒐集資訊並評估施政成效、根據回饋做出修正，以及有衝突管理的種種能力。缺乏學習機制又不能因應環境所需做出修正的政府將逐漸變得僵化、官僚、封閉與民意脫節，最終失去全民

的支持。

　　以上所討論的是政府團隊內部的運作因素，接下來要探討外在體系與政府團隊之互動關係對政府形象塑造的影響。

　　政府部門如同所有的民間組織都是社會大環境裡的一員，既受到來自大環境的影響，也與政治、經濟、社會、媒體等次體系發生互動行為，在這些外部因素的相互激盪下，政府形象的態樣也逐漸形成。例如，意識形態背景互異的媒體，對於行政部門與立法部門間為了爭奪法令、預算、政策等主導權所進行的權力鬥爭，當然會有不同的詮釋觀點。媒體有些觀點可能支持政府部門的看法，有些則反對政府的立場；然後，立場相異的媒體將其立場傳播給不同之公眾，公眾再就本身之認知、經驗背景，並加入立法部門、利益團體等其他訊息來源綜合解讀，最後形成對政府的總體印象。由此看來，民眾所形成的政府形象乃揉合了民眾個人主觀立場、媒體背景、立法部門意見、利益團體主張，以及議題的特性等種種因素，由此亦可驗證，何以政府對社會上的各種不同意見都必須加以重視。

　　又例如當國內經濟情勢受國際市場因素影響而呈現時好時壞現象時，影響民眾評價政府經濟施政表現的變數就至少有以下六個：(1)國內（變數一）與國際（變數二）經濟的客觀情勢及連動關係；(2)媒體（變數三）與民眾（變數四）對國內（變數五）、國際（變數六）經濟情勢的主觀認知。舉例來說，當民眾滿意政府的經濟施政時，原因很可能來自：

1.國內經濟客觀情勢的確有改善，且與民眾的主觀認知相符。
2.國內經濟情勢並無改變，但因國際經濟客觀情勢已有改善，影響民眾的主觀認知。
3.媒體主觀認知國內經濟情勢有改善，並影響公眾的認知，但事實上，客觀情勢並無改變。
4.民眾主觀認知國內經濟情勢有改善，不管國內與國際經濟的客觀情勢如何變化。

除了在上述第1項的狀況下，吾人可以判定施政滿意度是來自國內經濟情勢好轉的因素外，在第2、3、4項的狀況中，民眾認為國內經濟有所改善（反映在施政滿意度上）的主因，與政府做了什麼並無直接關聯，反倒是媒體的詮釋、民眾本身的意識形態、或國際景氣回升等原因才可能是主因。

　　再譬如，若政府之相關施政遭到利益團體、公益團體、學術界、文化界以及媒體等之批評，雙方關係呈現緊張態勢時，姑且不論政府的施政立場是否經得起考驗，亦不管這些批評是否真正代表社會多數意見，但若拙於處理對外關係，無法控制情勢，便會連帶影響政府在人民心目中的印象。所以，要建立政府在人民心中的正面社會印象，政府各機關必須與社會各次體系間維持基本的和諧關係，如能進一步發展密切之業務合作當更有利於形象塑造。

　　特別要注意的是，政府形象必須有實質的施政內容做為基礎，單純為了建立正面形象而刻意以某些「造勢手段」去塑造形象，恐不僅無法達成期望，反容易引起民眾反感。政府體系乃是一個龐大的有機體，體系內的所有成員可能是危機的變數，也可能是施政的契機，如果各部門首長能夠發揮領導與管理之應有功能，讓所有公務員戮力從公，拼出施政成果，則正面的政府形象自然會出現。

參、首長形象塑造與定位

　　近年來，各種類型的公共議題層出不窮，政府所面臨的挑戰也愈加嚴峻。例如，Luke（1998：3-21）發現，當前的公共議題具有三項特徵：第一，公共議題往往是跨越本國領域延伸至國際社會，且涉及社會各層面，而難以明確定義問題的範圍；同時，由於問題的成因與結果交織在一起，要將因果關係加以釐清並不容易；第二項特徵是，由於問題形成的因素眾多，所以每一個人（或團體）都可以在社會建構的過程中創造問題、詮釋問題，也就是說，我們所認知的社會問題，其原貌恐非

如吾人所見的表象；最後，由於問題的形成是如此複雜，各種政治勢力又採取運作手段積極介入，使得所採取的任何一項對策雖然試圖解決所有問題，但實際上可能在政治壓力下一事無成、或僅能解決某部分的問題，而新的解決對策很可能又引發另外的問題，因此問題永遠不可能完全解決。

　　面對這種社會情勢，政府部門乃必須培養處理公共事務的專業管理或領袖人才，而成功的公眾領袖又必須在「人格特質」與「領導能力」兩個方面表現出專業素養，才能塑造並定位本身的社會形象。以下首先就公眾領袖的人格特質加以探討。

一、公衆領袖之人格特質

Luke（1998: 25-32）認爲，優秀的公眾領袖通常要具備以下特質：

1. 有魅力（charisma）：指能夠提出願景、使命及目標，以激發他人對未來有所期望的能力，並因此獲得追隨者（如部屬）之尊敬及信任。

2. 能鼓舞民心（inspiration）：指了解如何運用溝通手段，引導眾人爲達成目標而努力。

3. 會考量個人的需求（individualized consideration）：指關切追隨者之相關權益，建立彼此互信及相互尊敬的和諧關係，鼓勵部屬發展專業能力，授權給部屬並賦予責任。

4. 知識上的啓蒙（intellectual stimulation）：懂得激發部屬解決問題、追求卓越表現的創新能力，所以是一位不斷有新構想，又深諳如何引導部屬找出問題癥結的人。

Roberts & King（1996:145-151）由個人角色識別（identity）的觀點出發，認爲公眾領袖的個人特質是由以下五種要件所組成：

1. 人格（personality）：指領導人是行動導向的（action-oriented）、

自動自發的（autonomous）實踐者（doer）及領袖人物，具個人之人格特質。

2.價值觀（values）：代表個人的理想，換言之，公眾領導人是具有政策理想、同時能夠堅持理想目標的人。

3.動機（motivation）：凸顯領導人採取行動背後的理由（incentives），簡言之，行動是為了得到某種報酬、或規避風險。

4.知識（knowledge）：指的是對特定議題之了解與資訊的掌握，包括對議題內容專業知識的熟悉程度，以及對問題解決程序的掌控等。

5.技能（skills）：例如說寫表達、說服、組織、協調合作、交涉談判等能力都屬之。

除此之外，公眾領導人還可參考Motion（2000）所謂「個人識別」（personal identity）的人格特質，培養本身的領袖氣質。Motion的個人識別特質指的是：信心（confidentiality）、敏銳（sensitivity）、正直（integrity）、公正（fairness）、彬彬有禮（courtesy）、尊敬（respect）及堅定（consistency）等七項。

二、公眾領袖之領導能力

接著說明公眾領袖應該扮演的領導角色。公共事務領袖（泛指政府機關各級主管）所要扮演的最重要角色是「觸媒劑的」（catalytic）工作，並透過以下四項行動原則達到「觸媒領導」（catalytic leadership）的境界：第一，將社會問題提升至公共及政策議題，引導社會的注意焦點，並使公務員認知到問題的重要性與迫切性；第二，整合各別的個人、團體，共同投入心力，參與該項議題的相關工作；第三，發展並推動各種策略以及行動方案；最後，規劃適當的制度化設計及快速的資訊分享與回饋機制，以管理、協調各相關部門，使計畫得以持續進行（Luke, 1998: 33）。

公眾領導人除了要具備前述的個人特質及角色扮演外，如何在政務推動過程中，培養、累積並表現出「專業水準」，也是形象塑造的重要關鍵。綜合而言，「觸媒性」的公眾領導人可以運用下列專業智能，管理日益紛亂的公共事務環境，以便藉此塑造本身獨特的個人形象，並定位自己的社會角色。

(一)策略性思考及行動

公眾領導人的第一項智能是「策略性思考及行動」（Luke, 1998: 151-184）。要做到策略性思考及行動的專業要求，至少要嫻熟下列四種運作手段：

1. 運用「框架理論」與「議題設定」之原理，將議題本身及回應策略予以「框架化」或「重新框架化」，以便主導訊息訴求及意義詮釋的方向，引導社會對該議題本身及回應策略朝有利政府的方向走。例如，可以使用數據及簡明的方式（如製作頻率、百分比、比較等表格），來呈現事實，進行溝通；或是利用故事、譬喻及場景設計等，將複雜的問題簡明化，增加民眾的理解效果。
2. 清楚界定問題的本質及核心、解決問題的對策、對策產生的結果，以及結果導致的影響是否符合原先的預期等環節；也就是說，問題出在哪裡、如何解決、結果可能如何，以及產生的預期影響是什麼，都要能預先加以考量及掌握。
3. 釐清事件或問題所牽涉的利益關係人有哪些，包括直接關係人或是背後操縱者，這些人爭取的目標及利益是什麼，彼此是不是有衝突等。
4. 最後是要系統性地思考，也就是把所有可能的因果關係、利害關鍵及其動態因素等都加以分析，全盤掌握。

㈡運用並發揮團隊力量

公共領導人的第二項智能是「運用並發揮團隊力量」（Luke, 1998:185-217）。其所扮演之角色功能有三：(1)促動（facilitation）——有技巧、有策略地介入團隊運作；(2)協商（negotiation）——讓立場相互衝突的團隊成員進行交涉；(3)居間調解（mediation）——以第三者之中立地位協助團隊化解內部衝突。

在這三項原則下，吾人對公眾領導人的要求是：第一、讓組織不斷有新的觀念產生，並勾勒組織發展、奮鬥的新願景；其次，鑑於團隊成員常因價值觀、施政優先順序之認知不同，或互動關係與資訊詮釋的看法有異等原因而產生衝突，所以要採取衝突管理手段，有效處理組織內部的衝突；第三，領導組織團隊朝目標繼續向前，不致自陷困境、停滯不前，例如，當團隊努力方向發生偏差或有盲點時，應適時介入團隊的運作，利用口語溝通、問題切割、或引介第三者的力量等手段，將目標拉回正軌，使團隊運作回復平順狀態；最後一項要求是整合內部多元的立場成為團隊的共識，並協助研訂完整的策略規劃，例如可透過相互協議、共識決模式等方法，求取共識的達成。

㈢以人格的特質及優點領導眾人

公共領導人的第三項智能是「用人格的特質及優點領導眾人」（Luke, 1998: 218-240）。一位領導人除了應具備前述的魅力、鼓舞民心、考量個人需求及知識的啓蒙等特質外，下列三項人格特性亦極為重要：(1)一方面對達成設定目標有堅定執著的信念，另一方面也能以開放的態度，接納多元的觀點；(2)關心團隊成員及他人，並以實際行動付諸實行；(3)誠實正直，有良好的道德行為，同時具有政策倫理（良心），不會將私利凌駕於公共利益之上。

總之，唯有在「人格特質」與「領導能力」兩個方面表現出前述的專業素養條件，以德服人，眞正做到帶人帶心的境界，才能因此帶動組

織成員發揮應有之工作效能，做好政務推動工作，並進而反映在社會大眾對政府與領導人的正面評價上。

肆、政府與首長之形象策略

綜合前述，吾人可嘗試將政府與首長的形象要素，解構為三個不同的意涵，也就是說，如果政府與首長能夠充分做到以下三項要求，則必然能夠同時在社會形象的營造上，贏得社會大眾之肯定：

1. 回應（responsiveness）：原則上，政府對人民的所有要求與意見均必須在程序上有所回應，表現出政府對人民的關心，但不必然一定要在實質上滿足其需求；這樣做的目的實乃因政府資源有限，不能無限度地滿足人民的所有要求，所不得不採取的權宜措施。

2. 責任（responsibility）：政府之合法地位來自於人民的賦予，政府必須承擔人民所付託的責任，提供民眾優質的施政品質及服務。

3. 課責（accountability）：課責的意涵是政府對自我負責的態度，一個自我負責的政府是有公信承諾（credible commitment）的政府，其行事標準是依法行政、承擔政治責任，以及堅守高標準的政治道德與良心的政府。

雖然，前面的說法強調政府部門對自我的要求，但以上三個內涵卻牽引出政府與其他對象（如民眾、國會、利益團體、意見領袖等）間複雜的互動關係。如果在外界的種種壓力下，政府施政運作的原則仍能夠秉持回應、責任與課責之要求，做好與其他對象事務的管理工作，當然可以塑造政府與首長的正面形象。純粹為塑造形象而採取一些公關宣傳手段，往往發揮不了多少作用。

因此，在形象塑造的實務操作上，政府形象與首長形象之整合實有

賴二種策略相互為用：一是政策傳播或是政策行銷（policy entrepreneur-ship）策略，亦即形象塑造必須以實質的政策或施政成果為基礎；二是公共關係策略，亦即在施政成果的基礎上，透過公關作法，擴張正面形象與政府或領導人間的連結關係。至於在執行手段上，可從以下幾個方面著手：(1)發展「政府識別策略」（government identity strategy）；(2)符號政治之運用；(3)以隱喻策略傳達訊息；(4)政府首長與組織是一體的，政府整體的形象不能切割。茲分述於后。

一、發展「政府識別策略」

形象必須有實質的行動作為後盾（Grunig, 1993）。有效的策略性品牌管理（strategic brand management）係指，由政府設定執政願景、擬定施政計畫、落實政策執行，並以品質、創新、效率、宣傳及預算執行績效等作為評估成功與否的標準（Haedrich, 1993），同時突顯政府領導人在過程中的角色扮演，最終是建立政府的識別體系（identity system），推展政府組織及首長在民眾腦海中之特有形象。

Motion（1999）主張，或可將「識別」視為「商品」的一種，採取定位策略（positioning strategy），然後透過傳播、公關與行銷之整合手法，加強向「市場」推廣。同理，政府與首長之形象塑造亦可援用此種概念與作法，以求在「政治市場」上建立本身特有之識別形象。

二、符號政治之運用

一如政治運作策略，公共關係也運用符號（symbols）來影響及引導公眾之認知（conception），達到想要的目的（Saxer, 1993）。同理，政府組織及首長之形象提昇，以及政策推展等也都可以運用符號策略，將認知與形象連結起來。例如，以「出國拼外交、回國拼經濟」傳達政府施政重點，及呼籲全民努力發展國內經濟的企圖；以「用樹根牢牢抓住大地」傳達全民「一人一樹」，解決山坡地濫墾現象，做好水土保持工

作；以「國家安定聯盟」議題導引國內政局發展趨勢，建構社會上政治論述的輿論走向等都是很顯著的例子。

三、以隱喻策略傳達訊息

愈來愈多的政治人物運用隱喻（metaphor）策略，藉由大眾媒體向社會傳達訊息，這類隱喻訊息，是有系統、有融貫性的，目的在框架新聞報導裡的概念和故事思考，以提供大眾（或特定群眾）新的視野、新的詮釋方式，並以此批判或取代競爭對手之訊息（鄧育仁及孫式文，2001）。

用比較通俗的說法，這也就是政治人物的「作秀策略」。鄧育仁與孫式文（2001）指出，二千年總統大選參選人宋楚瑜、連戰、陳水扁及許信良都曾運用「路途」隱喻策略，傳達他們的政治理念以及愛這片鄉土、勤政、親民的形象。例如，宋楚瑜的「台灣頭尾走透透」、連戰的「鴨子划水」、陳水扁的「學習之旅」及許信良的「苦行」。在隱喻框架下透過媒體之報導，這些政治人物片片斷斷的行為、言語，被賦予新的內涵與意義，並轉化成有脈絡的故事情節，最終變成每一個政治人物的「政治品牌」──「宋楚瑜是勤政愛民的」、「連戰是沉穩內斂的」、「陳水扁是好學又有反省能力的」、「許信良是具有理想色彩的政治實行家」。

四、政府首長與組織形象之整體表現不能切割

政府首長與組織是一體的，換句話說，政府整體的形象是不具切割性的。政府組織的形象是連續性、累積的動態過程，這也是在文官體系下，政務官隨政權轉換更迭，而常任事務官不受政黨輪替影響之原因。因此，如果政府決策者以揚讚「新品牌」、貶抑「舊品牌」為訴求，試圖營造創新氣氛，爭取民眾認同，則既不公允，也不利領導統馭，對廣大之公務員士氣更是嚴重打擊。就短期來看，政府首長可能因此換得些

許新聞宣傳的利益，但長期來看，士氣不振的公務員所造成的後續負面效應（如績效不彰、服務變差），恐怕對政府首長更加不利。

政府領導人於營造政府或個人形象時，應該謹記政府是整體的，避免陷入下列迷思或盲點：

1. 以為政府首長個人的形象提昇了，政府組織的形象也一定會跟著提升。
2. 認為政府首長個人形象的提昇，就代表政府組織各方面的整體表現會改善。
3. 以為做好政府首長個人形象，就可以補救政府組織整體表現不佳、引起民眾不滿的問題。

第三節　政策宣傳與形象塑造之整合策略

為便於詮釋，本章第一、第二節係就政策宣傳與形象塑造加以個別處理，但在政府實務運作上，政策宣傳與形象塑造是互為因果、相互連動的；換言之，這二項工作任何一方的成功或失敗，也必然影響另一方。本節探討重點即在找出政策宣傳與形象塑造二者間共通的策略並歸納出以下六項：(1)了解民眾的需求與想法；(2)目標對象區隔化；(3)訴求手段多元化；(4)運用框架策略、主導訊息詮釋權；(5)政策推動「企業精神化」；(6)整合與運用社會資源等。茲分述於后。

壹、了解民眾的需求與想法

政策宣傳的目的是傳播民眾想要知道以及民眾應該知道的資訊，所以政府必須瞭解民眾的真正需求，並預測民眾對某些事務的想法，才能

達到「以民爲本、視民如親」之施政理念。與民意脫節，或未能掌握民之所好、所需，不僅將使政府施政無法貫徹，或讓政府及首長之形象受挫，也可能使執政黨在政治權力的運作過程中付出嚴重代價。爲貼近民意並掌握民意動向，政府可以透過民意調查、學術研究、媒體輿情蒐集、走訪地方基層、民意代表反映，及民眾投書等種種方式，匯整民意。政府唯有對自我負責，同時能夠回應人民的需求並承擔社會大眾所付託的責任，提供民眾優質的施政品質及行政服務，才能建立政府在人民心中的好印象。

貳、目標對象區隔化

區隔化（segmentation）的概念是把一般大眾根據其需求、教育程度、職業分類及其他人口特徵等條件加以分類，將傳播的目標對象打散爲不同類別、人數較少及較同質性的團體，再透過適當的媒介管道傳達適宜的訊息，使傳播效果達到最大，同時亦可避免發生資訊的落差（Garnett, 1992: 167）。區隔化的策略也有助於政府以最少的資源，發揮最大的傳播效果，讓資源的分配與使用達到最理想的境界。不論是政策宣傳或是形象塑造，均可運用此一策略來達到目的。

參、訴求手段多元化

誠如前述，政策宣傳可以概分爲直接傳播與間接傳播二種，政治人物亦可藉運用符號及隱喻策略，利用大眾媒體向社會傳達特定訊息。不論政府或決策者採用何種手段或方式，成功的訴求策略都應該就政策議題、政治社會情勢、媒體環境、政府預算、受眾特性、首長形象等因素之差異，設定預期目標，採取多種途徑、多元手段，將傳播效果予以極大化。此外，這種策略也可以降低因單一途徑或方法失敗而導致整體計

畫功虧一簣的可能風險。

肆、運用框架策略、主導訊息詮釋權

比起任何企業或民間人士，政府機關或決策者享有更多的權力能夠對一件公共政策加以定義或框架化，政府部門透過框架與再框架化之動態策略，有能力主導社會如何「認知」某項政策或某位政治人物的形象。

例如，在有關愛滋病的議題形塑方面，國內研究發現，愛滋病做為社會問題如何被定義與框架，也影響到解決此一社會問題的策略；而在定義愛滋病做為社會問題的框架過程中，不同團體紛紛提出符合自己利益的框架，由於政府與民間團體競相針對愛滋病議題進行宣傳，所以該議題之關注焦點乃由特定族群問題轉換為一般大眾及社會問題，又再進一步擴大為國際社會問題（黃振家，1998）。

不過，在政府與其他團體競逐訊息主導權的狀況下，政府所使用的框架手段如譬喻、符號表達等，往往被其他政治力量或媒體扭曲了本意，以致希望傳達的「善意」變成「惡意」，或是主訊息被次訊息取代，甚至主、次訊息都消失不見，反而產生新的議題。例如，在經濟情勢走軟之際，政府首長的一句「大家要準備過苦日子」，換來的不是全民共體時艱的認同，而可能是「唱衰台灣」、「沒有政治擔當」、「缺乏執政能力」的嚴厲批評。因此，框架策略的運用必須格外審慎。

伍、政策推動「企業精神化」

誠如本書緒論所述，在「企業型政府」的觀念下，政府施政應該引進「企業精神」（entrepreneurship，或譯為行銷精神）及培養「企業型官僚」，以引發革新理念，並將此革新理念轉化成具體的方案規劃，協

助政府部門處理公共事務、解決政策議題。企業精神是一種轉換（transformation）的動力，政府企業精神（public entrepreneurship）則是創新的觸媒劑（catalysts）；換言之，政府領導人宜藉由吸引資源、爭取支持、詮釋意義、鎖定目標及克服抗拒等手段，維持組織的動能，全力推動新觀念；同時政府領導人也要塑造「新觀念」對解決問題之重要性的認知，在政治環境中創造機會，最終以贏得他人的支持爲努力目標（Roberts & King, 1996: 224）。

　　政府部門可以應用企業精神（行銷精神）之概念於下列政策傳播及形象塑造等施政上，例如：⑴硬體建設計畫，如道路建設、科學園區規劃等；⑵軟體建設計畫，如推廣參與文化藝術活動、政府施政理念之宣傳、法治教育及交通安全之宣導等；⑶政府與首長形象塑造工作；⑷社會價值觀的推廣，如反盜版運動（保護智慧財產權觀念）、禁煙運動（吸煙有害健康）、「爸爸回家吃晚飯」運動（重建家庭價值觀念）、捐獻所得救助窮困活動（發揚社會愛心，建設祥和社會）等。不過，並非所有政府的施政或形象塑造都可以用行銷化的手法去推動，換言之，小題大作或大題小作都不足取，甚至可能會招致反效果，因此，政府領導人與公共議題管理人應該審愼評估活動行銷之必要性與運用範疇。

陸、整合與運用社會資源

　　何謂資源？資訊（information）、專業知識（expertise）、資金（funding）、時間（time）、人力（personnel）及能力（competence）都屬於資源的範疇（Luke, 1998: 243）。此外，亦有人主張，來自草根性團體（grass-roots groups）、非政府組織（non-governmental organizations），以及社區（communities）的支持也是一種社會資源（Roberts & King, 1996: 170-173）。政府的要務應該是：盡一切努力與方法去整合政府部門與民間團體之資訊、專業知識、資金、時間、人力及能力等資源，全力推動政策宣傳與形象塑造。

以上有關資源的定義，事實上已排除一般認為只有實質的金錢與物質才是資源的刻板印象，而將社會資源的內涵提升至社區投入（community involvement）或公眾參與（citizen participation）的境界。一個要求自我課責、積極回應民眾要求、負責任的政府首長，不會只根據預算編列數字來決定要做多少事，而是不斷思索下列問題並尋求突破：

1. 某項政策宣傳或形象塑造工作需要哪些資源？本機關擁有或能掌控的有多少？不足是哪些？
2. 政府各部門內部、社會上各個團體及機構（包括企業）擁有哪些資源？哪些是可以運用的？哪些不是？
3. 現有的資源配置是否為最理想的狀況？能不能真正有助於達成目標？
4. 政府有沒有能力去運用這些資源？如果運用，會不會有負面後遺症？

　　為了解答以上問題，政府機關的公共議題管理人最好能做到幾項要求：(1)列出所有可以直接或間接運用的社會團體，並嘗試加以組織成某種型態的聯盟（coalition）；(2)將這些團體所具備的個別條件及資源分門別類，例如，有些團體可以出錢、有些可以動員許多義工、有的則有豐富的專業知識、還有的可提供場地辦活動、或擁有暢通的溝通網絡等等；(3)建立與該等組織的溝通管道或對話窗口；(4)根據宣傳計畫各階段之需要，讓某些團體參與部分決策，以利雙方互動及合作；(5)最後是共享活動成果，讓參與的團體也可從活動中獲得他們想要的東西，例如贏得「愛好公益活動」、「回饋地方」、「環保天使」的社會形象。

註釋

1. 民國九〇年七月間，桃芝颱風造成台灣地區人民龐大的生命及財產損失，行政院乃發起捐款救災活動，希望社會大眾發揮人溺己溺、人飢己飢的胸襟，共同幫助受災民眾，但活動推出以後，社會反應相當冷淡。箇中原因，一般的解讀是由於社會大眾不滿意中央與地方政府管理九二一震災捐款的作法，導致民眾對政府體系運用社會資源的能力沒有信心，而寧可自行透過其它慈善團體捐款或逕送災區救助需要的民眾。

2. 此處之「政府領導人」係指經由贏得中央或地方選舉而擔任或被指派擔任首長職務之政府決策核心官員，例如，總統、副總統，中央政府的院長及以下之部會政務官；在地方則為院轄市長、縣市長及一級單位政務官，甚至鄉鎮長亦可包括在內。

3. 以行政院前院長唐飛為例，幾年前國軍軍史館發生女學生命案，當時擔任國防部長的唐飛面對此一影響其個人及國軍形象的危機事件，立即採取一連串明快果斷的處置，結果事件快速平息，社會各界也一致給予高度的肯定，唐飛不僅形象未受折損，其施政滿意度更高居內閣部會首長的前一、二名。然而，民國八十九年八掌溪事件發生時、發生後，身為行政院長的唐飛均未被告知，亦無從回應，遲至第二天下午才召開記者會公開道歉表示負責，雖然僅僅只有一天多的時間差，但民怨已難平息，之後即使懲處相關失職人員，然其個人與行政院整體的形象業已受到嚴重傷害。

第十章　特定團體與意見領袖事務管理

第一節　特定團體事務與權力資源

　　隨著民眾對自我權益保障意識的重視，越來越多的民眾以組成「團體」的方式，集合個人微薄的力量成為一股堅實的集體力量，並據以追求共同的利益。此種個人力量的擴大與延伸，一方面結合了社會權力體系中的媒體、民意機關等，共同對政府部門施加壓力（有時則聯合行政部門向立法部門施壓，要求制定某項法案），企圖影響政府公共政策的產出；另一方面，該等團體則在與政府部門、媒體、民意機關的互動過程中，成為被運用或被影響的對象。

　　而在集體力量形成並慢慢運作為組織型態的過程中，吾人可以發現，過程中有一些態度主動積極的人，投入大量的時間與精力於組織運動的相關工作，這些人不僅是以「領導者」的角色自居，也同時獲得組織內部成員對其「地位」的認可。更值得注意的是，組織多數成員在態度與行為上「順服」這些領袖人物的表現，凸顯了這些領袖人物主導該組織對外言論與集體行動的強大力量，讓政府、民意機關、媒體都不能忽略他們的存在，甚至努力尋求與其建立密切的互動關係。在此，或可以「意見領袖」（opinion leader）、「活躍分子」（activist）來代表這一群人。

　　特定團體與意見領袖的利益結合，逐漸在所謂的政治權力場域裡與行政、立法部門及媒體等不同勢力，形成四方各有擅場，卻更加複雜的社會態勢，讓負責公共議題管理的政府公關人員不得不正視他們在政治社會權力競逐過程中所扮演的角色，以及所可能引發的效應。

　　本章在探討特定團體事務管理時，基本上係將「意見領袖」視同與特定團體利益休戚與共的「代表人物」，二者係處於連動的狀態。換言之，雖然不能否認社會上存在一些獨立色彩的意見領袖，但在本書的論述架構裡，這兩者是視為一體的。

壹、特定團體概論

隨著研究者關注的焦點不同，特定團體經常被稱之為利益團體（interest group）、壓力團體（pressure group）、遊說團體（lobbyist group）或活躍分子團體（activist group）。基於行文之便利，本書不擬個別界定上述名詞之內涵差異，而以「特定團體」（specific group）一詞代表此類團體，並在後文討論與論述時交互使用上述名詞。

誠如朱志宏、謝復生（1989：5）為利益團體所下的定義：「有共同利益、且為此共同利益採取共同行動以影響政府政策的一群人，無論其是否有正式組織。」吾人似不應過度窄化特定團體的形成因素，以及其所關切的議題範疇，換言之，從政府的角度來看，特定團體的形成可以溯自於所有的社會議題，並涵蓋特定範圍的「群眾」。例如，特定團體的屬性就可能歸類為：政治、工業、商業、勞工、教育、農業、環保、專業、福利、文化、公益、公民權利、婦女、宗教、地區及種族等不同領域。

前述定義的「共同利益」可以是經濟性的（如商會、工會、農業團體等所追求者），也可以是非經濟性的（如環保團體、道德性團體、政治團體、婦女團體的訴求），決定關鍵在於特定團體所有成員對追求目標的共同認知。不管是何種利益，反正為了追求預期的目標利益，特定團體通常會採取諸如遊說、陳情請願、提供資訊、影響大眾媒體、發行刊物、召開公聽會、示威等集體行動，向目標對象（如行政部門、立法機關或媒體等）提出訴求或施加壓力。

除了前述具備正式組織形式與實際運作的特定團體外，在某些特殊時空環境下，一群因個別事件而利益休戚與共的人也會短暫地結合起來，並鎖定目標組織，試圖影響對方的立場與看法。最常見的例子包括，因工廠排放廢水導致公害事件或工廠無預警關廠，由受害地區民眾或失業勞工所組成的自救團體，這些團體因為面對共同的危機，而被迫

臨時組成一個組織，並從事自力救濟的抗爭工作，經過一段時間，待事件落幕後，此一團體也就逐漸解散了。

所以，不論特定團體的形式為何，只要能夠成為一股堅實的力量，便能發揮功能，獲得某種利益。根據劉青雷（1988：6-9）的看法，對團體成員而言，組成特定團體本身即可帶來五種「利益」：

1. 象徵性利益：雖然可能不一定有實質的目標利益，但透過成立正式團體，可以凸顯象徵意涵，例如某些團體的名稱本身就可傳達該團體所代表之利益或價值。
2. 經濟性利益：團體之行動可以產生實質的經濟獲利，例如由特定產業之企業所組成的商會組織，目的在維護暨擴大現有之商業利益。
3. 意識性功能：特別是指推廣特定政治立場或意識的政治性團體。
4. 資訊性利益：特定團體透過資訊蒐集、分析及傳送等作法，可以將有用的資訊提供給民意代表、政府官員、媒體及一般大眾參考，一方面反映民意趨勢，另一方面則可間接影響目標對象的立場與觀點。
5. 工具性利益：例如反核人士為達到非核家園之目的，藉由成立某特定組織推動系列行動，則組織只不過是達成終極目的的「工具」，並非目標本身。

除了理性的「利益」因素外，特定團體的形成尚有其他非理性的原因。例如，Susskind & Field（1996：15-16）指出，在不同情形下，所有事物都有可能成為公眾「憤怒」（anger）的目標，如果處理不當，就會逐漸形成一個壓力群體。

Susskind & Field（1996：16-35）進一步分析引起群眾憤怒的成因，包括：⑴當民眾發生身體、財物或其他形式的傷害（hurt），且傷害之發生係由政府人為的疏失導致災難發生，造成人命的損失；⑵當民眾感受到環境的不確定性，並要承擔風險（risk）時，便容易產生憤怒的情緒；例如政府決定興建核能發電廠，民眾就可能將對核能的恐慌轉變

爲對政府的不滿；(3)當民衆的信念（belief）受到威脅時，例如對生態環境保育的觀念未能受到政府應有的重視或採納時，自然會對政府心存不滿；(4)當民衆在強勢的對方壓迫下，處於弱勢（weakness）地位又無法改變或掌控情勢時，便容易由失望轉而憤怒；例如原住民、殘障人士等弱勢團體抱怨政府未能提供必要協助的情形；(5)當民衆相信自己受騙（lies），又被人忽視、操縱時；(6)爲了特殊的「作秀」（show）目的，故意表現出憤怒的樣子，以累積政治資源、吸收會員，尤其在媒體鏡頭下時。

Banks（1995：89-95）也強調，當社會發生重大災難時，受害者或是受害者的家屬、朋友（victims and families）乃向加害者或負責的一方要求物質上的補償，進而採取對立、威脅或發布新聞的施壓手段，如果涉及的人數夠多，則會逐漸形成一特定的活躍團體。其次，當政府處理公共議題不當或因政策疏忽導致危機發生時，特定的利益關係人（known stakeholders）勢必會採取動作如發布新聞或杯葛立法，試圖改變原有的政策或施政，在政府眼中，這批利益關係人便成了另一種活躍團體。

除此，Banks還指出，社會上就是經常會有一批關心公共議題的公衆（unacknowledged publics），他們會自動參與公共討論，甚至親自介入議題的協商，目的只是爲了導引政策發展走向符合本身期望的方向，並不在乎實質的經濟利益。

任何政府部門都不能否認，特定團體是民主政治體系中公共政策形成的重要一環，所以，實不宜以負面眼光視之。例如Lindblom（1980：86-88）即主張特定團體可發揮溝通、監督及協商的重要功能：

1.特定團體是一般民衆與意見領袖或菁英分子間的溝通中介，可釐清並說出民衆的需求。

2.每一位公民對任何政策或議題都會有本身獨特的意見，並希望政府決策能符合自己的期望，故特定團體可以扮演整合民意的功能。

3.特定團體的另一項角色是監督公共議題或政府政策是否符合某些專業標準，避免政府官僚體系的專斷。例如醫師協會關切政府部門有關醫師評鑑的制度是否符合實際需求，以便達到汰弱留強的目的。

4.最後，當問題分析解決程序（analytical problem solving，指透過理性的決策模式來解決問題）無法解決公共議題的爭議，而必須採取互動式決策途徑（interactive policy-making procedure，指問題的解決是彼此妥協、交換的結果）以解決問題時，特定團體即可在此項重要過程中扮演主動協調、化解衝突的建設性角色。

誠如上述，特定團體是政府決策過程中不可或缺的角色，但特定團體背後所隱藏的利益糾葛或負面現象卻值得政府決策者注意。這其中尤以政治影響力不平等（political inequality）的問題最為顯著（Lindblom, 1980: 91-92）。

也就是說，決策者對特定團體之態度經常受到該團體是否握有政治資源的因素之影響。例如，如果某團體的成員是擁有豐厚財力、言論影響力強大，又具有掌控選票流向能力的社會菁英分子（如全國商業或工業總會），則相對於該團體的其他弱勢組織（如殘障、失業勞工），因為在財力、組織動員、意見領袖及輿論支持等的懸殊差距，前者在政治領域的影響力必然較後者為強。

Davis（2000）的研究證明Lindblom的前述看法是正確的。Davis發現，非機關化（指未形成嚴密的組織）或資源貧乏之工會團體，對新聞的產製過程往往只有短暫性或微弱的影響力，其理由如下：

1.媒體組織通常由企業或政府所擁有，故媒體往往敵視弱勢的工會團體（因基於商業及政治利益，媒體必須妥協或偏向企業與政府的立場）。

2.記者之新聞作業流程與新聞價值（或稱為主流意識dominant ideology）影響其在處理產業新聞時，多以負面方式報導工會。

3.記者之主流意識偏重機關組織或菁英分子，故議題之報導往往是

扭曲的（skew）。

4.相較於工會組織，菁英分子因為擁有較大的經濟資源控制力，掌握更多的工具（如運用媒體傳遞訊息）及人力，故有利於推動公共關係事務的操作。

5.菁英分子的社會名望使其享有較高的權威（authority）及合法（legitimacy）地位，此種文化資本（cultural capital）意味菁英分子的資訊產出較弱勢團體更具份量，且可信度較高。

除此，Lindblom（1980：92-94）還指出特定團體對社會的負面影響，例如特定團體經常被批評只會追求狹隘的私利，而置公共利益於不顧，甚至為了遂行一己私利不惜破壞社會秩序，然社會機制卻未能對此現象發揮有效的制衡功能；更者，特定團體還利用民意機關監督行政部門的民主機制，結合部分民意代表對某些議案行使否決權（veto），阻絕重大法案的立法過程，這種運用少數力量操縱民主運作機制的情形造成社會權力之分配嚴重失衡。

貳、管理的目的

一般而言，特定團體在公共議題或政策的形成過程中，與政府部門及官員的互動關係不外乎以下四種（劉青雷，1988：64-70）：

1.監視政府的活動：注意政府政策的制定方向是否符合本身期望，抑或有損其利益。

2.導引政府行動：透過遊說、或反對政府之政策，企圖主導公共政策之制定方向。

3.影響國會運作：例如提供民意代表重要的資訊、反映民意、協助民意代表研訂政治策略、協調立法行動、發展聯合陣線，及提供選舉資助等。

4.建立與政府官員的私人關係，運用彼此互有所需的事實，發揮影

響力。

政府部門為何要針對特定團體以及團體中的意見領袖事務加以管理呢？要想解析其中的道理，首先必須檢視當前社會的權力體系。

誠如吾人傳統上所認知的，社會系統應該是行政、立法、司法及媒體等「四種權力」相互制衡的現象，但實際上，若對照近幾年來國內政局之發展，卻可發現，目前的權力態勢似已逐漸演變成立法權獨大、媒體輿論力量與行政權居次之局勢，行政權的窘境在民進黨成為「少數執政黨」後更加明顯（即使在第五屆立委選舉後，民進黨雖成為國會第一大黨，但仍未能掌握絕對多數）；另一方面，社會對司法獨立屬性的認知與期待雖然未有根本性的改變，但仍有不少人揣測政治現象已然滲入並影響司法權的行使。在這種對行政部門極為不利的權力態勢下，「第五權」的概念因而興起。

簡言之，「第五權」的概念就是「社會動員力」的掌控，也就是結合及動員特定團體（泛指公益團體、利益團體或鼓吹特定議題之團體）力量，成為政府進行政治操作或行使公權力的助力。這樣的思考邏輯是，以政府的立場言，如果能夠整合群眾的力量作為行政權的後盾，就能擁有更多籌碼去抗衡立法權之獨霸與媒體權之偏頗立場，進而導引社會議題或言論市場的走向。而鑑於民眾乃由分散的群體所組成或分布於不同的特定團體，政府很難做到直接向個別民眾訴求的理想境界，故為整合前述群眾之力量，可透過尋求各團體中「意見領袖」之支持，做為溝通的中介管道。

然特別要注意的是，政府乃「為眾人服務」之事業，必須以維護全民利益為宗旨，故社會動員的目的不應該鼓動民粹主義或思想，或散佈社會的對立觀念，更不能以犧牲族群和諧來換取政策理念的貫徹，第五權的作用必須侷限於，政府推動特定政策時，所採取的階段性權力操作策略。

此外，就消極面而言，特定團體與意見領袖事務的管理也可視為社會控制的一種手段。換言之，即使政府部門不能妥善運用社會團體的正

面力量，至少，也不應該讓政府之運作或施政受制於代表特定利益的少數社會團體，或是因此被干擾、被癱瘓；如果放任這種情事發生，社會公平正義之原則與權力場域的遊戲規則將因此被破壞殆盡，並引起其他特定團體之不滿，而競相向政府施壓、「索取」好處。跳開政府職能的角度不談，基於政黨政治下爭取選舉選票的考量，政府決策者亦不能不「照顧」到其它掌握「票倉」之利益團體的種種需求，否則，特定團體與意見領袖一旦轉向支持在野勢力並獲得承諾，執政黨將面臨喪失政權的風險。

因此，在「運用」外部力量與「化解壓力」兩種拉力下，如何拿捏特定團體與意見領袖事務管理的分寸，殊爲重要。本書認爲，政府公共議題管理者除了要具備策略思考能力外，政治智慧亦不可欠缺，亦即在公共政策權力資源的運作上，要注意平衡各種利益團體的利害關係，讓不同的意見及利益都能獲得相當程度的滿足。

參、特定團體與社會權力資源

當人們不滿意所處的環境，並集合起來試圖改變現況，便因此而形成一個利益共生的特定團體。吾人亦可感受到，在當前的權力體系下，利益團體及所屬的意見領袖已逐漸在政府公共議題或政策形成過程中扮演關鍵性的角色。一方面，利益團體藉由凸顯公共議題的問題所在，把新的觀念注入社會各界的對話過程，甚至爲問題的解決提出一套建議方案；另一方面，利益團體透過整合社會上分散的個別勢力，分享資訊，發揮集體的力量，追求共榮的目標及價值，使團體中的所有成員均能獲得利益。

每一個利益團體在成長茁壯的過程中，都會針對特定的議題發展本身獨特的觀點，或是形成一種組織文化，並進而成爲組織奮鬥的目標，以作爲規範組織成員言行或成員自主性依循的準則，假以時日，這種觀點或文化將逐漸成爲社會對該團體的定位（identification），直接影響公

眾如何看待該特定團體。

Grunig L.（1992：504，513）認為，「活躍分子團體」（activist group，特別指鼓吹某些議題的團體，如綠色和平組織）的目的是企圖由外部改造目標組織的運作，其手段從教育到說服都有；通常，每一個團體都打著公共利益（public interest）的名號，但事實上其最終目的不排除是為了團體成員本身的利益。儘管利益團體的規模大小、所關切的公共議題、使用的鼓吹手段及發揮的影響力有所差異，但每一個團體都有能力對目標組織之運作造成潛在的傷害。

成功的利益團體通常擅長於獲取或運用經濟、政治及社會資源，其所採取的手段包括：將公共議題與政治活動勾聯在一起，讓議題政治化；利用政治捐獻、投票部隊及支持某位候選人，使本身的訴求成為選舉議題；派出義工協助參與政治及社會運動；甚至以抗議或示威等激烈行動突顯議題的可見度（Heath, 1997: 156-157）。因此，如果利益團體有意藉製造社會衝突事件獲取利益，便會努力鼓動立場相近的其它團體對目標對象（如政府或企業組織）發起制裁、抵制等強制性行為，迫使目標對象屈服或讓步。透過這種過程，利益團體不僅可以累積資源與籌碼，也能夠向社會大眾展示其社會動員的影響力。

除此，吾人也不能忽略，愈來愈多的利益團體為了化解社會的負面看法，而愈來愈懂得運用大眾媒體包裝形象，以維護公共利益的代言人自居，但是卻又在檯面下對政府機關、民意代表等施壓。

若由負面觀點來看，由於利益團體往往採取激烈的手段，用以凸顯訴求訊息，故又被稱之為「暴民煽動者」（rabble-rousers）（Heath, 1997: 155）。不過平心而論，這種觀點其實無法真實反映利益團體所發揮的正面社會角色，例如對於許多積極投入與倡導環保生態、婦幼保護等議題的團體，社會各界對其角色扮演與立場定位通常會給予相當正面的評價。

政府與特定團體的關係並非一對一的單純關係，我們還必須思考大環境下其它不同團體之間對社會權力資源「競奪」（combativeness）的互動因素。換言之，如果某團體握有較多的資源，便可以較優勢的力量

壓制或排擠其他團體，並從政府手中獲取預期的利益。值得政府與大眾關心的問題在於，當社會資源不足以滿足所有團體的需求時，優勢者對劣勢者過度的壓制勢將擴大雙方相互敵視的心理，進而發展成為社會對立的情勢（Heath, 1997: 156-157）。對政府而言，社會對立的負面效應不僅全民受累，政府也要負責收拾善後。

　　故吾人在研究特定團體參與政治活動的形式時，便不能忽略該特定團體是如何爭奪並運用資源。何謂「資源」？資源就是「某特定團體認為具有價值的籌碼」。Heath認為，資源的範圍很廣，包括購買商品及服務的能力、論辯的才能、票源、遊說實力、社區對某組織的支持或反對、媒體有利的報導等都屬之，甚至極端的暴力行為亦可視為是資源的一種（Heath, 1997: 157-158）。

　　詳細而言，劉青雷（1988：49-55）將利益團體的資源劃分為以下六種：⑴物質資源，例如金錢、物資；⑵會員人數，人數代表該團體的潛在影響力，會員愈多表示選票多；⑶組織性資源，指特定團體發動會員推展政治行動的動員能量，愈團結的團體，政治影響力愈大；⑷該團體領導人的領導智能與社會地位，愈具有領袖魅力與才能的人，愈能夠吸納社會力量；⑸政治聲譽，亦即政治形象愈正面者，愈具有社會號召力；⑹動機性資源，係指該團體之成員對所追求的議題愈有強烈的信仰與投入，則愈能夠擴大團體的影響力。

　　對特定團體的意見領袖而言，最困難的工作乃在於，如何領導團體內部的成員，並充分發揮團體所掌握的所有資源，使資源發揮最大的效能。Heath從策略管理的觀點提出「權力資源管理」（power resource management）概念，用以解構特定團體如何整合、動員權力資源。Heath假設，一個團體（包括政府）如企圖發揮影響力，必須具備給予或撤除獎賞（指經濟、政治、社會籌碼）的能力，必要時還要能進行制裁（sanctions）手段，包括採取：杯葛（boycotts）、罷工（strikes）、禁運（embargoes）、解雇（layoffs）、封鎖（lockouts）、立法（legislation）、執行公權力（executive orders）、警察行為（police action）及司法審查（judicial review）等。除此，為了進行權力運作，還要培養說服

他人的運作技巧，例如可結合第三者（third-party）的力量、吸引媒體注意、串聯意見領袖（指民意代表、政府高層官員、學術界或宗教領袖）有利的言論及立場等，爲自己的論點背書（Heath, 1997: 160）。

Heath（1997：161）進一步闡釋「知識」在權力資源運作上的作用。Heath認爲，社會上充滿了各種類別的知識，誰能掌握社會共享的知識（shared knowledge），誰就擁有權力；因此，我們經常會看到，利益團體之間爲了爭奪對社會議題或規範的定義與再定義權（define & redefine），而相互較勁。由此看來，如果把建構社會眞實意義的能力視同權力的另一種形式，則有權力者便是掌握知識，並對社會眞實意義加以定義的人。

由此演繹，當吾人探究權力資源的來源時，除了前述較爲具體常見的形式外，恐不能忽略那些抽象式的語藝權力（rhetorical power），諸如文化、意義、知識、規範、期望、觀點以及形象等對特定團體的影響。值得注意的是，媒體在權力管理過程中始終扮演重要的角色，它既是傳遞訊息的管道，也同時在傳遞的過程中發揮定義與詮釋訊息意涵的影響力。

徐瑞希（1991：127-150）則以「政治投資」一詞勾勒利益團體（尤指財團、企業等）是如何運用「放長線、釣大魚」的投資策略，長期影響公共政策的制定：

1. **手段一**：利用政治人物最需要外力協助的選舉期間，捐助金錢、物資，或提供人力支援給目標參選人，等當選後再從中進行利益合作。
2. **手段二**：建立與政治勢力或派系團體之緊密關係，比如：「政治山頭經常藉著籌組各種團體的動員能力來展現其政治實力，而企業界人士的參與投資則成爲支撐政治山頭實力的金援動員（136頁）」。
3. **手段三**：配合政府（黨）政策捐款或參與政府（黨）主導的組織。例如配合執政黨所發起的公益性捐款運動，以捐款輸誠，或

加入該運動擔任義務職務，建立與政府的實質互動關係；此外，成立智庫或基金會也是另一種手段，企業藉由設立與運作智庫，不斷拓展政治人脈，不僅可以對政府政策走向有所影響，也能提高企業參與公共事務的社會形象，一舉數得。

4. 手段四：這是最後一種手段，主要是運用在企業經營上與政黨和政治人物之間的合作。例如與黨營事業進行交互投資，形成利益共生集團；或是邀請民意代表、退休資深官員、現任官員之親屬等加入經營團隊，以充分利用政治人物之人脈及政策影響力。

第二節　特定團體的發展過程與行動策略

壹、發展階段

一如前述有關議題發展週期之討論，特定團體的運作與發展亦有所謂的生命週期。有關這方面的研究相當多，但分類重點並不相同，例如，Stewart、Smith與Denton等人（1984，引自Heath, 1997: 164）假設特定團體的發展有五個階段，分別是：(1)起源（genesis）期；(2)社會不安（social unrest）期；(3)全力投入動員（enthusiastic mobilization）期；(4)持續（maintenance）期；及(5)結束（termination）期；或是另一種分類：(1)莫名的不滿（vague discontent）期；(2)政治化（politicization）期；(3)立法部門關注（legislative awareness）期；(4)制定管理規範（regulatory guidelines）期；及(5)司法辯論（judicial debate）期等五階段（請參閱Heath, 1997: 164的詳細界定）。

Heath（1997：165）認為，檢視特定團體運作模式（過程）的目的在於釐清一旦經特定團體對組織施壓時，組織應該如何、或由何處介

入，才能化解緊張、不利的情勢，並因應未來情勢如果發展到相互對抗、進行談判及解決爭端階段時，得以提早採取立法或執法的行動。Heath將特定團體行動的發展過程分為：(1)緊張；(2)動員；(3)對抗；(4)協商；與(5)解決等五個階段，但強調並非所有團體對某項議題的反應都會遵循這五個發展步驟。以下謹分別說明之。

一、緊張階段

Heath（1997：165-169）指出，當人們知曉某一問題存在後，其所認知的社會實然面（what is）與應然面（should be）乃發生不平衡（impairment）現象，並引起心理上的緊張狀態，此時即進入所謂的「緊張」（strain）階段。在此階段，特定團體的運作有五個特色：

1. 團體中的意見領袖或活躍分子（activist）積極說服他人相信，因為遊戲規範被破壞了，導致該團體的利益受損，且因情勢嚴重，所以必須重新建立新的行為價值。因此，該團體乃透過提出新的事實、價值及公共政策解決方案等方式，試圖扭轉不利的社會情勢。

2. 利益團體成員人數之多寡代表該團體的權力基礎是否強大，因此要測量「緊張」的程度，只要觀察支持該團體的民眾人數即可判定；另一項觀察重點則在瞭解該團體所發起的訴求主張是否獲得「第三者」，如其他利益團體、權威人士的奧援，支持層面愈廣泛，問題愈顯著，該團體的影響力也愈大。

3. 如果該團體所提出的問題或主張受到媒體的關注並報導出來，或是贏得社區意見領袖的認同，則該團體的地位將逐漸被合法化（legitimate）。該團體即可利用重新定義（redefinition）的策略，賦予議題情境、公共政策新的解釋，如果策略奏效，獲得媒體與支持群眾的認同，則目標組織（如政府）將不得不因此正視其主張並配合改變。

4.爲了拓展該組織的權力資源,團體領導人(意見領袖)常以正當化爲名或化身爲問題的解決者,藉由提出新觀點來吸引群眾的目光,成爲特定群眾之代言人,從而建立本身在社會的權力基礎。值得注意的現象是,這些意見領袖所創造的觀念往往足以引導社會大眾的思維,創造風潮,甚至引發群眾新的行爲模式。

5.特定團體經常在一開始就認定政府必定會抗拒改變,也會極力說服群眾相信,政府官僚體系是僵化與封閉的;因此,政府所面臨的最大挑戰乃在如何對外辯解,並讓群眾瞭解、認同政府存在的價值。

二、動員階段

Heath(1997:169-172)所謂的第二階段是「動員」(mobilization)。當團體成員認知到問題,並希望集合眾人之力改變現狀時,該團體便進入動員的階段。爲因應動員需要,活躍分子將積極搜羅並整合權力資源,累積實力,強化團體認同,例如說服支持者捐獻金錢、犧牲時間、甚至個人的身體安全等。除了掌握資源外,活躍分子更關切團體動員的規模及動員施壓的有效性。

爲了向團體的支持者證明該團體有能力解決問題,同時對目標組織(如政府)展示其廣大的支持群眾,以利施壓運作,特定團體往往偏好訴諸大規模的遊行、示威、陳情及其他能見度高的行動。當然,動態性的抗爭模式亦符合媒體報導偏好,更能強化這些行動所彰顯的社會意涵。然而,意見市場畢竟是相互競爭的,特定團體的主張並無法獲得所有媒體的認同與支持,甚至會遭受部分媒體嚴厲的檢驗。因此,許多團體在動員階段,通常會發行新聞信、印製雜誌、報紙,製作電子出版品等,以確保訊息能夠傳播出去。

在動員階段,有二個現象值得政府公關人員特別注意:一是隨著情勢的逐漸複雜化,團體內部對公共議題的認知與對政策定位的意見或主張,容易因不同立場而分裂;分裂的情勢對政府公關的運作而言,可能

因為情勢「失控」而愈來愈難解決，但也可能因力量分散而有「各個擊破」的機會。其次，特定團體為擴張勢力，通常會結合「友好力量」發展議題聯盟（coalition），例如爭取立場相近之民意代表及政府主管機關對其主張的認同。

三、對抗階段

當特定團體動員到某種程度，並相信本身實力已經足夠抗衡目標組織時，便進入所謂的第三個階段：對抗（Heath, 1997: 172-176）。在「對抗」（confrontation）階段中，特定團體的最主要目的乃在強迫目標組織認可其合法地位並滿足其要求，於是對立的態勢開始形成；這也意味，因對立或抗爭，社會將進入兩極化（polarize）的分裂狀態。

在對抗階段，目標組織與利益團體除了鬥力，更要鬥智。對利益團體而言，對抗是發揮社會影響力的必要手段，沒有對抗實力的團體很容易被政府及一般大眾所忽略；相對的，對抗亦不見得絕對有利於特定團體本身，因為如果形成對抗的衝突情勢，該團體的所有論證主張及行動等，都將接受社會的嚴厲公評，包括媒體與大眾的檢驗，經不起考驗或實力不足的利益團體恐將師出無名，迅速崩潰。

相對的，對目標組織（以政府為例）而言，直接與某特定團體進入對抗關係亦有風險。例如，以政府強大之公權力（不論是就法律層面駁回其請求或是動用警察強制權驅離）壓制一個社會團體，恐不僅未能削弱該團體之力量，反而在公眾同情弱者的心理激化下，使該團體之訴求獲得社會的認同，進一步強化該團體的社會地位。

相似於緊張階段對議題重新定義的策略，在對抗階段的敵對雙方也會針對議題發動所謂的宣傳戰，競相製造並提供外界有利穩固本身立場、但不利對方之資訊，透過框架化的議題運作手段影響社會大眾對議題的認知。

四、談判階段

　　然而，「對抗」並無法完全解決利益團體與目標組織間的分歧，「談判」（negotiation或譯為協商）才是可行之道（Heath, 1997: 176-178）。在第四階段的談判裡，特定團體與目標組織都企圖透過談判或協商的手段，達到利益最大化、損失最小化的最佳方案，最後的結局基本上是雙方相互妥協，彼此都可以接受的雙贏（win-win）場面。所以，Heath也把這種過程視為是公共政策的「集體決策」（collaborative decision-making）；因為，公共議題的最後解決內容乃是各種利益團體與目標組織（政府）間相互讓步的結果。

　　不過，在一些特殊環境下，某些特定團體基於策略上的考量，並不希望在短時間內就結束與目標對象的談判過程，而不斷在過程中提出新的要求、變更談判規則或調高接受解決方案之標準，製造談判障礙，以拖待變。這種拖延策略往往增加社會成本，因此對目標組織（政府或企業）形成強大壓力。

　　談判時，雙方除了針對解決方案之實質內容進行攻防外，談判過程的技術問題也常常是爭論的焦點。例如議程如何安排、談判人數、主談判人、談判人地位及代表性、時間地點、談判規則與前提、共識如何形成、見證人等細節都是必須注意、可以運用的籌碼。所以，Murphy & Dee（1996，引自Heath, 1997: 178）指出，談判與妥協並不容易達成，尤其是雙方帶有強烈的意識形態而且態度堅定時，情形更是複雜難解。

五、解決階段

　　假設談判過程順利進行，爭議中相互競爭的各方勢力如政府、特定團體及意見領袖等都能接受或可以容忍解決方案，情勢將進入最後的「解決」（resolution）階段（Heath, 1997: 178-179）。

　　問題的爭議要能獲得解決，有幾項關鍵要素應予注意並靈活運用：

首先是由誰或某單位來負責草擬解決方案，各特定團體間對此人或單位能否接受；其次，方案之科學證據是否經得起考驗，足以令相關團體心服口服；第三，鑒於政治人物受制於選票或政治權力的考量，往往會發展出自己視爲重點的公共議題，並積極投入相關社會團體之運作，以利於將個人形象與該議題結合，建立本身的社會地位，占據社會優勢，故應留意政治人物（politician，此處泛指民意代表、民選官員、政府高級官員及政黨人士等）在爭議中所扮演的角色，避免解決方案被單一或少數的特定人士所主控。

根據上述分析，Heath（1997：179）強調：⑴如果缺乏有效的議題傳播作爲，將很難獲取或維持有關主控訊息詮釋的權力資源，而在議題框架的競爭中屈居劣勢；⑵如果社會上多數民意不認同以誘因及脅迫的方式解決爭端，則採取這些策略的效果將非常有限，組織必須思考其他更有效的策略，比方說談判；⑶如果特定團體擁有足夠的力量，則來自該團體的政治壓力便會對組織行爲造成影響；⑷爲了要建立與各利益團體間的和諧關係，談判、集體決策及其他形式的議題溝通就變得很重要。Heath的看法基本上反映出，政府對特定團體事務的管理策略，「維持雙方的和諧關係」似乎是相當優先的考量，而爲了建立良好的互動關係，訊息（權力資源的一種）的傳播管理就變得非常重要。

貳、特定團體的行動策略

爲凸顯本身的訴求並發揮社會影響力，特定團體或意見領袖通常會針對某些公共議題，鎖定目標對象（如政府、企業、政黨或有社會影響力的個人），發展行動策略，並以實際作爲建立關係或施加壓力。以下六種是較常見的行動策略。

一、誇大問題的嚴重性或損失情形

Lerbinger（1997：121-123）指出，二次世界大戰以後，人類社會產生二種對特定團體有利的趨勢：一是「應得權利的心理」（psychology of entitlements）；二是「集體意識」（collectivist ideology）的出現。應得心理促使公眾強調本身應該獲得的權益，例如言論自由權、工作權、醫療權、環境權等，政府因此成為民眾要求保障這些權利的最終訴求對象；集體意識則喚起群眾以集體力量爭取自認應得的權利，例如透過集會結社、罷工、示威、遊說等方式達成上述目的。因此，特定團體的行為模式往往是以維護公共利益為名義，控訴基本權益受損、人權受到侵害、或以弱勢團體身分自居，表現出「憎恨」（resentment）的情緒反應，希望挑動社會各界同情弱者的心理，以達到其預期目標。

二、吸引媒體注意

沒有媒體就沒有訴求的舞台，也就缺乏影響社會的實力。特定團體吸引媒體注意的目的有二：(1)透過媒體報導合法化（legitimize）本身的行動及要求；(2)經由媒體廣大的宣傳效果，加速社會大眾介入訴求議題的過程（Lerbinger, 1997: 127-128）。換言之，透過媒體報導，該團體得以取得在某議題之公共論壇的合法地位，並使關心該議題之群眾知曉團體本身所扮演的角色，讓該團體成為議題發展走向的領導者。為了吸引媒體注意，特定團體會以媒體感興趣的方式，例如用人情趣味、聳動言論、衝突行為、嘲諷揶揄等策略包裝傳播的訴求訊息。

以一九九二年至一九九四年間英國「交通從業者聯盟」（The Union of Communication Workers，以下簡稱UCW）對抗「貿易委員會」（The Board of Trade）之郵局全面私有化（post office privatization）政策為例。UCW為了克服本身在經濟、傳播與制度上處於「弱勢地位」的困境，吸引媒體注意，進而爭取輿論支持，乃採取系列性的策略與手段，

包括：(1)動員、整合聯盟全體成員，對成員代表施以媒體訓練，然後散發文宣資料品，同時僱請專業的公關顧問提供諮商；(2)以民調、宣傳活動、遊說國會議員及爭取公正第三者（如官員及專家）之背書（third-party endorsement）等方式，塑造媒體議題，引導媒體報導立場；(3)採取主動方式，利用友好媒體，分化贊成郵局私有化之力量，並以負面新聞反駁私有化論調（Davis, 2000）。UCW最後成功地阻擋了貿易委員會有關郵局全面私有化的主張，而改採部分私有化政策，更具意義的是，UCW顛覆了傳統上認為弱勢團體只能任由強勢政經力量宰制的觀念。

三、將問題政治化

所謂「政治化」（politicized）係指利用各方政治勢力互相爭奪社會議題主導權的機會，將議題轉化為社會或政治爭議的焦點，提高本身的談判籌碼與影響力，進而獲取更大的權力與利益。Lerbinger（1997：124）指出，要採取所謂的政治化手段可以從二個途徑加以思考：(1)採取改革者（reformist）或革命者（revolutionist）的激烈手段，用示威、罷工、杯葛等街頭運動，製造社會衝突，向目標組織施加壓力；(2)依循傳統的政治活動模式，例如透過參加公聽會、拜會民意代表或政府官員、投票支持立場相近之候選人等方式傳達訴求主張。至於何種途徑較符合該團體的利益？一般相信，每一個團體基本上都會在理性決策思考的驅使下，根據本身的目標以及所掌握的權力資源，決定採取何種手段，以追求最大優勢。

四、形象塑造與區隔

除了採取上述立即可見的行動外，特定團體也會運用長期性的形象塑造策略，建立本身在社會上的形象與定位，並據以區隔與其他團體的差異。例如，Condit夫婦（1992）便指出，利益團體常以「蠶食鯨吞」（incremental erosion）的策略，運用語藝（rhetoric）工具逐漸地挑戰並

否定對手在某些議題上的立場，檢驗對方的行為，試圖重新定義社會對該議題的認知。

換言之，這是種一方面建構新的社會需求及情境，以提高本身的社會地位；另一方面又設定許多加諸於對手的限制，企圖打壓對方的策略。此一策略涉及該團體之意見領袖如何運用文字及其他符號以創造及改變眾人的意見，並藉以促動群眾產生同一個團體的歸屬感，例如，特定團體的領導人便經常運用語藝技巧，將自己與團體的支持群眾貼上環保分子或人權捍衛者的標籤（label），標榜代表社會公義，用以凝聚團體向心力。所以，擅長運用文字、符號等語藝工具的團體，基本上也是較有說服能力、掌握較多社會權力資源的團體，當然也就更能夠累積鮮明的社會形象。

五、組成利益聯盟，擴大權力基礎面

利益團體為了塑造本身代表廣大群眾利益與心聲的社會印象，同時為了開拓群眾基礎、擴展勢力範圍，也會與其他立場或性質相近之團體結合，在選舉、立法及行政等不同時期進行策略合作，形成所謂的利益聯盟（劉青雷，1988：189；Lindblom, 1991: 113-114）。「利益聯盟」（interest coalition）有時係以正式締盟的方式，由幾個特定團體組合成另一個更大規模的組織；有時則沒有正式的組織形式，僅針對特定議題進行暫時性的合作，齊一口徑，各自朝同一目標遊說，待目標達成後組織即慢慢萎縮。不論以何種方式結合，特定團體的結盟通常較有利於遊說工作的整合運作。

政府部門於評估利益聯盟的影響力量時，可由以下三個面向進行觀察：一是加入該聯盟的團體數目以及團體成員人數；其次，哪些重要的社會意見領袖（例如政府決策者、民意代表、學術及宗教領袖）及主流或菁英媒體（elite media，此處指報導及評論具有社會權威性、足以影響社會輿論趨勢之媒體）支持該聯盟；最後是贊助該聯盟的資金是否充足並來自各方（Bodensteiner, 1997）。換言之，團體數目及團體成員人

數足以顯示該聯盟的特殊代表性及社會正當性；意見領袖及菁英媒體的背書則能夠凸顯該聯盟的議題主導能力與社會主流地位；資金來源充足且多元則意謂該聯盟可以自給自足，正常運作，不致受到少數特定團體或人士的支配與操縱，因此更具有社會代表性。

除了基於共同利益的結合外，團體聯盟的形成尚有其他因素或管道，諸如省籍、同鄉與地源的接近性，聯姻關係、世代繼承等因素（徐瑞希，1991：85-98）。

六、發展行動方案

(一)行動方案的種類

特定團體爲表達訴求所採行的行動模式有很多種，最常見的有以下幾類（劉青雷，1988：223；朱志宏、謝復生，1989；Lindblom, 1991: 107-114; Lerbinger, 1997: 125）：

1.說服（persuasion）行動：這類行動主要以資訊的宣傳爲主，包括：

①直接透過寫信、會面、對話等方式，說服政府部會。
②舉行記者會、發布新聞稿，宣傳訴求主題。
③進行研究及出版文宣品。
④推行公眾教育等。

2.政治（political）與法律（legal）行動：主要是利用法律賦予的公民權利或法律上的灰色地帶，用行動傳達團體之主張，例如：

①接受關係人之委託代爲表達意見。
②遊說、出席公聽會作證、結盟、舉行公投。
③採取法律告訴行動。

④進行法律許可之罷工、杯葛、抗議及示威。

⑤非暴力的不合作運動，如靜坐、封鎖（包圍）建物、不遵守警察指揮等。

3.**非法的暴力行動**（illegal violence）：係指採取違法行爲製造社會壓力，以凸顯訴求主張，喚起眾人對事件的關切，包括打人、破壞、暴動、叛亂、革命，甚至恐怖行動（terrorism）等均屬之。

4.**動員投票**：特別是指在選舉期間，爲影響一般民眾，藉動員所屬會員以寫信、打電話、傳眞、電郵等方式，發動「草根（grass-roots）遊說」，表達投票支持或不支持某政黨或候選人，形成選票壓力。

(二)行動方案之公關策略

以上有關特定團體行動策略的情形在我國亦有所見。例如，孫秀蕙（1997：226-254）以「興建核四電廠」議題爲例，探討「相對弱勢」的環保團體，自民國七十六年起迄民國八十二年間，如何運用、統合有限的資源，與媒體互動並建立關係，以掌握一定的議題詮釋權。孫秀蕙發現，反核團體所採取的公關策略主要有以下四大類。

首先，逐步引導媒體報導的「解釋框架」。例如大量透過「資訊津貼」（information subsidy），將相關學者專家的反核專業論點、台電其它核電廠意外事故，以及國際知名案例等資訊，以新聞稿、聲明、讀者投書、撰寫專欄等形式，爲媒體建構一套「反核語言」，逐漸把核四廠由地方化議題（建廠地貢寮的生態）轉變爲全國化議題（核能安全）。弱勢團體唯有利用社會權力體系間互相矛盾的價值觀與利益關係，了解新聞記者對於（衝突性）資訊的需求，才能免於被媒體邊緣化或負面化的宿命。

其次是進行反核行動，例如採取示威、靜坐、絕食、行動劇等方式，攫取媒體與社會大眾的注意。而此類反核行動又與第三項策略「結

盟」，密切相關。

　　為了擴大群眾基礎，反核團體又積極延攬立場相近的其他社會團體或非營利組織，共同採取上述反核行動。包括綠色消費者基金會、新環境基金會、主婦聯盟、台灣醫界聯盟、台灣教授協會，甚至如台北縣政府，民進黨與綠黨等政黨組織均為反核組織的一員。其中，又以被視為「意見領袖」的知識分子投入反核運動最具特色，孫秀蕙強調，知識分子因為擁有「文化資本」，故往往能夠在大眾媒體上占據優勢地位，發揮極大的影響力。

　　反核團體所採取的最後一項公關策略是加強國會遊說與動員的工作。孫秀蕙指出，政治與反核力量的結合，代表核能議題有清楚的黨派利益分野，也意味著核四議題在國會裡有勢均力敵，足以相抗衡的反核與擁核代言人；反核議題進入體制內，代表該議題未來必然以立法院為主要舞台。

第三節　運作與因應策略

　　本章第一節已就特定團體事務管理之目的有所介紹，本節將探討公共議題管理者（公關人員）如何將公共政策權力資源的運作觀念，運用於平衡各種利益團體間的利害關係，讓不同特定團體的意見及利益都能獲得一定程度的滿足，以化解可能發生的對抗危機。更重要的是，透過這種管理機制，政府公關人員尚可導引群眾的力量去抗衡立法權或媒體權，進而主導社會議題或言論市場的趨勢[1]。

　　基於維持與特定團體的和諧關係，Susskind & Field （1996：37-59）提出「互利途徑」（mutual-gains approach）的管理原則，做為因應特定公眾團體與意見領袖事務的指導方針，這些原則包括：第一，嘗試以對方的觀點來看待問題，正視對方關切的事物；第二，試著努力提供正確、完整、有信服力的資訊給對方，共同找出事實真相；第三，保證如

果發生狀況，將全力降低影響程度，並給予補償，以爭取對方的信任；第四，負起責任、承擔錯誤、並分享權力；第五，表現出值得對方信賴的行為方式；最後，建立長期、友好的互動關係。

Banks（1995：95-99）所提出的「對話式領導」（dialogic leadership）管理策略與Susskind & Field的論點，均強調建立組織在特定團體人士眼中之信任（trust）及公信力（credibility）的重要性，並視公信力為組織之最大資產。為了建立機關組織的社會公信力，Banks建議組織決策者在與特定團體打交道時，最好遵循下列四項原則：

1.不論在情感上或是理智上，組織所設定的目標最好都能夠符合利益關係人（包括特定團體）的期望。亦即讓組織與公眾的目標有機會獲得雙贏結果。
2.當特定團體表達某種看法與論點時，應警覺到該看法及論點必定與團體之切身利益密切相關，故應予以尊重並回應；若置之不理或解讀錯誤，可能將造成雙方的誤會，甚至對立。
3.充分向對方說明組織的職責與權限所在，並堅守立場；也就是說，要讓對方完全了解組織「能做」與「不能做」的界線。
4.組織的決策程序、政策產出及政策執行等最好能讓特定團體與意見領袖覺得是公平的，並符合其需求。

其次，就管理工作的執行面而言，政府公關人員可以從三個層面來切入特定團體及意見領袖事務的運作與因應：一是由權力資源運作角度來擬定管理策略；二是就技術或實務需要制定因應措施；最後是強化政府掌握民意、關照社會團體利益的機制。以下進一步詳細說明。

壹、擬定權力資源管理策略

在第一個層面權力資源管理策略擬定部分，Hunger & Wheelen（1993，引自Heath, 1997: 160）認為，當組織面臨社會議題的挑戰時

（譬如利益團體向政府施壓的狀況），必須先思考二個面向的問題：外部環境的機會（opportunities）與威脅（threats）是什麼？以及內部環境的優勢（strengths）與劣勢（weaknesses）何在？[2]Hunger & Wheelen的主張也就是一般所謂的「SWOT法則」── Strengths + Weaknesses + Opportunities + Threats。

議題管理下的情勢分析所講求的專業程序與「SWOT法則」相似，都主張公關人員在進行管理時，應該先了解並掌握組織本身所具備的優勢或籌碼，分析欠缺的部分以及容易受到攻擊的弱點，易言之，如果從權力資源交換的角度來看，就是要先界定組織所掌握的社會權力有哪些是可以共享或分配的，而特定團體所擁有的社會權力又有哪些是機關缺乏而彼此可以互相交換的。經過上述的檢定程序後，再找出機關外部威脅的來源、性質及目的，釐清特定團體所引發之社會情境與問題本質，以及面對威脅挑戰下，機關所能開創或運用的機會。

Lindblom（1991：116）指出，利益團體雖然足以發揮強大的力量，但因受制於下列因素而使其影響力打了折扣：(1)利益團體之間的衝突抵銷了其中一方的影響力；(2)因為公眾可能同時分屬不同的利益團體，所以單一的利益團體並無法掌握絕對的控制權力，或動員所有的會員；(3)如果某一利益團體打破了既存利益的均勢狀態，往往會造成新的利益團體出現，並起而與該團體抗衡。

因此，對政府部門而言，特定團體的受制因素也就是公關人員可以運用的機會點。比方說，公關人員可以思考運用利益衝突之不同社會次體系間爭奪權力資源的態勢，從中進行權力運作，以某些勢力制衡特定團體的訴求，進而引導社會議題的發展方向。舉例而言，在勞工團體要求提高基本工資、降低工時，同時不斷發起街頭示威運動向政府施壓之際，政府除了一方面以失業率恐將上升之恐懼訴求與勞工團體進行溝通外，另一方面則可拋出「擔心工資成本上漲，不利國家整體經濟發展」的訊息，喚起企業界對此議題的關切，同時以適當的方式「示意」工商業團體（雇主利益），發起引進外勞、開放赴大陸投資及提高工時等降低企業成本之呼籲或行動，牽制勞工團體之氣勢；然後，政府便可由

「被壓迫者」的角色，轉變為勞工團體與企業團體間的爭議「仲裁者」。

其次，政府可運用資源分配手段收攬或與特定團體建立夥伴關係，以利日後發展合作事宜。例如，藉由釋出補助金，贊助活動；讓某些團體參與政府公共政策之制定過程，發揮專業影響力；施予尊崇之名銜或地位，提高其社會形象知名度等，都是可以考慮的手段。不過，在運用政府名器爭取特定團體的支持時，尤其要注意社會的觀感、名器與實質貢獻是否相符，以及後續公關聯繫的維持等。

再者是轉化策略聯盟的概念，將特定團體納入政府正式體制的運作，一方面運用特定團體之優勢，另一方面則用體制和制度規章約束特定團體的行為。Heath（1997: 184-185, 189）便認為，議題管理者應該捨棄敵對（antagonistic）的錯誤觀念，視活躍分子為盟友（allies）、而非敵人（foes），並且要思考組織本身的目標是否與壓力團體相同，透過集體決策過程達成互利互惠的目的；Heath強調，唯有抱持雙贏的態度，採取建設性的溝通與集體決策策略，才能獲致彼此互利及和諧的結果。

不過，有時為了反制言論立場偏激的特定團體，在不得已的狀況下，恐怕免不了要採取攻擊性的策略。在反制時，可以針對特定團體的四大罩門——團體成員數、社會意見領袖是否背書、主流或菁英媒體是否支持及資金是否來自各界等，一一加以調查、檢驗，並揭發其真貌，對於那些虛張聲勢或遭少數人把持的團體，此種反制措施便可達到壓制該特定團體，令其信用破產的效果。舉例而言，如果某抗爭團體號稱擁有高達十萬的會員數，並獲得某些政壇（黨）人士支持，但經政府部門私下了解後發現，事實上該團體會員數不足五千人，且既沒有政壇人士相挺，資金來源也有問題，則可將實際情形「放消息」給某特定媒體加以報導，一旦該團體之社會公信力遭到質疑，便達到壓制其氣焰的目的了。

貳、制定實務運作因應策略

接著，特定團體及意見領袖事務管理的第二個層面是實務運作方面的因應策略。

在此一層面，政府部門的公關人員最好根據議題管理的思維，預先界定機關業務或在所推動的政策中，容易受到特定團體質疑的議題，擬定因應的說詞及立場，並開始發展所謂的運作方案。其次，當發覺到利益團體可能以發動抗爭作爲與政府談判的籌碼時，公關人員便需要研擬不同的因應計畫，包括處理正面對抗、肢體衝突時的危機管理計畫，發動其它特定團體反制該團體的運作方案，媒體輿論立場的操作，或促動社會意見領袖介入化解紛爭等等。

在實際操作時，尤其要善加利用「意見領袖」對特定團體的影響力。一般情形下，吾人假設「意見領袖」係因特定公共議題之發生而出現，或位居利益團體的主導地位，故對某些特定議題必然相當熟悉，且其領袖地位亦可藉由媒體大幅報導或團體群眾之支持而得以強化。故政府部門若能於公共議題發生前即掌握潛在之「意見領袖」，並建立良好的互動關係，則在必要時，便可適時運用意見領袖，導引公共議題的發展方向，或在議題發生後，透過意見領袖掌握議題內涵的「詮釋權」，爲政府政策之社會正當性與公義性預設解釋空間。

潛在的意見領袖往往也是預測社會議題發生或發展趨勢的人，所以，透過意見諮商，政府決策者便可預測公共議題的發生與演變，預先規劃因應之道。由此看來，與意見領袖加強聯繫的目的至少有二：一是爲運作與動員某特定團體鋪路；二是爲該意見領袖創造「發表意見之舞台」，建立雙方互利互惠的關係。

爲便於與特定團體進行聯繫溝通，可針對該團體內部或社會上具公信力之意見領袖建立對口機制，於日常時期即發展良好之溝通關係。換言之，管理者的基本策略思考是：應該儘可能結合機關體制內既有之溝

通管道，以及體制外之特定團體／意見領袖管道，針對當前可能影響政府施政或形象的政策問題，或未來可能發生之社會議題等，事先建立暢通的溝通機制，以利政策宣導或推動。

在執行意見領袖管理時，政府公關人員首需根據本機關業務性質的需要，定義出特定團體內部與外部「意見領袖」涵蓋的範疇，一般會把焦點鎖定在學術界、工商企業團體、社會（公益、職業、政治）團體及研究機構等各行業的代表性人物。其次，在選擇目標「意見領袖」時，要設定機關需求以及社會大眾比較能接受的條件，選出適當的「意見領袖」，以下試舉選擇時的標準說明之：

1.具有某特定團體之專業代表性及社會知名度。
2.具有運作媒體的能力，經常接受媒體訪問，或其談話經常為主流媒體所引用。
3.以通俗之社會價值觀評估，其社會形象頗為正面良好。
4.擅長社會動員及形象塑造，被視為具有社會領袖魅力。

人選選定的作法可以採取交叉方式，自不同資料庫或名單來源篩選出來，例如從政府相關機關已建檔之學者專家資料庫系統、民間智庫名單、基金會名錄及大眾媒體報導等都是好用又方便取得的來源。

與特定團體或意見領袖建立聯繫的方式很多，可以靈活運用，一般常見者包括：(1)以贊助經費、共同舉辦活動、動員民眾參與活動等，建立合作、互補互利關係；(2)透過公聽會、座談會、研討會等方式，達到資訊共享，導引社會議題的目的；(3)以餐敘、拜會、邀請參與活動及其他方式，加強人際互動，培養互信，建立感情。

參、強化政府因應民意之機制

最後，特定團體及意見領袖事務管理的第三個層面是強化政府掌握民意、關照社會各種利益團體權益的機制。

特定團體活動的增長現象反映了政治過程中民眾對政府角色的期望，也代表社會上仍然存在著利益分配不均的現實，故特定團體之出現對政府公共政策之制定及推動具有一定之政治價值。然而，強勢利益團體所代表的利益總是凌駕或甚至剝奪弱勢團體利益的不平等現象，卻值得以維護社會公義為使命的政府機關正視並解決之。因此，政府機關有必要就執行下列的策略加以思考：

1. 建構方便、正確、快速的民意蒐集處理機制，讓代表各種民眾利益的特定團體，都有機會和管道向政府相關機關陳述意見，同時獲得政府一視同仁的回覆，並儘量落實在之後的政策制定與推動。

2. 對處於弱勢、但確實對社會有重要貢獻的特定團體，政府有責任採取具體措施加以保障，例如用財務補助的方式，維繫其正常運作，使其得以繼續「發聲」，向政府及社會提出建言。

3. 鼓勵或建構適當管道，讓民間團體得以直接參與政策制定過程，表達意見，並與其他特定團體論辯，讓政府公共政策的公義性、周延性及代表性得以彰顯。當不同利益團體參與公共政策的基礎越廣泛時，越能防止少數特定團體對社會資源的壟斷，也越能避免產生公共議題的後遺症。

4. 誠如劉青雷（1988：273）所說的，當政黨力量開始式微時，人民就會懷疑政府已被利益團體所主宰，故強化並健全政黨制度是另一個管理利益團體的方法。換言之，當政黨越能反映不同選民的利益，並能妥善化解利益衝突的狀況時，則代表社會資源的分配問題可以透過制度化的國會機制加以解決，而不需由政府直接面對成千上萬的利益團體；因為如此，屆時利益團體所能發揮的社會影響力便相對受到限縮，而政府的運作效率卻可大幅提升。

在民主代議制度下，政府不應該只讓少數群眾受到照顧，而必須注意集體的需求與利益。爰此，劉青雷（1988：272-275）提出「制衡」的觀念，主張政府應該主動介入、並制衡不同團體間因為條件差異而產

生的競爭地位不平等現象。從國內過去利益團體所扮演的角色，以及所採取的行為模式來看，特定團體的定位與表現也許不甚理想，但它仍是民主政治體制內人們表達意見的重要管道，政府能為特定團體與意見領袖做的事，歸根究底，便在：輔導其步入正軌，化減現存的缺點，並激發其發揮正面功能。

註釋

1.當政府在進行特定團體與意見領袖事務管理時，主要目的不外乎二種：一是「控制」，即將特定團體影響政府各項運作的變數，控制在一定程度內；二是「運用」，也就是從權力運作的角度思考，為了順利推動施政，政府必須結合所謂的外部力量，以擴大民意基礎，此處之外部力量可能指利益團體、媒體、學術界等。當政府採取「運用」策略時，要注意不要造成「合作」團體被外界定位為「政府的御用工具」，徒增未來合作的困擾；另一方面，則要避免因「動作太大」，而引起對立勢力的反彈，特別是政府部門在抗衡立法部門或媒體壓力時，更要發揮「政治智慧」，妥善處理微妙的權力關係。

2.Hunger & Wheelen （1993，引自Heath, 1997: 160）將組織所處的環境分為外部環境（external environment）與內部環境（internal environment）兩種。其中，外部環境又有工作環境（task environment）與社會環境（societal environment）之分別。工作環境係指涉與組織運作直接有關的團體，如股東、政府、社區、競爭者、消費者、勞工、利益團體及商會等；社會環境則泛指經濟、社會、文化、科技及政治因素等。

第十一章　網路科技之影響與運用

第一節　網路科技及其意涵

壹、網路科技概論

　　一般人對網路科技的認知大多係就網際網路（internet）裡的「全球資訊網」（world wide web, WWW）而論，本章之論述基本上也依循這種通俗的用法（註：以下為行文方便，網際網路簡稱「網路」）。

　　網際網路係由散佈在全世界的電腦網路所構成，其誕生要追溯到一九六九年美國國防部「高等研究計畫署」（ARPA）所發展的網路前身「Arpanet」（Himanen, 2001: 211）[1]，其設計目的是使電腦系統非集中化（de-centralized），以免當系統中的某一部分受損時，連帶影響到其它部分的繼續運作，故分散化的功能是網路最初設計時的重要考量之一。

　　到了一九七○年代，學術界開始在大學校園中運用網路與其他學校或機構的電腦網路連線。之後，網路便如雨後春筍般地被一般大眾使用。

　　網路的內容儲存在全球許多相連的電腦系統中，透過電話或其它電訊線路，世界各地的政府、公司、團體、機構及個人都可以取用，有些內容是免費使用的，有些則要收費。整個網路的環境已快速成長為一種跨國性媒體，數以億計的使用者（user）同時在提供內容並使用內容，因此，網路內容的多樣化與多量化是前所未見的，而且內容更新的速度也超乎想像的快。例如，根據IDC／World Times機構於二○○二年一月發表的研究報告，二○○一年全球上網人口約達5億人（引自資策會FIND網站：http://www.find.org.tw/），網站超過七百萬個（《中國時報》，2001.12.27），所產製的資訊難以計算。

　　網路快速成長的部分原因在於使用費用相當低廉，使用者除了準備

電腦、數據機及一條電話線（或租用寬頻線路）的硬體費用外，僅需再負擔少量的連線服務費及市內電話費即可。此外，網路的發展並不純然是為了追求商業利益，更在於人們有一種分享及獲得資訊的心態，許多人視自己為網路社區（internet community）的一份子，並以提供資訊給他人為樂，收不收費在其次。這種精神正如同當初規劃設計全球資訊網的英國人Tim Berners-Lee（引自Himanen, 2001: 213）所說的：

> 與其說全球資訊網是科技上的發明，不如說它是一個社會產物。它不是一個高科技玩具，我設計它是希望能帶來社會效益——是為了要幫助人們合力工作。全球資訊網最終的目的，便是用來協助改善我們在這個人際網絡世界中的生活。

網路所能創造的服務功能很多，並且正持續發展新的運用中。包括遠端登入（telnet）、電子郵件（e-mail）、檔案傳輸協定（file transfer protocol, FTP）、網路新聞論壇（usenet news groups）、電子佈告欄（bulletin boards）、電玩遊戲（games）、及全球資訊網（world wide web, WWW）等均屬之。以免費電子郵件服務（free web mail service）為例，根據調查，全球網路信箱數量（e-mail box）已由二〇〇〇年的五億五百萬個，每年以138%的複和成長率上升，預估至二〇〇五年時，電子郵件信箱的數量將達到十二億個，屆時每天電子郵件的數量將達到三百六十億封（引自資策會FIND網站：http://www.find.org.tw/）。

近年，網路又衍生出其他應用服務，例如電子商務（e-commerce）、遠距教學（distant education）、電子化政府（e-government）、網路民調（internet poll）等；新的應用服務以及帶動的網路產業正以無限的潛力向前邁進，既帶給人類機會，也產生許多挑戰。

由於網路是一種跨越國界的新科技，所以網頁的內容可能來自不同國家的提供者，因此沒有任何國家可以獨力控制網路的運作或內容。網路雖然具有資訊多元化、內容豐富等優點，但也因為跨國界的特性，使許多違反某些國家法令，或部分內容對未成年人身心有不利影響的內容，在全球網路裡到處流傳，造成許多國家頭痛的問題[2]。

貳、網路的社會經濟政治意涵

　　無疑的，網路科技已對全球社會、經濟及政治等各層面造成深遠影響，一些以科技決定論觀點（technological deterministic view）審視網路對人類影響的人，甚至主張網路可以解決當代社會的所有問題，有學者稱這種現象為「網路狂熱」（internetphilia）（Patelis, 2000）。雖然盲目地崇信網路的正面價值並不足取，但持平而論，網路科技確實對人類本身、社會、經濟、政治等領域產生許多本質上的變化，值得吾人正視。

　　White & Raman（1999）研究發現，企業組織建置資訊網站的目的除了提供資訊、廣告、行銷及與消費者溝通（透過電郵）外，也包括節省企業成本開銷、提升與業界的競爭及考量未來的需要等；此外，設置網站尚有推展公共關係的作用，例如，可以在網路社區占有一席之地，不致在網路上缺席；再者，設置企業網站亦有凸顯組織在業界的地位象徵；最後，透過網站傳播訊息，更可建立企業形象。

　　在人文社會層面，網路科技已改變人們的價值觀及行為模式，並賦予個人諸多的權力。譬如Wernli & Frank（2000）指出，網路社會裡的現代人有以下幾種特質：(1)工作變得很忙、追求精確，但沒有耐性、寬容心不足；(2)消費選擇多元化，不限於國內；(3)透過網際網路快速累積知識；(4)人們組成許多團體，並對外施加壓力；(5)各種機構（政黨、政府、非政府組織、企業等）競相爭取人們的青睞，企圖影響公眾的偏好；(6)在網路裡，人們享有點選任何資訊的絕對自由。由於網路促使社會議題發展的速度加快，因此，愈能夠及早掌握人們對特定事務的認知，則愈有機會塑造或建立組織的社會聲譽。

　　其次，支撐網路科技不斷向前發展的因素在新穎（newness）及動態（dynamism）兩項特質，故在資訊社會中，所有事物都追求新奇，所有事物都會快速改變，沒有任何事物是一成不變的，因而為保有權力優勢，人們只有不斷地創新與轉化（Patelis, 2000）。

再者，網路創造了對「自由」一詞新的意涵，使人類可以超脫社會既存的人群關係，免除來自社會、經濟、文化、政治，甚至疆域的外在限制，讓人們可以在網路上自由發言，表達意見。由於網路可以增進人類之言論自由，所以論者相信，網路也可以取代長期以來遭人詬病的代議民主（representative democracy）制度，落實直接民主（direct democracy）的理念（Patelis, 2000），而使網路在政治活動的運用上有了新的角色。

再從國際政治的角度來看，全球資訊網之非集中化特性，使散佈社會各地或世界各角落的民眾可以接近並使用資訊，打破邊陲地區民眾或國家所受到的資訊落差或不平等待遇；因此，藉由跳脫國家或政府及傳統媒體控制資訊的枷鎖，網路可以推翻現存的權力結構與獨占情形，賦予個人及一些組織更大的影響力量（Patelis, 2000）。

網路對經濟所造成的影響層面尤其深遠。相較於過去的工業經濟（industrial economy），當前的資訊經濟（information economy），不論在生產、行銷、消費等方面均有大幅度的轉變，這些轉變至少有以下四種型態（Patelis, 2000; Holtz, 1999: 16-21）：(1)由上到下的（top-down）vs.網絡的（networked）；(2)以數量為基礎的（based on quantity）vs.以品質為基礎的（based on quality）；(3)整批處理的（batch-processed）vs.分批定製的（customized）；(4)生產者導向的（producer-driven）vs.顧客導向的（customer-driven）等，茲分述於后。

一、由上到下的 vs. 網絡的

工業經濟的生產型態是由生產者、配銷者到消費者，有所謂的上游、下游之分；組織的型態與決策也是由上到下，只有上層的人才能控制資訊。資訊經濟則沒有如此明確的分別，而比較強調網絡分工的觀念，尤其在資訊軟體的產銷上更是如此，有時在網路上，產品之銷售既不用包裝，也不必配銷，亦不以實際貨幣交易，一切都是透過「位元資訊」的傳遞來完成；控制資訊的人也不再只是上層少數的決策菁英，而

是分布在平行網絡中的許多人。

二、以數量為基礎的 vs. 以品質為基礎的

工業經濟強調物以稀為貴，故為刺激消費，必須講求大量生產，以降低成本與售價，並增加利潤。相對的，資訊經濟則以品質為重，認為顧客對品質的需求、或是購買某產品品質之意願決定了價格，換言之，品質高、或符合顧客需要的產品就能主導市場。

三、整批處理的 vs. 分批定製的

工業經濟主張大量生產，故為了作業方便與提高生產速度，產品規格是定型化的。反之，網路經濟強調商品的獨特性，透過快速掌握資訊的流動，可以配合市場之不同需求，接受少量、訂做的產品，而不增加成本。

四、生產者導向的 vs. 顧客導向的

工業經濟認為，市場需求是可以創造的，只要商品大量生產，降低售價，再透過策略性的行銷手段，便可以引發消費者需求並刺激購買慾望，所以是從生產者的觀點來看問題。相對的，資訊經濟則認為，只有抱持以顧客為中心的態度，貼近消費者的觀點，生產符合實際需求的產品，才能打敗競爭者，占有市場。

參、網路科技對傳播之意涵

長久以來，新聞界是一個由記者、製作人、政治人物等「專家人士」把持輿論立場的封閉系統，在這個系統中，媒體有其自成一套的運作流

程，所以一般民眾很難有機會進入系統並表達多元的意見，在媒體偏頗報導及政治人物蓄意攻擊雙重因素的激盪下，社會大眾逐漸對政府的表現失去信心，政府部門的整體社會形象也因此一落千丈（Heath, 1997: 265-267）。

加上過去政府部門多僅仰賴無線電視台或廣播電台的公共免費時段[3]或透過付費廣告向民眾陳述政策立場，比較少有直接面對群眾的管道，更加深了政府部門受制於媒體通路的窘境。但是，網路科技時代的來臨，讓政府部門困窘的地位起了重大轉變，政府除了可以打破媒體壟斷輿論市場的扭曲狀況，更有機會透過網路拉近與民眾的互動關係，改進政府在民眾腦海中的印象。誠如Morris（1999：205-221）所言，網路新聞以其多元、快速、詳細的內容，逐漸獲得一般民眾的信任，反之，傳統媒體的社會公信力及威望卻漸漸沒落。由此看來，網路通道正是政府部門可以加強運用、著力的新媒介。

網路時代的公共關係概念也有了改變，變得更強調組織與目標對象之間的雙向對話溝通（two-way dialogic communication）。如果兩造進行對話就可以進一步促動雙方發生互動行為，則對處於邊緣化或孤立化的弱勢族群而言，便意謂透過雙向式網路科技的幫助，將較有機會取得與他人平等互動、溝通觀念與意見的管道（Kent & Taylor, 1998）。現今之網路技術如電郵、BBS、討論區等，早已提供政府與民眾可以隨著公共政策議題變化之需要，互相傳遞有用、但不受媒體過濾檢查的資訊，使得觀念與意見交流的公共對話（public dialogue）成為可能。因此，公共議題管理者的重要工作乃在將網路技術運用於公共事務的管理，包括建立資料庫、監測議題、建立警報系統等（Heath, 1997: 281）。

所以，網路科技已對人類傳播的型態造成結構性改變，簡單而言，主要的轉變有以下幾項（Holtz, 1999: 21-36; Sparks, 2001）：(1)由「少對多」（few-to-many）變成「多對多」（many-to-many）；(2)受眾導向的傳播方式（receiver-driven communications）；(3)接近使用導向的傳播方式（access-driven communications）；(4)由「大眾」傳播演變為「小眾」傳播；(5)改變資訊傳遞的型態；(6)新聞界的「權力重整」等六項，茲分

述於后。

一、由「少對多」變成「多對多」

傳統上媒介組織與受眾的關係是單向的（one-way）模式，由記者、社會菁英控制的媒體不斷地向一般民眾傳播資訊，民眾不過是扮演資訊消費者的角色，平民百姓如想在媒體上發聲、刊登廣告，大概也負擔不起高昂的廣告費，所以，過去的傳播型態是少數的人與組織對多數的民眾傳播。反之，網路科技提供一般民眾一個開放、自由的網路空間及管道，讓所有人均有機會以免費或極少的代價向其他人傳播資訊。因為資訊的來源不再僅限於媒體及少數組織，所以這種溝通型態不僅是雙向的（two-way），也可以是多數人對多數人的傳播。

二、受眾導向的傳播方式

網路科技發明以前，傳播過程的重心是傳播者，亦即由傳播者決定受眾接收何種訊息，並控制傳播的效果，所以傳播研究之重點在於傳播者產製哪些訊息、訊息如何傳播給受眾，以及訊息反映了傳播者的哪些觀點。相反的，網路時代的傳播重心是受眾，而傳播者之間係處於相互競爭的關係，亦即輿論市場的訊息是相互競逐的，只有能夠獲得受眾青睞的資訊才有留存下來的價值，因此受眾所面臨的狀況往往不是資訊不足，而是資訊管道與負載過多（overload）。

我們可以用以下簡單的模式說明何謂受眾導向的傳播方式：

當我想要（資訊）時，我只要我想要的（資訊）
（I-want-what-I-want-when-I-want-it）

這個公式顯示在網路時代，只有當受眾有需要時，他（她）才會去尋找需要的資訊，當他（她）不需要時，資訊即使製作的再好，也不具有使用價值；因此，傳播者不再能夠像以前硬「塞」（push）資訊給受

眾，更多的時候是傳播者必須提供方便的管道以及豐富、容易尋找的資訊，「吸引」（pull）受眾去消費資訊。例如，目前幾乎所有企業、政府組織、媒體、民間團體等都會透過建置網站，建立與目標對象的對話關係，並以使用者方便（user-friendly）為主要設計原則，提供有用的資訊，讓網站值得目標對象重複上網（Kent & Taylor, 1998）；同時，為方便受眾尋找並進入網站，網站也會與搜尋引擎（search engine）網站連結。

三、接近使用導向的傳播方式

為了落實「受眾想要時就能找到想要的資訊」之理想，做到方便受眾「接近使用」（access）網站資訊的原則，除了前述建置使用者方便之網站、與搜尋引擎連線外，許多組織也透過自動傳真索取（fax-on-demand）資料、電郵派送資料目錄連結等網路技術提供目標對象更好的服務。在網路內容之規劃方面，也儘量做到以下原則：資訊數量豐富、不斷重複出現，以及建構資料庫方便搜尋、取用等。

四、由「大眾」傳播演變為「小眾」傳播

過去的傳播模式強調根據人口特性（demographics）區隔目標市場，然後進行大規模的傳播活動，例如，鎖定教育程度、社經地位高的受眾，設計適當的內容，透過目標對象習慣使用的管道將訊息傳播出去，至於訊息是否真正到達鎖定的受眾則很難測定。反之，網路科技允許個人透過全球資訊網路進入特定族群的網站，利用網站的公共論壇空間，傳達特定的訊息給少數的個人，無形中，使該訊息被有效接收的機會大增，所以這是一種分殊、小眾、多元的傳播型態。

小眾化的傳播形態無形中改變了受眾的媒介消費習慣。例如，傳統上，看電視主要是為了休閒資訊，聽廣播是打發無聊時間或是邊做其它事邊聽，早上看日報、下午看晚報。然網路媒體則徹底推翻了此種固定

的消費習慣，取而代之的，是網路使用者自行發展出自己的媒體消費習慣，每個人都不一樣，所消費的資訊不僅不受地域或時間限制，而且來自全球各地。

五、改變資訊傳遞的型態

傳統媒體於傳遞資訊時，往往受限於四種因素，分別是：(1)物質：例如報紙、雜誌必須靠紙張印刷，沒有紙張資訊就無法傳遞出去；(2)時間：例如報紙、雜誌有所謂發刊時間，其他時候則處於資訊空窗期，廣播、電視雖然可做到即時轉播新聞，但受眾不能掌握關心之新聞何時出現；(3)功能：廣播、電視雖然能夠快速傳送資訊，但資訊是「線型」、而非「面型」的，且受眾沒有主動選擇資訊的權利；(4)地點：報紙有發行區域，廣播、電視則有收視範圍，在發行區域或收視範圍外的人則無法獲取資訊。相反的，網路媒體的特性顛覆了以上種種的限制，幾乎可以在任何時候、任何地點，獲取任何內容（只要硬體與網路能夠配合的話），更重要的是，資訊傳遞的成本大幅下降。

六、新聞界的「權力重整」

掌握新聞呈現的版面或時段就代表掌控了輿論權力，傳統媒介有限的版面及頻道時段其實是強化了媒體工作者的社會控制權力，這種現象在網路媒體（online media）興盛後將有所改觀。在網路社區裡，網路媒體對任何想法、事實、意見與評論的需求是無限的，為了填補這塊空間，新聞產業必須報導更多的新聞、撰寫更多的評論，因此，網路媒體將需要大量的「評論專家」或「意見領袖」來製造「資訊」；除了傳統媒體體系下的學者專家外，網路媒體亦必須網羅更多其他專業人士加入，當「專業知識」有了愈來愈多的呈現管道，「專家工業」因而蓬勃成長，透過結合專家的力量，網路媒體將能夠逐漸取得社會上的新聞控制權。（Morris, 2000: 101-111）

此一轉變影響所及，愈來愈多的權力流向獨立作家與記者，甚至是喜歡上網、並表達意見的一般民眾，相對的，編輯與出版者的掌控權就變得較小。對新聞及評論寫作者而言，在網路媒體裡，新聞報導內容的重要性將比報導登載的版面或出現的時段來得重要；舉例而言，出現在傳統媒體頭版與第十版的新聞所接觸到的閱聽人，在網路媒體上將不會有太大差別，因為這兩則新聞被讀者點選的機會大致上相同，決定因素在於報導內容是否吸引該閱聽人點選。所以，媒體的「品牌」變得沒那麼重要，內容才是關鍵。爰此，傳統上對主要及次要媒體的不公平對待（例如大報、小報的差別待遇）將被迫修正，「小」媒體與「小」記者只要有好的報導，一樣可以擷取世人的注目，發揮社會影響力。此一現象證明，網路基本上是機會平等的新聞輸出管道。

　　網路儘管帶來如此豐富的正面意涵，然吾人仍需反思，世人對網路科技一廂情願的樂觀期待其實有其風險。換言之，「網路科技必然帶給傳播工作正面的助益」的推論並非牢不可破，過度強調網路科技好的效應，恐怕將陷自己於科技決定論之偏頗立場。我們只要檢視網路帶給社會的相關問題與限制，便能理解網路事實上有其負面的社會影響。

　　最明顯的，相較於現實的社會情境，網路社會其實是一個「虛擬的社區」（virtual communities）。所有現實社會組成的要件如個人、組織、運作、法令規章、文化、習慣等，在網路社區內都是不具實體的，這些要件只是存在於網路上的電子位元訊號，所有網路使用者都是透過終端機，傳播電子訊息給社區內的他人或接收他人的訊息。

　　在虛擬的網路社區裡，有二項弔詭的假設值得我們省思：

1. 目標對象的真實身分與虛擬身分無法判定，亦即在終端機另一方的使用者的真實身分可能是真的，也可能是捏造的。例如在網路討論區，任何人皆可以任何年齡、性別、社經地位之身分與另一位以任何年齡、性別、社經地位身分之使用者，建立不同於真實環境的互動關係，則網路傳播可以更貼近目標對象之假設仍能成立嗎？

2.其次，網路社區與真實社區的範圍並不一致，例如網路社區內的人口結構可能是年齡較輕、白領階級、社經地位較高的，所以網路社區並不能反映真實社會的人口特性狀態，則企圖透過網路傳遞資訊，加強與民眾溝通，真能夠達到預期目標嗎？

第二節　網路科技的公共議題

　　鑑於網路跨國性、互動性與分散化的特性，以及網路科技不斷有新的應用發展出來，傳統媒體也開始大量運用網路科技傳播內容給受眾，使網路問題（E-problem）的管理益形複雜與困難，如任由問題發生、蔓延，而不加以解決，必將引發更嚴重之社會問題，並對政府及領導人形象，以及政府施政產生重大影響。因此，議題管理者有必要針對網路問題，以策略性思考，研擬網路解決方案（E-solution）。從公共事務角度來看當前由網路科技所引起、亟待解決處理的問題有以下幾項（ABA, 1996）：⑴網路犯罪（internet crimes）問題；⑵不當內容（unsuitable content）管理問題；⑶資訊落差（information gap）問題；⑷內容多元化（diversity of content）的隱憂等四項。

壹、網路犯罪問題

　　網路科技之優點猶如刀之雙刃，可以豐富人類社會，但也可能被不法人士利用，作為犯罪的工具。例如，當美國「九一一恐怖攻擊事件」發生後，民眾利用網際網路傳遞資訊、互道平安，或查詢最新事件發展之際，恐怖分子也可能正利用免費的網站（如Yahoo或Hotmail）或網咖，在加密技術的保護下，將攻擊行動成功的過程等資訊傳送給在世界某地的首腦（*Newsweek*, 2001.9.24, p.39）。

網路犯罪的類型相當多元，有利用網路工具從事犯罪行為者，例如電腦駭客（hacker）侵入政府或企業組織電腦系統及網站，盜拷軟體、下載機密重要文件，或蓄意發送電腦病毒破壞電腦系統[4]。其次，近年興起熱潮的網咖場所，不法業者提供網路賭博、網路援交等違法服務。再者，匿名之網路使用人蓄意在網路上散佈不實謠言，造成相關組織及個人之形象或實質損失，比如，只要網路謠傳某家便利商店的速食品不衛生，就會造成消費者不敢購買，直接衝擊該便利商店的營運。

　　另外一種網路犯罪是網路的違法內容（illegal content）問題。目前，各國政府根據政治、社會、文化、民情風俗及法律體制等條件，都會對大眾媒體所呈現的內容採取不同的法令管制標準與措施，例如有些國家的法令規定：描述暴力、犯罪、毒品與性陳述的內容，或教唆犯罪，教導製造槍械、炸彈，涉及誹謗他人等之內容禁止在媒體上出現，否則就是違法行為；但有些國家則只要求上述內容於分級後便可播映或出版。又有些國家允許大眾媒體批評政府及領導人，某些國家則將此種行為視為犯罪行為。由於網路全球化的特性，單一國家的法令對來自世界各地的網站內容並無法律管轄權，亦無從管理起，因此衍生出各國管理步調與措施不一的紊亂狀況。（劉俊麟，1999：165-172，185-196）。

貳、不當內容管理問題

　　全球資訊網站上的有些內容是在一般國家法令規章的最低標準範圍內，也就是並不違反現有規範的尺度，但不違法並不代表內容適合（suitable）所有人觀賞。例如，世界各國政府大致同意，有些成年人可以觀賞的內容如描寫「性」與「暴力」情節者，基本上對未成年人的身心發展是有害的（harmful），故並不適合未成年人閱讀或觀賞，因此這類內容大多納入傳統媒體管理的相關措施如「內容分級制度」，限定未成年人不得購買或觀賞，或限定播映時段及銷售地點等。

　　然而，因為各國文化、宗教、民情及政治制度之不同，何謂不適合

或有害內容也有不同標準，尤其當內容涉及性、暴力、粗話、毒品、批評政府或領導人時，其中的分歧更加明顯。由於網路的特性以及多數網站均不對上網使用者的身分設限，使得未成年人也可以不受時間及地點之限制進入特定網站，觀賞許多不應該瀏覽的內容。雖然目前已發展出多種「過濾軟體」，可以防止未成年人進入限制級的網站，但問題是，誰來給分布全球的網站分級？由誰來管理全球的網站？設在本國內的網站也許較容易管理，但跨國性的網站管理則因涉及他國法令與管轄權，其困難度相對提高。

參、資訊落差問題

有關網路資訊落差的問題，可以分二個層面來看。首先是虛擬民意（virtual public opinion）與真實民意（reality of public opinion）之落差。以最簡單的標準來看，所謂主流民意就是超過一半以上的民眾對某一議題的意見傾向；政府制定政策，推動施政的依據，有很大一部分是根據社會主流民意的偏好趨勢而定，但對非主流民意也不能完全置之不理。在現實的社會中，研究者可以透過客觀、公正的社會科學研究方法，進行民意調查，由於抽樣的母體是完整的、平等的，所以理論上每一個樣本被選中並施測的機會是相同的，調查所獲得的結果雖然有些許誤差，但其信度與效度應該是可靠的，故決策者可以根據結果瞭解「真實民意」所在。反之，網路社區的使用者（母體）本來就不是一個完整、平均分布的狀態，因此，不論網路民調的技術、過程、問卷設計等如何公正客觀，充其量其所反映的民意只能代表部分的真實民意。

由於網路民調的成本相對較低、執行時效快速，因此愈來愈多的媒體、政治人物及民間團體等針對社會議題、政府政策進行網路民調，並以民調結果向政府部門施壓。虛擬民意能不能代表真實民意？有哪些部分是重疊的？哪些部分是有落差的？如何判定？恐怕這些疑點都不是容易回答的問題。

資訊落差的第二個層面是網路平等使用權的問題。造成網路接近使用權（rights to access to internet）不平等現象的原因很多，諸如國家的富裕程度、國家發展資訊產業的政策、國民教育水準、城鄉差距、社會開放程度等都會影響使用情形。為了比較國家與國家是否存在使用權不平等的情形，我們可以透過幾個檢驗標準加以判斷（Patelis, 2000）：

1.電腦主機（computer host）的數量及分布狀態。
2.網域名稱（domain name）的擁有情形。
3.資訊傳輸的骨幹包括電訊網路架構（telecommunications infra-structure）及頻寬（bandwidth）。
4.上網使用人數（user）及其人口條件。

根據美國Network Wizards公司所公佈二〇〇一年一月的全球連網主機數調查結果發現，全球的連網主機數已經達到1億零957萬部，其中美國的連網主機數達1,200萬部（僅計算.us、.edu、.gov、.mil網域之連網主機數，不包括.net及.com網域，以及美國組織在其他網域登錄之主機數），高居世界第一；其次是日本（464萬）、加拿大（236萬）、英國（229）、德國（216萬）、義大利（163萬）及澳洲（162萬），而台灣的連網主機數亦與全球同步成長，連網主機數達135萬部之多。（引自資策會FIND網站：http://www.find.org.tw/，或經濟部技術處，2001：V 8-11）。

在使用人口的分布方面，根據Nielsen NetRatings所做的一份網際網路趨勢報告，在全球上網人口4億2,900萬人中（截至二〇〇一年第一季止；若根據IDC／World Times機構於二〇〇二年一月發表的研究報告，二〇〇一年全球上網人口約達5億人）：美加上網人口最多，比例為41％；次高為歐洲、中東、非洲地區，占27％；亞太占20％；拉丁美洲占4％，明顯可以看出世界各地區資訊使用權之差異性（引自資策會FIND網站：http://www.find.org.tw/）。

在一個國家之內，個人有無使用網路的能力牽涉到社會階層、經濟能力及教育水準等因素；根據統計，白種人、高教育、擁有專業或位居

管理階層、平均收入較高者，使用網路的頻率也高（Jordon, 1999: 73-82）。究其原因，網路所需的硬體及連線使用費雖然不高，但對一些中下階層者仍是一大負擔，越負擔不起，越不會去使用網路，因而在資訊吸取上越貧乏，也就越無競爭力。這裡所凸顯的問題是，不平等的網際使用權與不平等的社會地位形成惡性循環，使人與人、群體與群體、地區與地區，甚至國家與國家間的知識落差（knowledge gap）逐漸加大。

以台灣為例，目前上網普及率約在35%以上，上網人口約790萬人（九十一年第一季止）。其中，北、高兩市的人口上網比率分別在六成、四成左右；其它北部、中部及南部地區均有三成多的上網率；東台灣的上網率則在三成以下。由此可見，都會區、鄉村，以及大範圍的區域上網普及率均明顯有差異（引自資策會FIND網站，http://www.find.org.tw/；經濟部技術處，2001：III之11-13）[5]。

肆、內容多元化的隱憂

根據上述Network Wizards公司二○○一年一月所做的全球電腦主機總數調查資料顯示，多數的網站主要設在美洲、歐洲等發展國家，可以預見的是，這些網站必然反映了特定國家的社會、政治、文化、種族之價值觀。同時，因為多數的網站是以英文或羅馬語系建構的，相對於使用其他語系的國家而言，英語或其它主要語言乃成為網路社區的優勢語言，並傳遞優勢的強國文化，進而讓其他語系之文化被邊緣化，而形成另一個不平衡的網路世界（Jordon, 1999: 68）。

我們可以從另一項研究來了解不平衡現象的嚴重性。根據英國西敏寺大學（University of Westminster）教授Dr. Colin Sparks（2001）的分析，美國全境在二○○一年共設有4,923家網路報紙（online newspaper）、4,090家網路雜誌（online magazine）、2,158家網路廣播（online radio），及1,428家的網路電視（online TV）。相對於在歐洲，網路報紙、網路雜誌、網路廣播及網路電視的數字分別是685、774、229及172

家，亞洲及非洲的數據更少。因此，不論是就網路媒體總數，或是就網路媒體數與總人口的比例而言，美國無疑的都穩居網路媒體世界的龍頭，擁有足夠支配國際輿論市場的能力。

誠如前述，發展網路科技的原始用意除了有分享資訊的目的外，創造一種多元文化內容的媒介，增進世界各地人們相互間的認識與瞭解也是非常重要的目標。因此，避免網路社區變成單一國家或語系獨霸的環境確實值得國際社會重視，政府相關部門也應思考，面對西方國家蓬勃發展的網路應用服務與強大的網路內容攻勢，我們應該發展什麼樣的網路文化？對國家、社會及人民有哪些深層的影響？我們又如何在網路硬體與軟體建設方面走出自己的路？

第三節　網路科技與公共事務管理

網路科技具有強大的互動性（interactivity），可以作為組織與公眾相互溝通的絕佳管道，因此，議題管理研究者於處理網路科技議題時，除了應把網路視為公共議題管理的工具之一，也要將網路本身及其社會影響性看作是一項必須用議題管理手段加以管理的公共議題。

Crable & Vibbert（1985）認為，最有效的議題管理策略是把組織變成觸媒劑（catalyst），以利創造並正當化（legitimate）本身的議題，所以議題管理的作為不僅僅是被動回應，更應該是促動的（urging）、攻勢的（offensive）、投入的（engaging），亦即議題管理者應該是「議題激發者」（agenda-stimulator）。因此，政府部門在面對網路議題的管理時，除了要消極性的預防或處理前述的網路問題，也要積極發揮網路的特性，提高政府公共議題管理的效能。

壹、網路科技對公共議題管理的影響

　　議題管理的步驟包括議題掃描與監測、傳播計畫及執行等,在公共議題的每一個發展階段,議題管理者均可大量運用網路科技來提升管理手段的有效性。以下試從幾個面向,來探討網路科技對公共議題管理行為的影響。

一、強化議題監測與掌握的能力

　　首先要探討的是強化議題監測與掌握的能力(Heath, 1998; Holtz, 1999: 90-112; Thomsen, 1995)。網路科技與傳統媒介的整合,創造了新的傳播環境,也改變了議題管理人員的作業方式。近年來,公關人員大量利用網路科技,聯結相關的資料庫,從事公共議題的監測及分析研究工作,此一工作係由三個步驟所組成:(1)鎖定輿論市場(getting into the market);(2)掌握新聞(catching the news);(3)產製「資訊產物」(generating "information products")(Thomsen, 1995)。

(一)鎖定輿論市場

　　議題管理者的第一步是建立與傳統媒介如電視、廣播、報紙、雜誌之資料庫的連線,掃描媒體資料庫內有關本身組織之報導及評論,早期發現可能的警報(warning)或是高度敏感的資訊,所以這是預測議題(issues anticipation)的工作。此外,為擴大資訊掃描的範疇,還可與全球所有企業、政府部門、民間組織等各種機構之網站資料庫連結,隨時掌握最新動態。

㈡掌握新聞

議題管理者的第二步是掌握正確或需要的新聞。議題管理者除了可運用搜尋引擎（search engine；如AltaVista或HotBot）或入門（directories；如InfoSeek或Yahoo，以及國內之蕃薯藤、雅虎奇摩等）網站尋找可能之網站或網頁資訊，監看涉及組織本身的全球事物動態，掌握議題發展趨勢外，即時（real-time）新聞資料庫每隔一段時間（十或十五分鐘）更新最新消息的功能更有利於監看新聞動態。例如國內中央通訊社的即時新聞，從事件發生到新聞稿上網，再主動傳送到訂戶終端機，一般而言，前後可以在一小時內完成，甚至更短時間。

另外，甚至可將某些議題拋出到網路討論區（newsgroups or discussion forum），觀察網友對議題的意見，測試解決方案之可能反應等等。所以，在議題研究與監測工作方面，網路科技確實能夠提供既便宜又快速的資訊。

㈢產製「資訊產物」

議題管理者的第三步是把掌握到的資訊加工成組織需要的「資訊產物」。例如，從簡單的每日新聞摘要與彙整，到較為複雜深入、帶有策略分析的公共政策議題摘要，或撰擬政策建議備忘錄等，這些資訊產物對組織決策往往具有關鍵性的影響。

二、強化資訊公布與告知的傳播功能

網路科技對公共議題管理行為的第二個影響是強化資訊公布與告知的傳播功能，使網路傳播成為宣傳計畫中不可或缺的一環。網路因為具有即時、開放、低成本、全球性等特質，所以可以克服時間、時區、地理及出版、發行等種種限制，讓資訊得以在第一時間上網公告，使訊息擴散的能力達到最大化，此一功能尤其在災難發生期間更具效果。

以美國「九一一恐怖攻擊事件」為例。事件發生當時，民眾最迫切的資訊需求是「即時性的全面向報導」，然傳統媒體如電視、廣播、報紙、雜誌等均有其不足之處。例如，雖然電視、廣播媒體馬上進行現場直播，資訊亦不斷地被「傳播」出來，但基本上這是「線性」的新聞，一般民眾只能依循媒體的報導進度去認知事件複雜的面貌，但對「整體面向」的狀況及前因後果則不清楚；而平面媒體如報紙、雜誌等「全面性」的報導又有出刊時間的限制，緩不濟急。因此，網路新聞得以其獨特的傳播優勢，吸引全球的網民上線分享感想、查詢最新事件發展、了解恐怖事件的歷史、相關國家的反應等等訊息。甚至，由於紐約、華府地區電話線路之壅塞不通，親朋好友透過網路互報平安反而更為便捷（《亞洲週刊》，2001.9.17-23，pp.46-47；*Time*, 2001.9.24, p.12; *Newsweek*, 2001.9.24, p.39）。

三、公共議題討論的民主化

網路科技對公共議題管理行為的第三個影響是公共議題討論的民主化，有利組織與社區民眾的互動聯繫（Heath, 1998; Holtz, 1999: 90-112）。議題管理的核心概念是協助組織去調適外在的政策環境，因此，為了早期發現問題，組織必須掃描、監測、追蹤社會事件。議題管理的批判學派向來認為，組織與公眾之期望標準永遠存在落差，所以管理者應該盡一切努力，發揮公關職能的傳播技能，並且扮演「社會意義」符號管理的角色，以使社會有更好的資訊流通。換言之，議題管理者應該依據公共對話之原則，協助所有參與公共政策決策的人或團體共同創造社會意義、發展「意義區間」（zones of meaning）、降低分歧、達成共識。

政府部門通常擁有許多有價值的資訊，可以協助社會各界處理公共議題，所以政府有責任建構一個「資訊平台」（platform of information）的機制，讓社會大眾可以運用這個平台，共同針對問題，協商解決因應之道。此一機制的假設前提是，組織如果能夠持續提供大量的資訊給更

多需要的人，就更有機會可以主導公共政策對話的過程與結果。

在此一努力下，網際網路成爲可以打破媒體記者、編輯，甚至其他政治部門壟斷社會議題傳播的支配權力，讓所有參與公共議題討論的人或團體，不論其背景、地位或財力，都有機會將自己的立場與觀點傳達給遍佈全球各地的人。所以，網路科技具有建構公共議題對話論壇，讓公共議題之討論更民主化的功能。

貳、網路科技的應用範疇

網路科技可以運用在許多公共事務的管理領域，包括危機管理、媒體事務管理、社區關係管理與政策宣傳，及公民政治參與等方面，頗值得政府部門決策者於進行公共議題管理時之參考。

一、危機管理方面

在危機事件發生後，有關危機資訊的管理是相當重要的挑戰，管理的首要目標是針對不斷出現、混亂的事件資訊，在最短時間內，彙整、分析並勾聯出其中的關聯性；其次，是因應外界對事件資訊的需求，提供整理過、符合所需的資訊，透過適當的管道，供外界取用。無疑的，對危機管理者而言，網際網路此一新傳播科技在危機事件中，不僅可以是蒐集事件資訊的重要管道，同時也是對外傳播資訊的便利管道。

爲加強對外溝通，降低不確定情勢所可能引發之社會混亂，危機管理者可以嘗試採取下列動作加以控制（有關網路在危機事件時期所能發揮的功能，以及面對網際網路攻擊時的因應策略及作爲，請參閱本書第六章之說明）：

1.當危機發生時，負面資訊必然隨之出現，如果能夠在第一時間上網提供最新資訊，讓不同觀點的資訊與意見立場同時存在於網路

社區，則可避免因負面訊息主導輿論市場變成獨佔訊息，增加危機處理的變數。

2. 指派並授權專人在網路上即時快速回應，減少不正確的資訊或謠言持續擴佈至全球各地；負面的訊息如果不加以澄清，容易形成人們偏頗的刻版印象，之後若想予以更正澄清，扭轉認知，將是極為困難的事。

3. 網際網路不僅是雙向的溝通工具，它也是「分眾化」的媒介，所以針對網路社區裡特定類別屬性的受眾，可以採取「分眾、多向」的溝通模式，在危機事件發生期間，運用網路加強溝通。

二、媒體事務管理方面

議題管理者的重要職掌之一是媒體事務的管理，為了強化對媒體的服務，建立彼此良好的互動關係，也避免媒體因資訊不足或不正確而報導錯誤，傷害組織利益，議題管理者可以善用網路科技的優點，做好媒體關係。

推動媒體事務的網路公關至少有三個目的：第一，強化與媒體記者間的人際互動關係；其次，有效組織、整合各種資訊，並經由網路讓媒體分享電腦資料庫中豐富的資訊，便利記者的採訪報導工作；第三、透過「關係行銷」（relationship marketing）管理，瞭解記者需求資訊的類型，讓媒體需求的資訊與組織提供的資訊達到平衡的地步，避免組織重複浪費資源（Petrison & Wang, 1993）。

Holtz（1999：115-137）指出，組織（包括政府與企業部門）可以採取三種媒體網路公關策略，增進與媒體的互動關係：建構媒體公關網站、提供媒體專屬資訊傳遞服務及建立良好的線上互動關係。以下分別說明之。

在建構媒體公關網站方面，目前有些企業組織已規劃有媒體記者專用之網站（頁）。不論網站的型態為何，基本上，一個符合媒體採訪報導需求、可供記者上網尋找資訊的網站（頁），至少應該含括下列訊息

內容：(1)有關組織動態的即時或重大新聞，尤其在危機期間更為必要；(2)可供記者聯繫的相關部門人員名單、職掌及聯絡方式；(3)組織的正式聲明或首長講話稿；(4)活動及行事預告，如時、地、人、主旨等；(5)歷史檔案及新聞稿等資料查詢服務；(6)組織及首長的簡介與背景說明；(7)組織服務或銷售（如出版品、報名表）的項目；(8)相關網站的連結（如行政院之網站可與所屬部會及政府其他機關之網站連結）；(9)其他服務，例如提供網友下載文件檔案、動態影像、照片等。

Holtz的第二項媒體網路公關策略是，主動積極地提供媒體專屬的資訊傳遞服務。例如，媒體公關人員可將資料庫內、有利媒體記者報導工作的相關內容，分類為可公開及不可公開兩種，並透過新聞訂閱派送系統（news-delivery subscription），將可公開部分的資訊定期或不定期電郵給記者參考運用。此種作法至少帶給組織以下好處：(1)主動傳送組織希望記者接收及了解的資訊，影響記者的報導立場，尤其當事件涉及各種衝突立場、未必對組織有利的時候；(2)知道有哪些記者定期接收組織傳送的資訊，哪些記者拒絕接收，可進一步了解原因為何；(3)可用來分析所傳送的資訊與記者報導的內容是否存在因果關係，換言之，公關人員可藉此評估新聞聯繫的成效如何；(4)根據記者進入資料庫點選瀏覽或下載資訊的回饋分析，可以了解個別記者對資訊理解的方式，以及個人偏好。

最後一項媒體網路公關策略是，議題管理者應該藉由以下步驟建立與媒體記者良好的線上互動關係：(1)是根據媒體的特性，例如就電視、廣播、報紙（日、晚報）、雜誌、電子報等不同型態媒體的截稿特性予以區隔分類，以方便後續聯繫作業的進行；(2)針對媒體類別分別供給符合其作業模式或專業需求的資訊，並確認記者對資訊提供之滿意程度；(3)靈活運用「電郵」（e-mail）「塞」（push）資訊給記者，以及用「網站」（web site）「吸引」（pull）記者使用資訊的技巧。

綜合而論，公關人員於進行媒體網路管理工作時，最好能根據下列原則，充分運用網路科技所帶來的正面功能：(1)為了避免媒體扭曲資訊的原意，如果能夠提供媒體「套裝式的資訊」（packaging information），

就不要把零零散散的訊息丟給記者；(2)採取主動積極的態度，回應媒體的合理需求；(3)避免提供意義模糊不清的資訊（blurred messages）；(4)在政策與宣傳之間，要拿捏妥當、注意平衡，不要破壞資訊的公信力（OECD, 1998）。

三、社區關係與政策宣傳

此處之「社區」可以指以行政區為劃分的特定範圍，也包括由公眾形成之正式或非正式組織與團體，諸如慈善、宗教、教育、義工等組織團體；這些團體有時在某些公共議題上與政府的立場一致，有時則處於對立的關係。政府與社區維持良好互動關係的目的，主要在爭取社區民眾對政府的廣泛支持，以利推行施政，同時也在凝聚社區向心力，達成建構公民社會的理想。

根據Wernli & Frank（2000）的看法，網路科技的發展對社區力量的發揮有幾個意涵，值得政府公共議題管理者深思，諸如：(1)透過網路的快速傳播，「網路鼓動主義」（cyber-activism）蔚為風潮，社區裡的許多人主動在網路上批評時事、散佈新觀念、鼓吹新主張等；(2)網路科技使社區民眾的組織、整合、行動導引及動員更加容易與快速；(3)各不同的特定團體雖然分散各地、功能互異，但透過網路的連結，使彼此在某些議題上能夠密切地連結在一起；(4)社區民眾關注的公共議題包羅萬象，所有議題都有可能在某個時間點、因為某項環境因素的促動而成為社區民眾的目光焦點；(5)社區所關切的議題有可能擴大發展為全社會矚目的重要事件。

在網路科技普及化以前，政府通常得透過民意代表的質詢或新聞媒體的報導才能獲知社區民眾對某些公共議題的反應。此種間接式的民意回饋機制雖然便捷，可以省去政府蒐集、彙整民意的繁瑣工作，但畢竟這種二手傳播的方式，一方面可能僅反映民意代表、記者個人或背後利益集團的片面看法，另一方面也不符合資訊時代民眾對政府角色的期待。而網路科技的發展將使上述代議民主的扭曲機制有所改觀，讓輿論

市場（opinion market）的運作產生新的模式；傳統上，政府提供民眾相關服務的模式，也將因網路科技帶來許多附加的數位化服務項目，而改變了彼此的互動關係。

誠如第七章所強調的，除了借助媒體的傳播力量，政府部門也要嘗試跳脫媒體「間接傳播」的窠臼，運用政府所能掌握的其它溝通管道，直接向一般公眾解釋，政府想做什麼？為什麼如此做？又達成什麼成果？可以預見的，在建構政府部門與民眾之直接溝通機制（direct public reporting）、鼓勵民眾參與制定公共政策，以及加強民眾對政府施政的瞭解等方面，網路科技將能夠發揮相當的助益。其中，政府可以運用的方式之一就是建構網路環境，例如設置政府網站，舉辦虛擬市政會議，發送電子信、電子郵件等（Lee, 2000）。這些作法除了可分散政府提供民眾資訊的管道，打破媒體過濾資訊的權力，也能夠累積民意基礎，讓許多爭議性的政策議題「直接訴諸」民意，爭取支持。

社區網路化不僅是潮流趨勢，也是政府貼近民意、強化服務必走的路。即以台北市政府社會局規劃的「社區網」為例，線上社區、社團朋友可以透過電子相片簿及檔案匣的功能來分享活動成果，用活動看板及新聞發布機制來公布即時資訊，用討論區及投票區來進行議題的協調與決議等，訪客來到此網站後，可輕鬆觀看社區資訊以及社區（團）開放性訊息，如網路學苑、社區資源、社區論壇、社區風神榜等。「社區網」提供免費建置網站的功能，對缺乏財源及資訊人才的社區來說助益頗大（《聯合報》，2001.09.05）[6]。

四、政治參與方面

「資訊」是權力的重要來源之一，掌握資訊即掌握權力，因而，新的資訊科技徹底改變了政治權力、國家主權（sovereignty）及政府統治（governance）的運作型態。譬如，當社會大眾透過網路科技，對政治權力走向非中心化、特殊利益的權力逐漸式微，以及人民要求回復主權等時代趨勢愈來愈有所體認之際，政府統治人民的方式也不得不由過去被

動「回應」的單向模式，轉變成「互惠式」（reciprocal）的雙向關係。

　　民主政治與公眾參與（citizen participation）是一體的兩面，要讓民眾願意參與政治、喜歡參與公共事務，先決條件是要讓民眾能夠感受「參與」所帶來的政治有效性（political efficacy）。投票雖然也是政治參與的形式之一，但是對一般民眾而言，政府回應民意與處理政務的有效性可能更爲直接，網路科技在這方面應該能夠發揮其一定的正面助益（Brown, 1997）。

　　在此觀念推波助瀾下，E化政府（E-Government）與E化官僚政治（Cyberocracy）的時代業已來臨（Ronfeldt, 1992）。以下針對網路科技對E化政府或E化官僚政治的意涵分從五個層面加以解構：(1)以經濟競爭力作爲發展策略；(2)制定資訊政策；(3)提供網路服務；(4)落實E化民主（E-Democracy）；(5)進行E化的整合性策略。

(一)以經濟競爭力作爲發展策略

　　在以經濟競爭力作爲發展策略的追求方面，政府所要努力的面向有二：一是政府有責任協助或鼓勵企業朝E化的目標發展，以提升企業競爭力；二是政府本身應該招募具備資訊專業的人才進入政府體制工作，並應用資訊科技於政府業務之推動，讓政府的管理品質更具有競爭力。而以上兩個面向的成果則共同構成整體的國家競爭力（Caldow, 2000）。

(二)制定資訊政策

　　其次，E化政府必須制定發展資訊產業的政策，並建構符合資訊產業發展的公共政策環境，例如推動電子化商業、保護智慧財產權，並針對隱私權、交易安全、電子簽章、網路交易課稅、消費者保護等議題，訂定相關的E化法令（OECD, 1998; Caldow, 2000）。

　　此外，爲了有效管理公共議題，政府最好遵循以下之資訊管理政策，作爲資訊公開之行爲準據：(1)做到資訊透明化（transparency）原則，以示對民眾負責；(2)建立社會共識（consensus）原則，資訊管理之

目的除應該能夠激勵政府部門發揮功能，更要協助各界獲致社會共識；(3)政府有責任告知民眾及企業（組織）必要的資訊，以便民眾及企業調整看法，並據以做出符合本身最佳利益的抉擇；(4)不要讓民眾因為缺乏資訊，而對政府心生不滿，以免反對政府的力量逐漸累積（OECD, 1998; Caldow, 2000）。

(三)提供網路服務

人民有權知道政府所有部門的職掌及運作情況，因此，透過政府機關之全球資訊網站，提供民眾上網查詢資訊，應該是可行又便利的方式。就一般民眾資訊需求的迫切性而言，與人民權利及義務相關的資訊應該列為最優先項目，其次是有利於提升民主政治品質，及人民政治角色功能的資訊，這些資訊包括：(1)政府決策與運作的透明化資訊；(2)有利民眾參與社會生活與投票的資訊；(3)有關公共政策辯論與決策過程的資訊；(4)幫助民眾「掌控」政治與行政機構及其行為的資訊（OECD, 1998; Caldow, 2000）。

在策略上，政府所提供的網路資訊必須符合網路世紀的新規則，依據Morris（2000：113-138）的看法，新規則指的是，深度多於重複、詳細解說重於簡潔精練，這樣的內容才能吸引民眾；其次，內容必須有精準的定位，針對目標對象之需要而設計，並將不同訊息傳送給不同對象；再者，為了將民眾帶入政治體系內，降低民眾的疏離感，政府要細心建立組織與受眾間的良好互動關係；最後，基於成本考量，政府應善加運用具有免費、立即、互動等優點的電郵工具。

(四)落實E化民主

在一切講求E化的今日，民主政治的運轉事項，諸如公民投票、民意調查、民意代表與選民的聯繫、公聽會召開或國會立法運作的資訊查詢等，基本上也一樣可運用網路科技來進行，而不減少其原有效果；甚至，在代議體制下位居重要中介角色的民意代表，也因為行政機關大量

採用網路科技得以直接獲知最新民意，而有逐漸式微之可能。另一方面，權力菁英分子過去獨享資訊控制權的現象，在網路科技普及化的趨勢下，也可能逐漸喪失資訊優勢，使普羅大眾與權力菁英長期存在的資訊落差慢慢拉平。儘管有論者對上述網路科技帶來的正面功能持保留態度，但愈來愈多的國家將網路科技運用於民主政治事務的推動，卻是不爭的事實（Washington, 1997; OECD, 1998; Caldow, 2000）。

　　為建立優質的民主政治，政府於規劃以及在推動「E化民主」（E-democracy）相關政策時，必須思考中央政府與地方政府間對基層民意的掌握，以及對民意的回應，是否已有細緻的協調聯繫管道，密切合作？理論上，地方政府因為較貼近基層民眾，所以對民意的掌握會比中央政府來得正確及快速，但地方政府卻因所握有的政經資源不若中央政府豐厚，即使有心回饋民眾，民眾對回應的實質內容恐怕也不會太滿意。基於政府是整體、不可切割的組織，中央與地方政府之間的協調將益形迫切，此時，網路科技或許能夠為這種兩難情況作出某些貢獻。

　　其次，我們還要注意，政府網站的內容是否符合快速搜尋、容易尋找與使用等條件，所以，愈來愈多的國家以設置政府機關入門網站的「單一窗口」來因應這種需求。

　　另外，與推動E化民主有關，但卻困擾政府的問題還包括：首先，政府所提供的網路資訊應該要收費，還是免費取用？相對於使用者付費的觀念，也有論者主張民眾既然依法繳稅就有權利免費使用政府提供的資訊。其次，政府所掌握的資訊中，哪些是可以對外公開的，哪些則是不可公開的機密？公開與機密間的尺度如何切割？最後一項問題涉及政府的道德立場，也是經常引起爭議、卻難有解答的話題——政府應該提供客觀的資訊給民眾，由民眾自行作出決策，還是提供政府主觀認定對民眾最好的非客觀（或非完整的）資訊，以引導民眾的認知及行為？此處之客觀與主觀又要如何區分？

　　由以上所述我們了解，雖然民主政治的E化革命方向已逐漸明朗，但在E化民主的道路上，政府其實還有許多疑點尚待釐清、諸多挑戰必須克服，值得吾人繼續努力。

(五)進行E化的整合性策略

E化的整合性策略（OECD, 1998; Caldow, 2000）具有雙重意義，一是如何將整個國家之競爭力需求、資訊政策、網路服務及E化民主等不同概念的原則加以整合的問題。例如E化民主雖然有利於反映民意、體現直接民主的理念，但因為民意整合曠日費時、時效不易掌握，恐將使競爭力提升的期望落空；又為了落實資訊政策的理想，乃透過制定法令規章，輔導業者並建立市場機能，但因為法令規範的限制反可能扼殺了網路自由化的空間。所以，政府的重要工作乃在平衡並整合以上不同的政策目標，並使各目標成果達到最大化。

其次，當政府各部門紛紛設置資訊網站，競相利用網路科技推動政策宣傳，或落實民主政治理念之際，政府領導人所要思考的恐怕不僅僅是如何發展的問題，如何整合各部門的網路資訊業務也是相當重要的議題，尤其是網路科技所產生的公共議題，以及因而衍生出對國內社會、文化、教育、人文價值等的衝擊，更值得吾人關切。這是E化整合的第二層意涵。

E化整合的雙重意涵最後歸結出一項核心問題：一個國家的網路管理政策與主管機關。換言之，我國是否需要設立專責的網路科技（包括軟、硬體事務）主管機關，以統合管理網路相關的公共議題？抑或是由各部會自行依業務職掌分別管理網路科技所引發的議題？此一核心問題因為涉及許多非常複雜的政策評估因素，很難驟下結論，不過，這會是另一個值得研究的公共政策議題。

註釋

1. Himanen認為，ARPA雖對Arpanet的成立扮演了重要角色，但它對網際網路貢獻的程度與重要性卻常被誇大了。Himanen指出，網際網路的發展主要係由大學裡一群熱衷與他人分享資訊的研究者，承襲自我組織的科學研究原則，共同組成網路工作小組，現被稱為「網際網路工程任務編組」（Internet Engineering Task Force），隸屬於「網際網路協會」（Internet Society）之下，並開放原始碼供他人使用、測試、發展，而逐漸建構成目前的網路規模。有興趣的讀者可參閱Himanen〈電腦駭客思想簡史〉一文的介紹（頁207-217）。

2. 根據卜正珉（1998）的研究，針對違法及有害的網路內容，各國政府早已積極謀求對策，但在策略上則有不同。簡言之，澳洲政府從「內容管理」途徑切入，把網路服務提供者（ISP）列為主要管理對象，但引起網路業者強烈反彈；新加坡以公眾教育、業者自律、推廣正面使用及最基本的管制為原則，用執照核許制度，強制業者遵守政府頒佈之規定及行為守則；馬來西亞政府基本上採取「自律途徑」，不對網路內容進行檢查；英國政府則以現行法規為經，業界自律為緯，以杜絕非法內容；美國政府在「傳播雅正法」（The Communications Decency Act of 1996）被判違憲後，已改變策略由加強現有法令執行、呼籲使用過濾軟體、鼓勵業者自律、以及推廣社區宣導等著手；歐盟的模式則提供國際合作的最佳示範。此外，國際間各網路有關組織或團體亦紛紛從事下列工作：推動分級制度與過濾系統工作、發展「網際網路內容篩選作業平台」（Platform for Internet Content Selection, PICS）、協助推廣社區教育或宣導、設立檢舉熱線、打擊網路非法內容及鼓勵使用過濾軟體等。

3. 以我國為例，根據「廣播電視法」第二十六條規定，行政院新聞局得指定各公、民營電台（包括無線電視台與廣播電台），聯合或分別播送

新聞及政令宣導節目。

4. 「駭客」（hacker）一詞，根據Himanen（2001：9-10）的說法，最早起源於一九六○年代初期，一群熱情的麻省理工學院程式設計師率先自稱駭客，以代表「一群高度熱衷於寫程式的人」，這群人「相信資訊的共享是一種力量強大的美德，並且認為，儘可能藉由撰寫免費軟體（free software），以及促進資訊及電腦資源的自由流通，以將他們的專業技能分享給大眾，這是駭客的道德義務。」所以，駭客的原義應該是正面的。但到了一九八○年代中期，媒體卻開始將駭客一詞用來泛指製造病毒、侵入資訊系統的電腦犯罪者。所以，Himanen認為，為避免混淆，對那些電腦犯罪者而言，其實應該以「鬼客」（cracker）稱之，較為貼切。在本書中，仍沿用目前通俗的用法，將電腦犯罪者視為駭客。

5. 根據經濟部技術處委託資策會電子商務應用推廣中心FIND進行的「我國網際網路用戶數調查統計」，截至2002年3月底為止，我國網際網路使用人口達790萬人，網際網路普及率為35％。其中透過學術網路（TANet）上網用戶數有314萬人、透過電話撥接上網用戶數有494萬戶、固接專線用戶數為1.7萬戶、DSL用戶數為118萬戶、Cable Modem用戶數達23.5萬戶、ISDN用戶數為1.2萬戶、衛星用戶數約1,900戶。上述用戶經過加值運算，並扣除低用度用戶及一人多帳號等重複值後，推估出我國上網人口達790萬人，網際網路連網應用普及率為35％。

6. 「社區網」（www.community.taipei-elife.net）計畫係由台北市政府社會局主辦，原始規劃是以社區社團為主要對象的市政服務，社會局經過二十四梯次的免費市民上網與網站建置「自己動手做」（DIY）教育訓練後，在開站不到三個月的時間，就已有六百四十個社區（團）在「社區網」成立自己的專屬網站，開啟了社區社團網路e化的服務。這些社區社團，包括社區發展協會、公寓大廈管理委員會、教師會、同學會及人民團體等（《聯合報》，2001.09.05）。

第肆篇 結 論

第十二章　政府公共關係的新思維——公共議題的整合性策略管理

公共關係「管理學派」的學者於一九八六至一九九五年間，曾針對美國、加拿大及英國的三百二十六個組織（包括企業及政府機關等機構）、四千六百名受訪者，研究公關部門如何能夠協助機關發揮功能、達成目標，並根據研究結果歸納出「優異的公共關係特質」（generic principles of excellent public relations）。總括來說，所謂「優異的公共關係」共包括十項特質，茲摘要如下（Dozier et al., 1995; Vercic et al., 1996；黃懿慧，1999）：

1. 公共關係的功能應該納入組織內策略管理（strategic management）的一環。
2. 公共關係主管應該屬於支配聯盟（dominant coalition，或是權力核心）的一員，或至少能夠直接向資深管理高層報告。
3. 機關內的公關相關部門應該整合成一個部門，或至少發展一套整合機制，以利進行策略性管理。
4. 公共關係部門應該具備管理功能，並與其他部門（例如行銷推廣部門）有所區別。
5. 公共關係部門應該由資深傳播主管（senior communication manager）領導。
6. 對組織外部的公眾，公共關係作為應該採取「雙向對稱溝通模式」（two-way symmetrical communication model），或至少是與「雙向」非對稱溝通模式（two-way asymmetrical communication model）混合運用的模式（mixed-motive model）。
7. 在機關內部公關方面，也應該採取「雙向對稱溝通模式」，允許員工參與決策過程，以提升工作士氣。
8. 公關部門的人員對自身所扮演的「管理」與「溝通」角色應該具備專業知識。
9. 公關部門的人員應該具備「多元化」（diversity）特色（例如文化背景）。
10. 公共關係部門應該恪遵道德標準，履行社會責任。

「優異公共關係」的觀念在國內外公關業界及一般大型企業管理階層內部受到高度的重視，同時也會就環境主客觀條件而全面推動或部分落實上述的十項原則，然就我國政府機關而言，相關觀念的推廣卻仍屬起步階段，或甚至未正視此一觀念的影響層面。因此，為提升政府公關的表現與效能，本章將根據上述觀念，由管理模式建構、組織與人員建置，及整合性管理策略等三個面向，分別探討政府部門推動公共議題管理時應該注意並落實的基本原則。

第一節　整合性策略管理模式之建構

　　當探討政府公共議題管理之重要性的同時，最好也能釐清策略性管理模式能夠發揮何種實質作用，換言之，管理者應該於建構組織之公共議題管理機制時，便設定某些可以評估其實施效能的標準。

　　Wilson（1996）於研究企業如何藉公共關係作為建立社區關係時，提出「策略性社區合作模式」（strategic cooperative communities model）的概念，並指出公關作為應該具有下列五項策略性目標：(1)有長遠的眼界（long-range vision），能夠掌握未來數年、甚至數十年的潛在議題，並預先與目標對象建立關係；(2)對所處的社區作出承諾（commitment to community），並帶給社區利益；(3)強調人的重要性（importance of people），重視人的價值與尊嚴，並信任、尊重部屬；(4)以合作方式共同解決問題（cooperative approach to problem solving），強調結合團隊力量；(5)與所有公眾建立關係（building relationships with all their publics），並以相互尊敬、信任及尊重人格尊嚴為原則，讓所有人皆能獲得滿足。

　　其次，Banks（1995：41-43）在探討公關作為的有效性（effectiveness）時，主張跳脫傳統上以傳播者為思考主體的觀點，將焦點擴張到社會大環境下，公關操作情境以及參與者間互動情形的變化；換言之，公關作為對所處環境、所有參與者（例如公關人員、目標對象、內部員

工或其他關係人）的影響，不論是外顯的行為改變或是創造隱含的社會意義等均可視作是公關有效性的產物。

在強調互動關係、而非單方面利益的前提下，Banks也認為，要檢視公關的有效性似可從以下角度去思考：(1)是否強化參與者的自我概念（reinforce participants' self-concepts）；(2)對參與者的文化認同是否加以肯定（affirm participants' cultural identities）；(3)是否增進各團體之關係（enhance the parties' relationship）；(4)是否達成各團體之策略目標（accomplish the parties' strategic goals）；(5)是否落實傳播的構成特質（embrace the constitutive nature of communication），例如滿足社會責任與專業知識的要求，而非僅將傳播視為告知或改變他人的工具；(6)承認社會意義有其錯綜複雜的特性（recognize the contextual nature of meanings），例如對他人因應不同時空環境需求所創造出的解釋意涵是否能夠尊重；(7)接納各界對溝通行為的多元詮釋（accept the diversity of interpretations），容許他人對雙方的互動關係持不同的解讀；(8)當重新去詮釋他人對事物的解讀時，應該保持開放、彈性的心胸，讓自己有更大的解釋空間（remain open to reinterpretation），。

綜合上述，就政府部門進行公共議題管理的深層思維而言，Wilson與Banks之論點所帶來的啟示是：決策者應該拋棄過去從本位主義出發的決策模式，以長遠寬廣的眼界，在社會責任與公關專業的原則下，對所處的社區與公眾有所承諾，並尊重他人的尊嚴與價值觀，接納多元的文化與意見，同時與所有利害關係人建立互惠互利的關係，以共同合作解決所面對的問題。本書整合性策略管理模式的核心理念即植基於以上啟示，並在這種思維前提下，逐步針對不同的公共議題發展相關因應策略。

本書前於緒論中指出，政府部門決策者於處理公共議題時，應具備宏觀思考，做好「掌握問題→機制運作→權力管理→決策執行→結果控制」等五項步驟，此亦即決策者應該依專業程序分別釐清下列關鍵因素：公共議題發生之社會環境系統；組織本身與其他競爭團體之優劣態勢，及權力的分布與運作；研擬妥適的公共政策；以及控制決策與執行

過程等環節。

根據此一思考邏輯，本書乃在一般系統理論、公共關係開放系統及框架理論的基礎上，探討政府機關如何以公共議題整合性策略管理之專業知識及操作程序爲手段（包括社會權力體系與運作、民意與公共政策、政府決策管理、議題管理與溝通策略，及變數控制等知識），處理政府部門經常面對的公共議題（如圖12-1）。

在此一理論與實務相互整合的架構下，經由實際例證的初探性應用[1]，本整合性策略管理模式將可勾勒一個「強有力（powerful）、效率的（efficient）政府」之圖貌。所謂強有力、效率的政府，簡單來說是由以下六個概念所構成：

1. **以社會公義爲理念的公共政策**：所有的公共政策均必須以全民利益爲出發，符合社會公義之基本要求，取得政治理念與專業考量之平衡點，成爲人民可以信賴的政府。

2. **掌控並靈活運用社會權力**：政府機關不必然是權力的巨獸或掌握絕對的權力，但必須擁有相對優勢的力量，足以進行政治權力運作，俾推動符合公義之公共政策或分配龐大之國家資源，而不會受制於少數既得利益者。

3. **堅實的領導團隊與能力**：良好的公共議題管理有助於建立行動力強、反應快速、且犯錯最少的政府團隊，因此可以從根本上扭轉長期以來社會大眾對政府領導威權不彰之負面評價。

4. **維持良好的社區關係**：由於公共議題管理所關注的事務不外乎危機處理、媒體事務、國會（立法院）事務、政策宣傳與形象塑造、特定團體與意見領袖事務、網路科技之運用與問題，以及其他公共議題，因此行政部門必然與媒體、民意代表、利益團體、意見領袖及公眾等群體發生互動關係，透過公共議題的整合性策略管理，將能建立和諧的社區關係。

5. **擁有正面的形象與聲望**：一個採取公共議題整合性策略管理的「強有力、效率的政府」，由於有能力處理各種公共議題，符合社

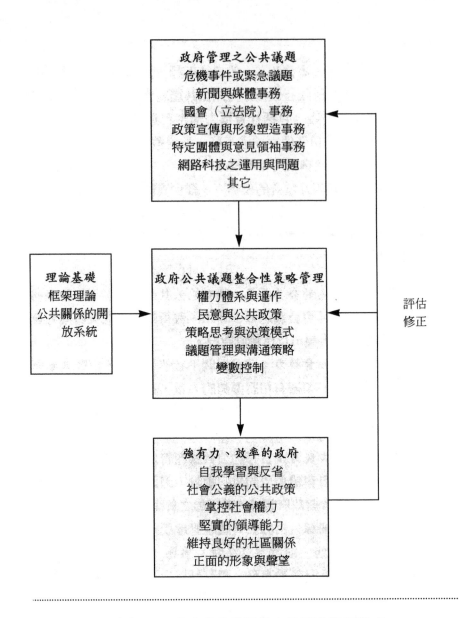

圖12-1　政府公共議題整合性策略管理模式

會大眾之期待，所以不僅是整體政府團隊、個別決策者也必然因此獲得正面的社會形象與聲望。

6.**自我學習與反省**：這個「強有力、效率的政府」也是一個能夠透過施政評估與政策修正等手段，從經驗中學習、自錯誤中反省的組織，以因應外界環境不斷產生之各種公共議題。

當有了一套完整的管理模式與邏輯觀念，同時也確立了政府追求的角色定位之後，接下來的工作便是建立組織架構與規劃人員的配置。

第二節　組織與人員之建置策略

壹、組織策略

不論是以正式單位編制形式，抑或以任務編組方式成立，政府部門於建置公共議題管理的機關時，有三項原則問題是必須注意的：

1.**上下層級垂直整合的問題。**目前政府部門的層級約可分為中央政府（總統府、院與各部會）與地方政府（院轄市、縣市、鄉鎮市）兩級。在中央政府內總統府與行政院對各部會之垂直關係部分，雖然依相關法令規範，行政院擁有指揮、監督各部會行使職務之權，但就當前政治現實面而言，因總統直選的民意基礎與行政院長任命權二項因素，讓我們無法忽視總統府對各部會的影響力。另外，各院轄市、縣市雖有權指揮所屬之鄉鎮市、區、里、村等，但各部會、甚至行政院亦經常介入院轄市、縣市之緊急事務處理。因此，面對這種多重指揮、但又權責不清的指揮監督體系，上下層級間的整合運作就變得很重要，尤其當面臨危機事件時更是如此。

2.**相關部會橫向聯繫協調的問題。**公共議題之發生並不限於哪個領

域、哪些地區，亦往往無法清楚界定真正的權責單位，所以當問題產生時，通常需要各部會及各縣市鄉鎮，甚至許多民間團體間的協同合作，立即採取因應措施。面對這種橫跨多部會、多縣市、多機關的協調問題，建構一種橫向聯繫協調機制是必要的選擇。

3. 機關內部公共議題管理機制運作的問題。每一個獨立機關也必須是一個能夠獨立運作、管理公共議題的組織；所以，行政機關包括院、各部會、院轄市、縣市、鄉鎮市等均應該設置專責議題管理（公共關係）的權責部門，不論是以正式單位或非正式任務編組型態均可。

上述這三種組織運作機制的連結與控制，可以透過「環節」與「控制閥」之運用策略，達成預設的目的：

1. 建構「樹狀組織」：

①配合現有行政層級，將公共議題的管理組織劃分為：行政院→各部會、局、署→院轄市、縣、市政府→鄉、鎮、市、區等四級。各層級之所有機關均應設置公共議題管理之專責單位或任務編組。

②上一層級有督導、指揮、支援及主動協調下一層級之職責；反之，下一層級有通報、請示並執行之責任。

2. 建置「環節網絡」：

①為確保公共議題發生前、發生後聯繫溝通的順暢，各層級之各機關均應指派專人或專責單位，擔任「環結」角色的聯絡人（各機關首長之機要幕僚是相當適合的人選）。

②當把所有「環結」聯絡人連結在一起時，就形成整體政府的公共議題管理網絡。

3. 「聯絡人」的「控制閥」角色：每一層級之「聯絡人」要發揮

「控制閥」的功能，在議題發展的不同階段，擔任守望監測者、資訊蒐集分析者、策略建議者、宣傳澄清者、溝通協調者、策略管制者等角色，透過多重角色的混合運用，密切掌握公共議題對組織的影響。

茲以行政院及所屬部會為例，試擬行政院與各部會之公共議題複式管理模式（圖12-2）。這個管理模式同樣可以適用於各部會、院轄市或

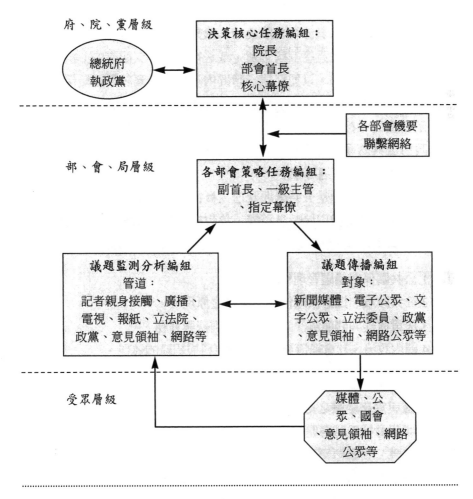

圖12-2　行政院與各部會之複式管理模式關係

縣市對所屬一級單位的管理運作上。

貳、人員策略

　　公共議題管理之人員（此處泛稱主管及非主管人員）策略必須就三個層面來探討：(1)公共議題管理人員與機關首長之互動關係；(2)人員的專業訓練；(3)管理人員自我角色認知的培養。以下分別說明：

　　公共議題管理人員於行使職務時，最重要的兩項利器是：第一，維持與機關決策者間之直接互動管道，或是被納入「支配聯盟」決策圈，擔任相當層級的職務，以便在第一時間內，將最新資訊傳達給決策者，並獲知決策者的意向；第二項利器是公共議題管理人員應該被決策者賦予一定程度的「授權」，以利適時採取必要的管理措施。具備這兩項利器的政府公共議題管理人員，自然會被組織定位為「處方專家」、「問題解決專家」及「溝通專家」。

　　其次，專業知能是公共議題管理人員行使管理職務時的必要條件，且因公共議題的整體環境瞬息萬變，故政府公共議題管理人員應該整體強化下列專業課程與實務之培訓：

　　1.公共關係與議題管理學說。
　　2.公共政策、民意與政治權力運作之原理。
　　3.決策流程與問題解決方法之思考訓練與實務。
　　4.國內政治、社會等情勢研析與政府科層組織的運作。

　　綜合而言，為培養「宏觀思考」的公共議題管理人才，政府應強化專業知識與實務經驗之結合，例如透過獎勵措施，有計畫地調派管理人員到相關部會接受職務歷練。

　　最後就公共議題管理人員自我角色的認知而言，最好能把握「有為」與「不為」的言行分寸，有為是為了建立本身襄贊決策的權威與地位，不為則係消極避免動搖自己在首長決策過程中的影響力。在「有為」部

分，當進行公共議題管理時要把握以下八項原則：

1. 要有政治（指權力與利益的關係）敏感度，瞭解行政部門、媒體、國會、利益團體的生態，對社會權勢的分布有所掌握，才能在利益（有時是威脅）與權力間進行槓桿操作。
2. 要以專業能力及職業忠誠贏得機關首長的充分授權，有授權才有政治權威，也才能盡情揮灑公共議題的管理策略。
3. 掌握並熟悉部會機關的業務，才能在決策過程中，扮演議題管理的參與性幕僚角色；但在參與時，要謹守幕僚本分並尊重業務單位的職掌及專業意見。
4. 除了仰賴機關現有的資訊回報系統外，更要佈建自己的情蒐與通報管道，透過多迴路系統，全盤掌握機關內部與外部的資訊。
5. 懂得充分運用手邊所能掌握的籌碼，包括實質的利益或有價值的資訊，並將籌碼提供給適當的目標對象。
6. 具備議題研析與政策或策略建議的能力，並能透過文字及口語等方式完整地表達出來；同時，在解決問題的思考因應上，要掌握快速、周延、準確的要求。
7. 在工作態度上，要能承受來自業務、人情或政治的壓力、指責與挫折，而仍能冷靜、理性地做出建議。
8. 要盡全力保護機關首長與組織，減少包括在政策與形象方面的政治傷害。

至於在「不為」部分，公共議題的管理則要努力減少以下的疏忽或失誤：

1. 不論是蓄意的或無意的，身為公關幕僚都不應該誤導首長，提出有爭議的決策建議，以免陷首長於更不利的處境。
2. 不能與組織決策者的想法脫節，或不瞭解機關的目標願景，變成所謂的「編制內，狀況外」。
3. 當面臨危機或緊急狀況時，不能隨事件起伏而跟其他人一般驚慌

失措、焦躁不已。

4.不能主觀處事、固執己見，或採信片面說詞，要尊重業管單位的專業判斷與意見。

5.不能忽視公共議題的任何蛛絲馬跡，所有重大的社會問題在一開始都是有徵兆，而且有跡可循的。

6.公共議題管理人員的幕僚角色是襄助首長，綜觀全局，解決問題，故不可以短視近利，以為棄車保帥可以換得首長的全身而退。

7.不要天真地以為政府所面對的各種公共議題都可以圓滿解決，因為任何公共議題的處理都有所謂的後遺症。

第三節　整合性管理之策略

根據前文第壹、貳、參篇的探討，政府公共議題的整合性管理策略可以歸結為以下核心策略，當管理者面臨不同的議題情境時，可就管理目標之需求，將核心策略加以轉化或修訂為其他應用性策略。

壹、權力與資源之管理與運作

誠如前述，當前台灣社會主要由行政、國會、媒體、利益團體（意見領袖）等四大次體系瓜分權力大餅。由於各次體系分別擁有不同的優勢或籌碼，且均企圖掌控權力優勢、爭奪最大利益，故彼此會有互補互利、相互制衡、利益衝突、動態結盟、或角色重疊等連結關係。以目前的政治權力態勢來看，立法院似較佔優勢，利益團體（包括在野政黨）及媒體其次，最後才是行政部門（如圖12-3，本圖之基本架構係引自Merriam & Makower之新聞流通模式，見本書第三章）。

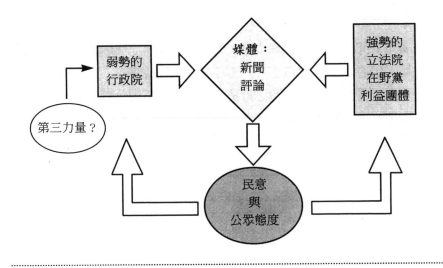

圖12-3　扭曲的權力態勢

　　站在行政部門的立場而言，政府公共議題管理的使命就在處理這些錯綜複雜的權力運作與資源分配關係模組，網羅「第三力量」，強化主導能力，排除阻力，使政務推動順利。

　　為了強化權力競爭的優勢，行政部門可以採取許多策略，諸如：

1. **多贏策略**：也就是找出雙方的互利基礎，針對關鍵的人物或團體，在適當的時間點，善加運用行政優勢（資源），讓政府本身及特定對象彼此利益結合及共享。

2. **運用媒體力量形成輿論壓力**：做好媒體事務管理之工作，運用媒體的通道，提供有利塑造輿論的訊息，以建構公共議題的論述框架，引導社會公眾認知議題的方式，讓政府部門處於「媒體主流民意」的一方。

3. **強化國會聯繫形成立法壓力**：國會是行政部門施政挑戰的最直接來源，平日除了加強聯繫外，也要精密計算立委需求與行政資源的供需調節問題；同時，行政部門決策者手邊也必須準備一些「彈藥」，以便在特別情況下，適時釋出行政權力或資源給部分關

鍵性立委，爭取「國會多數意見」之形成。

4.**善用特定（利益）團體力量形成民意壓力**：政府機關除了針對媒體、國會進行權力運作外，亦不能忽視整合特定（利益）團體力量的必要性；特定團體之形成不外乎理念認同，或是利益結合，因此，行政部門亦可利用制定政策或給予行政資源之手段，以政策理念及實質利益爭取支持，累積所謂的「社會主流民意」。

貳、「訊息控制」──語意、符號及意義之建構

公共議題管理與框架理論、符號互動論及社會意義建構等學說之論點密切相關，當管理者於處理公共議題時，不論其傳播的訊息是以框架、符號、意義、認同、文化、意識形態、關係或其他任何名稱出現，都必然涉及訊息如何定義、詮釋與建構的問題。所以，政府公共議題的管理策略之一是「訊息控制」，亦即政府部門之管理者應該具備控制、管理資訊之能力，主導「訊息的詮釋權」。

例如，在政治（行政與立法機關之間）與新聞的操作方面，或可採取「合縱」與「制衡」手段，一方面結合「友好媒體」、支持公眾、特定（利益）團體及意見領袖等第三力量，塑造及表達「主流意見」，然後以行政部門之「議題框架」壓制或抗衡民意機關扭曲之「主流民意框架」，進而逐漸導引部分媒體偏差之「新聞框架」。而為了建構所謂的「主流意見」，政府決策者則可引入「電子民主」（e-democracy）之概念，體現直接民主的精義；比方說，政府部門可以採取一些手段[2]，整合公眾直接參與公共決策的力量，建立「民意雙向溝通機制」，以塑造符合行政部門期望之「政策框架」議題。

參、「關係」之建設與維護

公共議題的整合性策略管理強調與特定群體建立並維持「良質關係」的優先性。在此前提下，行政部門應與媒體、民意代表、利益團體、意見領袖及公眾等不同群體建立廣泛之「人脈關係」，同時為便於推展協調合作之「工作關係」，行政部門也要運用行政資源以建立實質的「利益關係」。當「人脈關係」、「工作關係」與「利益關係」三者處於平衡狀態時，政府部門即可居於不同群體中的領導地位，並進而有更大機會去主導公共議題的論述框架。

肆、靈活運用「行銷定位」手段，樹立獨特形象

「定位」涉及兩造在複雜的事件中如何以最簡單的訊息界定對方的位置，並進而影響公眾對兩造的印象，由於社會上的所有團體與個人都在競逐追求領導地位的社會形象，所以形象塑造不可避免的會有排他性；換言之，當民眾認為甲政黨是進步、活力的政黨時，也意味民眾經過比較後，對乙政黨的印象是保守、老化的政黨。

因此，公共議題的整合性策略管理非常重視，如何以「行銷定位」手法建立政府部門或首長特有的社會形象。綜合而論，「行銷定位」的策略有以下意涵：

1. 角色定位：處理任何公共議題時的第一步是確立本身要以何種角色（例如主其事者、協助者或仲裁者）介入，不同角色會面臨不同程度的社會要求，也要承擔不同的社會壓力。
2. 訊息定位：界定組織或個人對議題內容本質所抱持的基本立場（即政府政策），並且採取行銷手段讓社會大眾清楚了解「訴求訊息」。

3.關係定位：對涉及公共議題的所有團體與個人，要能夠釐清彼此間的角色利益關係，不同的角色關係會影響管理目標的設定，並導致不同的運作與溝通方式。

伍、決策者領導智慧之發揮

公共議題的整合性策略管理重視機關決策者之領導智慧與能力，並相信整合性策略管理之專業知識將有助於提升決策者之領導智能。領導智能之表現可從幾個面向加以審視：第一，當決策者面對來自媒體、民意代表、利益團體、意見領袖及公眾等不同群體之壓力時，正確的政治情勢判斷及計算將有助於鎖定問題關鍵，找出解決方法；其次，在政治理念與專業判斷之平衡方面，有領導智能的決策者必須能夠找出各方勢力所能接受的方案；再者，有領導智能的決策者能抱持樂觀的態度，視政府官僚體系為國家資產，並有智慧地善用龐大的人力資源，提升行政效率；最後，有領導智能的決策者是一位熟悉權力操作與資源管理的專家。

陸、公共議題管理與政府決策管理之統合

誠如前述對政府「議題管理」的定義：「了解、動員、協調與導引政府有關部門所有的策略規劃及公共事務（公共關係）的手段，使政府能有效地制定公共政策，並順利推動公共政策。」所以，公共議題的整合性策略管理不僅是政府各部門應該具備的基本管理功能，而且必須進一步提升位階，納入政府機關的日常決策運作機制，讓資深公共議題管理（公關）人員成為決策團隊的一員。換言之，在政府機關的決策過程中，應該尊重並考量公共關係人員對議題的觀點。

註釋

1. 茲以司法院與法務部對「刑事訴訟法」第一六一條及一六三條之條文
修正案攻防為例，說明此一模式的應用。

　　第一六一條文修正案明定法官對證據不足的檢察官起訴案件，得
以裁定通知檢察官補正，逾期不補正或未補正又行起訴，即予駁回或
不受理；另一六三條條文修正案將法官「應」調查證據的責任，改為
具彈性的「得」調查證據。該二項刑訴法條修正因大幅加重檢察官的
蒐集證據及舉證責任，可避免檢察官輕率起訴，而法官的中立審判角
色則更為明確，故影響我國刑事訴訟制度的未來走向；我國刑事訴訟
制度亦將因這兩項關鍵法條的修正，而由現行「職權進行主義」朝
「當事人進行主義」變革，對人民訴訟權益影響深遠。同時，上述修正
草案若完成立法，將是檢察官羈押權、搜索權等強制處分權回歸法院
後，第三次刑訴法的大翻修，將因此更加確立檢察官與法官在刑事訴
訟制度上的角色分際。因此，法務部自始反對輕率修法，並與強烈主
張修法的司法院針鋒相對。兩個政府機關繼而針對此一公共議題，分
別採取因應之管理作為。（有關本議案細節，可參閱《聯合報》，
90.10.30；《中國時報》，90.12.15，90.12.19之報導）

　　由政府公共議題管理的角度檢視本案，法務部與司法院同樣面臨
下列六項管理議題：

①**危機管理**：不論對法務部或司法院而言，此案的挫敗即代表對
本機關的危機，將直接衝擊機關理念、領導統馭、職權行使、
人員士氣，以及機關與首長形象等；尤其對檢察官是否屬於
「司法官」，抑或「司法行政官」的定位，本案更是關鍵所在。

②**政策宣傳與形象塑造管理**：刑事訴訟制度由現行「職權進行主
義」逐漸朝「當事人進行主義」推動係民國八十八年「全國司

法改革會議」之多數意見，而該二修正條文則是體現此一共識、保障人權之重要指標；院部二機關雖對人權保障均有體認，但對修法實質內涵、執行進程及配合作法等卻各有主張。司法院積極推動之心不言可喻，反之，法務部則以配套措施不完備、恐影響人民訴訟權益為由，反對驟然實施。在此對立情況下，司法院乃將此議題定位在司法改革「道德化」、「神聖化」的使命，並透過公聽會、投書、說帖、媒體專訪及記者會等訴諸民意的方式，將法務部的配套主張「框架化」為反改革、反人權潮流、本位主義之負面社會形象；法務部雖然也採取類似的宣傳作法，極力澄清，但終究在這場議題與形象塑造的爭戰中，屈居劣勢。

③國會事務管理的運作：本書前文提過，立法院是集政治權力與利益於一身之舞台，除了有朝野政黨意識形態及政策之考量外，尚有政黨及個別立委政治利益主導權的競逐問題。因為該二條文之通過決定權在立法院，故法務部求助於執政的民進黨，司法院則爭取在野聯盟及不滿法務部檢察體系之個別立委的奧援，彼此較勁，各憑本事（註：概括而論，民國八十九年政權輪替前，國民黨支持法務部版本，民進黨則傾向司法院版本；政權輪替後，主客易位，立場也跟著挪移）。二個機關並主動積極整合利用本身所掌握之行政資源，運作委員提案、動員、遊說立委支持有利版本或杯葛對方版本。例如法務部「指控」司法院不顧審判獨立被干預，動員法院院長遊說立委；司法院則「反控」法務部運用檢察首長及監獄、看守所的「職權之便」，說服立委支持（鍾沛東，《聯合報》，90.10.30）。

④媒體關係與運作：本書先前強調媒體既是資訊傳播的工具，也是社會權力賴以流動的管道，甚至本身即介入政治權力的競逐，在本案中，確實有這種現象。首先，法務部與司法院各自透過路線記者，釋放有利本身之立場（註：目前各主要報紙媒體多在法務部與司法院各派駐記者，長久下來，漸漸形成親法

務部與親司法院兩派立場）；其次，爭取立場相近之媒體高層認同，並在報社社論及評論文章中反映出來。而媒體之所以形成鮮明的主張，又與過去媒體與院部之互動關係有關，例如，檢察官執行強制處分權時是否對媒體之新聞採訪自由造成壓力（註：最有名的案例是檢察官偵辦軍情局劉冠軍案時率員搜索中時晚報，引起中時報系強烈抗議。），或法官對某些案件的判決是否體現「人民知的權利」，符合新聞自由的理念等。

⑤**特定團體與意見領袖的運用**：在刑事訴訟制度裡，檢察官與律師分別代表原告與被告兩造，長期以來的角色扮演衝突讓彼此容易以負面印象看待對方，在本案中，可以明顯看出律師團體傾向司法院立場的痕跡，而司法院則借力使力。根據《中國時報》記者吳典蓉的報導（90.12.26），身兼律師公會理事長的朱勝群律師透過立委張世良提出刑訴法修正案，便是本案之幕後推手，司法院不過是掌握機會，在立法院司法委員會審查階段，積極遊說立委支持，促成本案。反觀法務部，在律師、人權團體及多數立委壓倒性的聲勢下，卻無法掌握任何特定團體代為聲援，媒體報導所見到的，僅有高雄地檢署檢察官六十餘名（自家人）發起連署聲明，表達反對的立場，根本無濟於事。

⑥**網路傳播與民眾直接參與機制的問題**：除了法務部、司法院在機關網站上刊載相關說明資料外，本案同樣在網路社區引起關心人士的迴響。例如檢察官改革協會、調查員改革協會、民間司法改革協會、律師團體及人權團體所架設的網站，也都上載相關資料或開闢公共論壇，供網友發表意見；此外，本案相關報導也透過各媒體的網站在網路間流傳，東森新聞電子報甚至開闢有本案之專題報導。就反映民意的角度來看，關心本案或與本案切身利害相關的人民，既無法參加院部間的協調溝通，亦無法參與立法院的朝野協商，而平面媒體的讀者投書或言論版面又相當有限，網路論壇因此成為公民參與公共政策制定最

方便、最直接的管道。

2.例如可以採用一些經過政府規劃設計、過程可控制的「操作性」手
　段：

　　①由政府領導人或首長在電視或廣播裡發表政策演說，直接訴求
　　　民眾認同。
　　②針對政策或法案，進行一般或網路民調，定期公布結果，呈現
　　　真正的民意。（但網路民調因有結構與方法上的限制，有時容
　　　易出現偏差結果，故在運用時要特別小心。）
　　③加強政府網站與民眾就政策面之雙向意見溝通，如設置留言板
　　　或討論區。
　　④試與電視台共同舉辦（委辦）電視call-in節目，辯論政策或法
　　　案（訊息及人選先行規劃），同時進行電視即時民調。

第十三章　整合性策略管理的研究新方向

第一節　政府公關的角色定位

　　Cropp & Pincus（2001）認為，影響企業組織內部公共關係角色扮演的趨力（forces）有三大來源：第一是市場環境（marketplace）：包括經濟、全球化、競爭力、科技及社會政治趨勢等因素；二是組織（organization）：如組織結構、目標任務、文化、管理理念及優先工作等；三是公關角色本身（public relations' role）：指的是推動公關作為的目的、策略、技能及準備等事項。

　　根據上述，Cropp & Pincus將美國公共關係行業的發展區分為五個階段。不過，Cropp & Pincus特別指出，公共關係的角色雖然隨著外在環境、組織需求及公關本身等因素之演變而有階段之分，但以下五種階段的公關角色不僅後者不會取代前者，彼此間也不相互排斥，甚至是相互為用（incorporate）、互有補充的：

1. 新聞代理時期（press agentry）：代表公共關係於一九〇〇年代剛剛興起時的角色，主要扮演組織發布新聞時的執行單位。

2. 新聞宣傳時期（media publicity）：到了一九四〇至一九五〇年代，公共關係的角色轉變為廣告的延續，並以協助推廣產品銷售為目的。

3. 資訊分享時期（information sharing）：一九六〇至一九七〇年代，公共關係脫離行銷的範疇，而以散布、分享組織資訊為主要功能，目的在增進組織與公眾間的瞭解，以及避免、或化解組織所面臨的潛在問題，公關人員成為組織管理階層與外部公眾間的溝通管道。

4. 關係管理時期（relationship management）：自一九八〇年代起至一九九〇年代，公共關係的角色功能有了大幅度的轉變，由原先較屬技術性的（tactical）被動角色，提升為較具策略性的（strate-

gic）主動角色，強調策略思考（strategic thinking）及與組織管理功能的結合；主要職能在建構、維持組織與公眾間的關係，而所謂「關係」的本質也由過去講求名份與榮銜的符號關係（symbolic relationships），進展到同時重視符號與長期的、實質的行為關係（behavioral relationships）。

5.組織定位時期（organizational positioning）：進入到二十一世紀後，新的觀念認為，公共關係人員應該晉身為組織高層管理的重要成員，塑造組織定位，代表組織發言，因此公關的功能在提供策略、解決問題，並與組織決策過程結合。

　　反觀當前我國政府部門的公共關係功能，如根據前述美國公關發展不同時期的特色加以比較，在經驗上，似乎仍較偏重在新聞代理、新聞宣傳及資訊分享的前三個階段，關係管理及組織定位的角色功能則較不顯著。情況真是如此嗎？原因出在哪裡？中央政府與地方政府之間是不是有差距？如果情況如此，可能有什麼負面影響？影響層面與範圍在哪裡？應該如何改善？有鑑於此，政府體制、組織、人員、訓練、運作，及實務工作的執行規劃等等問題，均值得未來進一步深入研究。

第二節　政府公共議題管理的其它面向

　　本書除就上述最顯著的六大公共議題進行初探性研析外，為使政府的公共議題管理更為寬闊及周延，下述三項議題也是未來值得政府加以深入研究的方向。

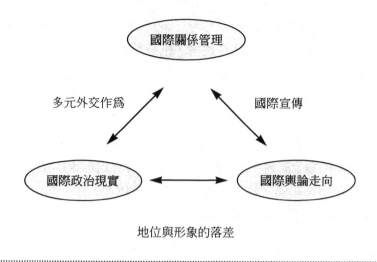

圖13-1　國際關係事務管理架構圖

壹、國際關係事務管理

　　任何國家均無法自外於國際社會，並斷絕與國際政治的牽連，因此，政府必須建置處理國際關係事務的職能，以維護國家利益，建立正面的國際形象。

　　以圖13-1為例，國際關係事務管理機制所處理的議題可概分為二項，分別是：多元外交作為與國際宣傳。「多元外交作為」的目的係推動整體外交工作（包括外交、經貿、人權、文化等相關領域），其成果則呈現在國際政治現實的各個面向；國際宣傳的目的則是傳播資訊，影響國際媒體、意見領袖的報導輿論與立場。當國際政治現實所反映之國際地位與國際輿論所呈現的形象相符時，表示國際關係事務的管理運作正常良好；反之，當國際政治現實所投射出的國家地位與國際輿論形象不對稱時，即出現所謂的「地位與形象落差」，此時顯示該國之國際關係事務管理有所偏差。因此，國際關係事務管理機制之建構目的即在盡

一切努力降低「落差」，此一觀念亦符合「議題管理是用來解決期望與表現的差距」之理念（Heath, 1997: 361）。

　　簡單地說，在正面的國家形象有助於提升國家地位的前提下，國際宣傳或國際公關之意涵係指針對外交群眾（foreign audience），進行說服性的政治傳播行為，其根本目的在「建立互信」（establishment of trust），以樹立一國在國際間的正面形象（Kunczik, 1997: 13, 74）。「外交事務社區」（foreign affairs community）（引自Kunczik, 1997: 87用法）內所牽涉的群眾範疇相當廣泛，例如國際正式與非正式（民間）組織會員、他國外交及非外交官員、國際媒體工作者、跨國性企業主管、學術界與智庫學者專家，甚至他國之人民都包括在內。

　　根據美國政治、傳播學者Harold D. Lasswell（引自Kunczik, 1997: 12-13）的定義，「宣傳（propaganda）是為了影響人們對爭議事件的態度，所採取的符號操縱行為」。因而，以資訊傳播為核心的國際新聞傳播工作，亦可視為是一種「宣傳」（Kunczik, 1997: 13），其係一國調整其與他國關係以追求國家目的、獲致國家利益之政治作為，與情報、間諜、文化影響力、經濟力之運用及其他外交操作（diplomatic maneuver），均屬國力之運用方式。

　　以我國為例，由於特殊的外交處境與國情等因素，傳統及正式外交作為因主權表徵性高，且較不具政治彈性，故所受到的侷限與困境也較不易突破，因而多年以來，我國即積極推動所謂的「務實外交」、「多元外交」或「全民外交」。最直接的方式是透過各部會以多重管道發展與各國在國際文宣、經貿、文化、教育、藝術等領域之多邊合作關係；其中，又以「政治敏感度」低、靈活機動性強的國際傳播業務與國際貿易業務特別有發揮的空間。

　　政府所面臨的國際事務相當廣泛。例如，以議題管理的角度來看，如何解決或降低因國家地位與國際輿論形象不對稱所產生之「地位與形象落差」問題便是一項重大政府議題。是故，下列公共議題實值得進一步探究：(1)國內民意與國際民意落差之接軌；(2)建置我國國際宣傳工作之組織架構與機制運作；(3)如何強化我國對國際宣傳之實務操作與策

略；⑷政府與民間組織如何整合以共同推動國際事務。

一、國內民意與國際民意落差之接軌

內政是外交的延伸，所以理論上，外交作為與宣傳也應該反映出國內民眾的主觀期望。例如，我國是一個主權獨立的國家，外交作為與宣傳亦以此為基礎不斷努力尋求突破，但經過多年的努力，國際政治的現實並未有結構性之改變。因此，政府在操作外交議題時，乃面臨兩難的處境，即一方面必須妥協於國際政治現實，以換取國家最大利益，但另一方面則要說服國內民眾接受事實、降低期望，而且不致造成反彈情緒。

又我國既自許為國際社會的一員，則遵守國際規範、善盡國際義務自屬份內之責，例如有關生態物種保育、國際環保標準、加入「世界貿易組織」（WTO）後開放國內市場等議題之國際壓力均會反映在政府的施政表現；然實際上，部分國內民眾未必認同或支持這種觀念，並可能將不滿情緒反射在施政滿意度及選票上。因此，政府乃面臨如何在國際民意壓力與國內民意期望間求取平衡的難題。

二、建置我國國際宣傳工作之組織架構與機制運作

前面提到，由於我國特殊的外交處境，「政治敏感度」低、靈活機動性強的國際傳播業務乃成為政府相當重視的對外工作。但在政府精簡組織員額、提升政府效能的要求下，而有將行政院新聞局之國際傳播業務併入相關部會運作之構想。

在現今的國際情勢下，新聞局國際宣傳業務之歸併是否真正符合國家整體利益，抑或可能喪失原有的文宣優勢，恐怕不是一紙公文就可以定論的。其次要思考的問題是，組織整併與全盤檢討對外工作精進之道，何者才是改進對外工作效能的優先問題？換言之，在強化國際關係事務的管理工作時，我們恐怕應該先釐清：當前的核心問題到底是出自

組織架構的、運作機制的，或是執行技術的層面？組織結構的問題無法用技術改善加以解決，同樣的，執行技術的問題光靠組織整併與建構運作機制亦無法根絕。

三、如何強化我國對國際宣傳之實務操作與策略

雖然政府已有一套行之多年、運作良好的國際傳播機制，但面對詭譎多變的世界情勢、中國大陸的進逼，以及國內政治、經濟、社會等各層面的轉變，這套運作機制仍有改善、強化的努力空間。例如，在網路科技發展之際，是否應該針對國際新聞及資訊流通的特性，重新規劃有關議題掃描、監測、分析的作法？如何建構國內涉外部門與派駐各國新聞單位之間有效的聯繫體系？如何採取目標管理概念，鼓勵各駐外單位根據當地國情勢需要，研訂有效的宣傳工作計畫，並作好績效管考？如何應用「市場區隔、受眾導向」的行銷概念，擬定活潑有趣的傳播策略，加強宣傳方式及內容之多樣性？

四、政府與民間組織如何整合以共同推動國際事務

我國為回饋國際社會、擴大國際參與、開拓國際空間，並建立符合我國家實力之對外關係，多年來不斷積極參與各種正式與非政府國際組織事務，從事國際人道救援工作[1]。然政府資源有限，終究無法獨立負擔推展國際事務的所有經費或籌碼，因而如何整合政府與民間組織的資源，共同推動對外工作，乃逐漸成為政府必須面對的公共議題。

貳、政府各部門間的溝通管理

此處所謂的政府部門間（inter-governmental affairs）係指具有獨立運作功能、且無直接指揮隸屬關係的相關機關而言，例如部會與部會

間；部會與院轄市、縣市間；或縣市與縣市間等政府機關。雖然這些機關擁有獨立職權，可以個別運作，但彼此的溝通與協調卻關係著政府整體的運作及政府形象的建立，故近來也逐漸成為一項值得研究的公共議題（Baker, 1997）。本書前面雖已對部門間橫向聯繫機制的設計有所說明（參閱第十二章行政機關建置公共議題管理部門乙節），但重點僅就公關職能的功能而言，其與兩個部門間全面性的聯繫溝通是不同的。

理想上，政府組織之設計與建構係植基於「整體政府」的概念，並依「專業分工」，分別推動業務，最終在匯集整體施政的成果。但就實際面而言，政府內部或上下層級各機關間卻因為下列因素，而存在著合作、協調、競爭，甚至對抗的關係型態：

1. **不同執政政黨間的鬥爭**：以我國為例，上自總統、行政院長，下至院轄市長、縣市長，均係透過各項選舉取得「執政權」，當中央與地方首長政黨屬性不同時，便常發生機關首長以政治考量導引行政部門的正常運作，或是以所謂的「小動作」傳達特定政治意涵；然如果同屬某政黨時，機關之間的橫向聯繫便相對容易多了。

2. **業務專業與本位理念的衝突**：行政部門基於業務考量或為了落實首長理念，積極推動相關業務是可以理解的，但如果業務本身與其他機關之立場相違背，則機關與機關間就會產生競爭或對抗之關係。

3. **社會整體的期待與評價**：不論基於穩固政治權力或為了贏得下次選舉，任何行政部門機關的首長都非常重視社會大眾的意見與期望。故有時為了獲取良好的施政滿意度，累積政治實力，可能採取競爭性或甚至攻擊性之施政手段，並對其他機關造成施政上的壓力。

4. **機關首長個人的政治考量**：所謂的政治考量，可能包括個人理念的追求、政治生涯的規劃、對競爭對手的評估，以及其他屬於個人利益的追求等，均會反射在部會的運作與政策上。

多數時候，政府內部各機關的衝突可能交雜著上述複雜的因素，難以清楚界定主要的因素[2]。部會之間既然存在著政治利益或權力的競逐，以及本位主義的掣肘，自然難以期待彼此可以拋開成見、各司其職、相安無事。因而，不論是從法律制度面設計，或訂定詳細的執行規範，或以領導統馭化解難題，機關首長均可藉由議題管理的專業概念及手段，規劃完整的因應方案。

參、政府公共事務管理的道德觀

一、「政策利多」與「公共利益」的衝突

政黨政治下的政府部門，將同時扮演兩種衝突性的角色：(1)代表整體國民利益的仲裁者，以追求社會公益為目標；(2)反映選民期望，滿足特定群眾的特殊利益。故平常時期，政府就是「官僚體制」的代名詞，負責推動政務，執行公權力；到了選舉期間，政府則變成「選舉機器」的化身，特別是政務層級，不僅「人」要「動員輔選」，而且要運用「行政資源」，創造政策利多，拉抬選情，鞏固政權。

因而，政府部門原有之「行政角色」乃與選舉導向的「政黨角色」發生嚴重的利益衝突。一方面，政府部門於選舉前或期間所推動的政策（可能與選舉有關，也可能無關），經常被在野黨批評為釋放政策利多，而因此遭到抵制或杯葛；另一方面，經過劇烈的選戰後，政府部門又如何還原應有角色，繼續推動相關政務，而不受在野黨及各界質疑為兌現選舉諾言。所以，在執政優勢與政策「買票」（在野黨用語）、行政中立與行政選舉化之間，確實存在著值得進一步釐清與思考的灰色地帶。以政府公共議題管理的宗旨來看，「政策利多」社會印象的極小化，以及「公共利益」社會印象的極大化，應該是比較符合政府部門官僚體制的原始設計及長遠利益，要做到這種境界，當然有賴議題管理者的巧妙操

作及形象包裝。

二、政治性與專業性解決手段之衝突

國家發展與政府運作必須仰賴專業知識，才能持續進步、發揮效能，但就權力的基本運作邏輯而言，任何專業決策卻迴避不了政治權威的干預，因此，在政治決策講求政治意識形態正確、專業決策強調科學正確之衝突下，兩者妥協所形成的公共政策往往就變得問題重重。誠如呂育誠（2001）所言，今日的政府正處於民意需求與專業要求相互角力、衝突的不確定環境，故運作方向漸有「無共識」（nonconsensual）的情形[3]。

政治上，絕對的權力代表必然的腐化。政治權威既免除不了對專業領域的掌控，同樣的，專業菁英也勢必無法逃避被政治人物操控的問題。因而，基於整體國家的利益，政府部門決策者必須思考，如何能夠在「主導」政治決策時，還能兼顧專業決策所要求的「專業考量」。除此，爲了讓基層公務員得以兼顧課責與責任之要求，政府也應該訂定透明、且各方都能接受的組織運作規範，以區隔政府部門中立地位象徵的公務員免於受到外界政治力量的影響，並進一步成爲社會衝突解決與仲裁的機制（呂育誠，2001）。

三、攻擊性管理策略的道德爭議

理論上，政府的任何管理行爲均必須依循相關法令的規範，並以公衆利益爲出發，否則容易被外界批評爲「濫權」，甚至招致監察院之調查糾正。但行政部門基於特殊考量（例如選舉因素、打擊在野黨派、拉攏特殊團體），針對某些公共議題所採取的許多措施，雖不致明顯違反法令規範，但卻遊走在法律邊緣。又譬如，行政部門是否可以選擇性發布不完整（但是正確的）的訊息，模糊議題，導引輿論走向，或甚至用不公道的手段，如攻擊性廣告與宣傳作爲，醜化對手、推卸責任、製造

對立，達到「操縱管理」的目的（Jamieson, 1992）。不論決策者的動機係出自「國家利益」之主觀性善意，或是爲了個人、黨派之政治利益，此種管理手段均有道德論辯的問題存在[4]，其可能引發之負面效應也往往是超乎想像的。

註釋

1. 我國目前（民國九〇年十一月止）在卅四個國家派駐四十個農、醫技術團，提供工業、礦業、電力、中小企業、經貿發展等技術和經驗，並邀請開發中國家派遣有關官員及技術人員來台觀摩考察或接受專業講習訓練。

2. 「金融監督管理委員會組織法草案」之審議及配套法案，因為牽涉內閣改組的職位、財政部職權功能調整、首長個人的理念，以及政府財經決策權力等等爭議，不僅引起朝野政黨在立法院的對抗，也在政府內部造成各方人馬相互角力，堪稱政府內部衝突議題之代表作（《中國時報》，91.1.7）。

3. 明顯的例子包括：高速鐵路（高鐵）穿越南部科學園區（南科），因振動問題所造成的爭議；核四廠建與不建的問題；甚至所謂的「台電文化」、「中油文化」等，都是利用科技集團間的專業競爭，轉化為科技政治山頭文化的競逐。根據黃國俊、黃吉川（《中國時報》，90.11.2）的論述，就是「政治角力粉碎科技專業」，亦即科技菁英一方面表現出面對社會大眾的科技性驕慢，另一方面又充滿高度的政治性卑屈，競相巴結政治權威，以贏取科技政治的主導權。

4. 最顯著的例子包括：前行政院長張俊雄於民國八十九年十月二十七日召開記者會，正式宣布核四廠停建時，藉由俄羅斯車諾比核能廠事件的災難照片，間接傳達核電廠遺禍萬年的後果，強調停建核四廠的歷史良心；又如九〇年十一月間，因為第五屆立法委員選舉，朝野政黨針對立法院刪除行政院年度預算責任歸屬的爭議。這兩件個案同樣都在專業性及道德性方面遭到各界的嚴重質疑。主要批評重點在，前者將車諾比核能廠比作核四廠，完全不顧及兩者在時空環境、電廠設計等方面的差異根本不應相提併論；後者則迴避立法部門刪除預算之法

定職權的正當性，再搭配政黨「在怎麼野蠻」的廣告，以似是而非、
民眾難以理解的數據，挑起民眾不滿情緒，打擊對方。

參考書目

壹、中文部分
貳、外文部分

壹、中文部分

卜正珉（1990）。《新聞記者與企業公關人員認知關係之研究》。國立政治大學新聞研究所碩士論文。

卜正珉（1998）。《網際網路內容管理政策之研究——綜論澳、星、馬、英、美各國及歐聯概況》。行政院新聞局八十七～八十八年度研究報告彙編，台北：行政院新聞局。

王洪鈞（1983）。《公共關係》。台北：華視文化。

田麗虹（2001）。《國會助理工作手冊：國會生態地圖總導覽》。台北：新自然主義公司。

朱志宏、謝復生（1989）。《利益團體參與政治過程之研究》。行政院研究發展考核委員會委託研究，一九八九年八月。

江岷欽、劉坤億（1999）。《企業型政府：理念、實務、省思》（初版二刷）。台北：智勝文化。

何鴻榮（1996）。《再造政府效能：行政重組、國會控制與改造》。台北：時英出版社。

吳宜蓁（1998）。《議題管理：企業公關的新興課題》。台北：正中書局。

呂育誠（2001）。現代政府運作過程中基層公務員的定位與功能，《新世紀的行政理論與實務：張潤書教授榮退紀念論文集》。張潤書教授榮退紀念論文集編輯委員會編，台北：三民書局。

李金銓（1983）。傳播媒介（一）：守門人的職業角色與生涯，《大眾傳播理論》（二版）。台北：三民書局。

周萬來（2000）。《議案審議：立法院運作實況》。台北：五南圖書出版公司。

林麗雲（1999）。台灣威權政體下「侍從報業」的矛盾與轉型：1949～1999，《美麗島研究計畫結案研討論文集》。台北。

邱　強（2001）。《危機處理聖經》。台北：天下遠見出版公司。

孫秀蕙（1997）。《公共關係：理論、策略與研究實例》。台北：正中書局。

徐美苓（1999）。關懷在愛滋蔓延的時代裡──閱聽人對宣導廣告的接受度研究，《新聞學研究》。61：31-72，一九九九年十月。

徐瑞希（1991）。《政商關係解讀：台灣企業實用政治學入門》。台北：遠流出版公司。

袁自玉（1989）。《公共關係》。台北：前程企管。

許世明（1997）。SNG與24小時新聞服務的應用，《跨世紀電視經營策略研討會論文》。中華民國新聞評議委員會、中華電視公司、華視文教基金會、財團法人金車教育基金會，一九九七年五月。

彭　芸等人（2000）。《市場競爭下我國新聞專業理的實踐及困境：以921地震新聞報導爲例》。行政院研究發展考核委員會委託研究，二〇〇〇年十月。

黃秀端（1994）。《選區服務：立法委員心目中連任之基礎》。台北：唐山出版社。

黃振家（1998）。AIDS與媒體：社會問題的創造、轉換與公共宣導訊息之間的互動關係初探，《第六屆中華民國廣告暨公共關係學術與實務研討會論文》。政治大學廣告學系，一九九八年四月。

黃鈴媚（1999）。恐懼訴求與健康宣導活動：宣導訊息內容設計之研究，《新聞學研究》。61：99-135，一九九九年十月。

黃懿慧（1999）。西方公共關係理論學派之探討──九〇年代理論典範的競爭與辯論，《廣告學研究》。12：1-37，一九九九年一月。

楊乃藩（1984）。《公共關係》。台北：允晨文化。

楊博清（1967）。如何推動企業公共關係，《大眾傳播學術論集》。王洪鈞主編。台北：政治大學新聞系。

經濟部技術（2001）。《2001網際網路應用及發展年鑑》。台北：經濟部。

臧國仁（1999）。《新聞媒體與消息來源：媒介框架與真實建構之論

述》。台北：三民書局。

臧國仁等人（1988）。《公關手冊：公關原理與本土經驗》。孔誠志主編。台北：商周文化。

劉青雷（1988）。《衝突與妥協：美國利益團體與遊說活動》。台北：時報文化出版。

劉俊麟（1999）。《現代公共關係法》。台北：揚智文化公司。

鄭瑞城（1988）。《透視傳播媒介》。台北：經濟與生活出版社。

鄧育仁、孫式文（2001）。隱喻框架：台灣政治新聞裡的路途隱喻，《新聞學研究》。67：87-112，二〇〇一年四月。

鍾蔚文、臧國仁、陳憶寧、柏松齡、王昭敏（1996）。框架理論再探：以台大女研社A片事件為例，《國立政治大學新聞教育六十週年論文彙編》。翁秀琪、馮建三主編，台北：國立政治大學新聞系。

羅文輝等人（1996）。總統選舉新聞的政治偏差：無線與有線電視台的比較分析，《一九九六年媒介與環境學術研討會論文》。輔仁大學大眾傳播學研究所，一九九六年十月。

貳、外文部分

Aronoff, Craig（1975）. Credibility of Public Relations for Journalists. *Public Relations Review*, 1（3）: 45-56.

Astley, W. Graham and Paramjit S. Sachdeva （1984）. Structural Sources of Intraorganizational Power: A Theoretical Synthesis. *Academy of Management Review*, Vol. 9, No. 1: 104-113.

Australian Broadcasting Authority（ABA）（1996）. Investigation into the content of on-line services. Report to the Minister for Communications & the Arts, 30th June 1996. Or at http://www.dca.gov.au/aba/invest.htm。

Baker, Brent （1997）. Public Relations in Government. In Clarke L.

Caywood（ed.），*The Handbook of Strategic Public Relations & Integrated Communications*. N.Y.: McGraw-hill.

Banks, Stephen P.（1995）. *Multicultural Public Relations: A Social-Interpretive Approach*. Thousand Oaks, California: Sage Publications, Inc.

Benoit, William L.（1997）. Image Repair Discourse and Crisis Communication. *Public Relations Review*, 23（2）: 177-186.

Bivins, Thomas H.（1992）. A Systems Model for Ethical Decision Making in Public Relations. *Public Relations Review*, 18（4）: 365-383.

Bodensteiner, Carol A.（1997）. Special Interest Group Coalitions: Ethical Standards for Broad-Based Support Efforts. *Public Relations Review*, 23（1）: 31-46.

Boorstin, Daniel*（1964）. From News-gathering to News-making: A Flood of Pseudo-events. Reprinted in Wilbur Schramm and Donald Roberts（eds.）（1972）, *The Process and Effects of Mass Communication*. Urbana: University of Illinos Press.

Borden, George（1985）. *Human Communication Systems*. Boston: American Press.

Breed, Warren（1955）. Social Control in the Newsroom: A Functional Analysis. *Social Forces*, Vol. 33（May）, pp: 326-335.

Broom, Glen M.（1986）. Public Relations Roles and Systems Theory: Functional and Historicist Causal Models. Paper presented to the Public Relations Interest Group, 36th Annual Conference of the International Communication Association, Chicago, Illinois, May 24th, 1986.

Brown, Edwin F.（1997）. Cybergovernment. *The South Carolina Policy Forum Magazine*（Fall）, or at www.iopa.sc.edu.

Burnett, John J.（1998）. A Strategic Approach to Managing Crisis.

Public Relations Review, 24（4）: 475-488.

Caldow, Janet（2000）. E-Government: A Go-to-Market Strategy. Paper of Institute for Electronic Government, IBM Corporate, at www.ieg.ibm.com.

Chaffee, Steven H. & Michael J. Petrick（1975）. *Using the Mass Media: Communication Problems in American Society*. N.Y.: McGraw-Hill, Inc.

Chase, W. Howard.（1982）.Issue Management Conference-A Special Report. *Corporate Public Issues and Their Management*, 7: 1-2.

Chase, W. Howard.（1984）*.Issue Management: Origins of the Future*. Stamford, C.T.: Issue Action Publications.

Cohen, Bernard C.（1963）. *The Press and Foreign Policy*. Princeton: Princeton University Press.

Condit, Celeste M. & Deirdre M. Condit（1992）. Smoking Or Health: Incremental Erosion as a Public Interest Group Strategy. In Elizabeth L. Toth & Robert L. Heath （eds.）, *Rhetorical and Critical Approaches to Public Relations*. Hillsdale, N.J.: Lawrence Erlbaum Associates, Inc.

Coombs, Timothy W. & Sherry J. Holladay（1996）. Communication and Attributions in a Crisis: An Experimental Study in Crisis Communication. *Journal of Public Relations Research*, 8: 279-295.

Coombs, Timothy W.（1998）. An Analytic Framework for Crisis Situations: Better Responses From a Better Understanding of the Situation. *Journal of Public Relations Research*, 10（3）: 177-191.

Cox, William R.（1984）. Chapter 1: Government Relations, in *Inside Public Relations*. N.Y.: Longman Inc.

Crable, Richard E. & Vibbert Steven L.（1985）. Managing Issues and Influencing Public Policy. *Public Relations Review*, 11（2）: 3-16.

Cropp, Fritz & J. David Pincus（2001）. The Mystery of Public Relations:

Unravling Its Past, Unmasking Its Future. In Robert L. Heath & Gabriel Vasquez（eds.）, *Handbook of Public Relations*. Thousand Oaks: Sage Publications, Inc.

Cutlip, Scott M. et. al.,（1985）. *Effective Public Relations*. Englewood Cliffs, N.J.: Prentice-Hall, Inc.

Davis, Aeron（2000）. Public-relations Campaigning and News Production: The Case of 'New Unionism' in Britain. In James Curran （ed.）, *Media Organizations in Society*. London: ARNOLD.

Dessler, Gary（1983）。第四篇：組織內的激勵與順從，《組織理論：整合結構與行為》（中譯本）。余朝權等人譯，台北：聯經出版公司。

Dimmick, John W.（1979）. The Gatekeeper: Media Organizations As Political Coalitions. *Communication Research*, Vol. 6（2）: 203-222 （Spring）.

Douglas, Sara U.（1992）. Negotiation Audiences: The Role of the Mass Media. In Linda L. Putnam & Michael E. Roloff（eds.）, *Communication and Negotiation*. California: Sage Publications, Inc.

Dozier, David M. & William P. Ehling（1992）. Evaluation of Public Relations Programs: What the Literature Tells Us About Their Effects. In James E. Grunig（ed.）, *Excellence in Public Relations and Communication Management*. N.J.: Lawrence Erlbaum Associates, Inc.

Dozier, David M. et. al.（1995）. *Manager's Guide to Excellence in Public Relations and Communication Management*. New Jersey: Lawrence Erlbaum Associates, Inc.

Ewing, Raymond P.（1980）. Evaluating Issues Management. *Public Relations Journal*, 36（6）: 14-16.

Ewing, Raymond P.（1997）. Issues Management: Managing Trends Through the Issues Life Cycle. In Clarke L. Caywood（ed.）, *The Handbook of Strategic Public Relations & Integrated*

Communications. N.Y.: McGraw-Hill.

Fink, Steven（1986）. *Crisis Management: Planning for the Inevitable.* N.Y.: AMACOM.

Galbraith, John K.（1983）. *The Anatomy of Power.*《權力的剖析》（中譯本）。劉北成譯，台北：時報文化公司，1992年。

Gamson, W. A.（1984）. *What's News: A Game Simulation of TV News.* N.Y.: Free Press.

Gandy, Oscar H.（1982）. *Beyond Agenda Setting: Information Subsidies and Public Policy.* Norwood, N.J.: Ablex.

Gandy, Oscar H.（1992）. Public Relations and Public Policy: The Structuration of Dominance in the Information Age. In Elizabeth L. Toth & Robert L. Heath（eds.）, *Rhetorical and Critical Approaches to Public Relations.* Hillsdale, N.J.: Lawrence Erlbaum Associates, Inc.

Gandz, Jeffrey & Nadine Hayes（1988）. Teaching Business Ethics. *Journal of Business Ethics* 9: 657-667.

Garnett, James L.（1992）. *Communicating for Results in Government: A Strategic Approach for Public Managers.* San Francisco: Jossey-Bass Publishers.

Garvin, David A.（1993）. Building A Learning Organization. *Harvard Business Review*, 71: 80（July-August）.

Gaunt, Philip & Jeff Ollenburger（1995）. Issues Management Revisited: A Tool That Deserves Another Look. *Public Relations Review*, 21（3）: 199-210.

Gieber, Walter & Walter Johnson（1961）. The City Hall 'Beat': A Study of Reporter and Source Roles. *Journalism Quarterly*, 38: 289-97（Summer）.

Gonzalez-Herrero, Alfonso & Cornelius B. Pratt（1995）. How to Manage a Crisis Before-or Whenever- It Hits. *Public Relations Quarterly*, Vol.

40（1）：25-29.

Gonzalez-Herrero, Alfonso & Cornelius B. Pratt（1996）. An Integrated Symmetrical Model for Crisis-Communications Management. *Journal of Public Relations Research*, 8（2）：79-105.

Gordon, Joye C.（1997）. Interpreting Definitions of Public Relations: Self Assessment and A Symbolic Interactionism-Based Alternative. *Public Relations Review*, 23（1）：57-66.

Grunig, James E. & Fred C. Repper（1992）. Strategic Management, Publics, and Issues. In James E. Grunig（ed.）, *Excellence in Public Relations and Communication Management*. New Jersey: Lawrence Erlbaum Associates, Inc.

Grunig, James E. & Todd Hunt（1984）. *Managing Public Relation*. N.Y.: CBS College Publishing.

Grunig, James E.（1993）. Image and Substance: From Symbolic to Behavioral Relationships. *Public Relations Review*, 19（2）：121-139.

Grunig, James E. et. al.（1995）. Models of Public Relations in an International Setting. *Journal of Public Relations Research*, 7（3）：163-186.

Grunig, Larissa A.（1992）. Activism: How It Limits the Effectiveness of Organizations and How Excellence Public Relations Departments Respond. In James E. Grunig（ed.）, *Excellence in Public Relations and Communication Management*. N.J.: Lawrence Erlbaum Associates, Inc.

Haedrich, Gunther.（1993）. Images and Strategic Corporate and Marketing Planning. *Journal of Public Relations Research*, 5（2）, 83-93.

Hainsworth, Brad E.（1990）. The Distribution of Advantages and Disadvantage. *Public Relations Review*, 16（1）：33-39.

Hall, A. D. & R. E. Fagen（1956）. Definition of System. *General Systems*

1: 18-29.

Hallahan, Kirk（1999）. Seven Models of Framing: Implications for Public Relations. *Journal of Public Relations Research*, 11（3）: 205-242.

Hammond, John S. et. al.（1999）. *Smart Choices: A Practical Guide to Making Better Decisions.* Boston: Harvard Business School Press.

Hearit, Keith M.（1994）. Apologies and Public Relations Crises at Chrysler, Toshiba, and Volvo. *Public Relations Review*, 20:113-126.

Hearit, Keith M.（1996）. The Use of Counter-Attack in Apologetic Public Relations Crises: The Case of General Motors vs. Dateline NBC. *Public Relations Review*, 22: 233-248.

Hearit, Keith M.（2001）. Corporate Apologia: When an Organization Speaks in Defense of Itself. In Robert L. Heath & Gabriel Vasquez（eds.）, *Handbook of Public Relations.* Thousand Oaks, California: Sage Publications, Inc.

Heath, Robert L.（1997）. *Strategic Issues Management: Organizations and Public Policy Challenges.* California: Sage Publications, Inc.

Heath, Robert L.（1998）. New Communication Technologies: An Issues Management Point of View. *Public Relations Review*, 24（3）: 273-288.

Heath, Robert L. and Associates.（1988）. *Strategic Issues Management：How Organizations Influence and Respond to Public Interests and Policies.* San Francisco: Jossey-Bass Publishers.

Hennessy, Bernard（1985）. *Opinion.* California: Wadsworth, Inc.《民意》（中譯本）。趙雅麗等人譯。台北：五南圖書出版公司，2000年9月。

Himanen, Pekka（2001）. *The Hacker Ethic, and the Spirit of Information Age.*》 Random House, Inc.《駭客倫理與資訊時代精神》（中譯本）。劉瓊云譯。台北：大塊文化出版公司，2002年2月。

Hirch, Paul M.（1977）. Occupational, Organizational, and Institutional Models in Mass Media Research: Toward an Integrated Framework. In Paul M. Hirch, Peter V. Miller and F. Gerald Kline（eds.）, *Strategies for Communication Research*, Sage Publishers, Inc.

Holtz, Shel（1999）. *Public Relations on the Net*. N.Y.: AMACOM.

Hunger, J. David &, Thomas L. Wheelen（1993）. *Strategic Management* （4th ed.）. Reading, Mass: Addison-Wesley.

IPRPN（Independent Public Relations Practitioners' Network）（1999）. Attack From Cyberspace: How to Anticipate, and Defend Yourself from Attacks on the Internet. At www.prheadquarters.com.

Jamieson, Kathleen Hall （1992）. *Dirty Politics: Deception, Distraction, and Democracy*. N.Y.: Oxford University Press.

Jeffers, Dennis W.（1977）. Performance Expectations as a Measure of Relative Status of News and PR People. *Journalism Quarterly*, 54: 299-306（Summer）.

Jordan, Tim（1999）. *Cyberpower: The Culture and Politics of Cyberspace and the Internet*. Routledge.《網際權力：網際空間與網際網路的文化與政治》（中譯本）。江靜之譯。韋伯文化出版社，二○○一年五月。

Joseph, Ted（1985）. Daily Publishers Publishers' Preferences on Reporter Decision-making. *Journalism Quarterly*, 62: 899-901（Winter）.

Kent, Michael L. & Maureen Taylor（1998）. Building Dialogic Relationships Through the World Wide Web. *Public Relations Review*, 24（3）: 321-334.

Kendall, Robert（1996）. *Public Relations Campaign Strategies: Planning for Implementation*（2nd ed.）. N.Y.: Harper Collins College Publishers.

Kopenhaver, Lillian Lodge et al.（1984）. How Public Relations Practitioners and Editors in Florida View Each Other. *Journalism*

Quarterly, 61: 860-865, 884（Winter）.

Kunczik, Michael（1997）. *Images of Nations and International Public Relations*. Mahwah, N.J.: Lawrence Erlbaum Associates, Publishers.

Lang, Gladys Engel & Kurt Lang（1983）. *The Battle for Public Opinion: The President, the Press, and the Polls During Watergate*. N.Y.: Columbia University Press.

Lang, Gladys Engel & Kurt Lang（1991）. Watergate: An Exploration of the Agenda-Setting Process. In D. L. Protess & M. McCombs （eds.）, *Agenda-Setting: Readings on Media, Public Opinion, and Policymaking*. Hillsdale, N.J.: LEA.

Lauzen, Martha M. & David M. Dozier（1992）. The Missing Link: The Public Relations Manager Role as Mediator of Organizational Environments and Power Consequences for the Function. *Journal of Public Relations Research*, 4（4）: 205-220.

Lauzen, Martha M. & David M. Dozier（1994）. Issues Management Mediation of Linkages Between Environmental Complexity and Management of the Public Relations Function. *Journal of Public Relations Research*》, 6（3）: 163-184.

Lazarsfeld, Paul F. & Robert K. Merton（1948）. Mass Communication, Popular Taste, and Organized Social Action. Reprinted in Wilbur Schramm & Donald F. Roberts （eds.）（1972）, *The Process and Effects of Mass Communication*. Urbana: University of Illinois Press.

Lee, Mordecai（2000）. Reporters and Bureaucrats: Public Relations Counter-Strategies by Public Administrators in an Era of Media Disinterest in Government. *Public Relations Review*, 25（4）: 451-463.

Lerbinger, Otto（1997）. *The Crisis Manager: Facing Risk and Responsibility*. Mahwah, N.J.: Lawrence Erlbaum Associates, Publishers.

Lester, James P. & Joseph Stewart（2000）. *Public Policy: An Evolutionary Approach*. California: Wadsworth/ Thomson Learning.

Lindblom, Charles E.（1980）. *The Policy-Making Process*（2nd ed.）. Englewood Cliffs, N.J.: Prentice-Hall, Inc.

Lindblom, Charles E.（1991）. *The Policy-Making Process*.《政策制定過程》（中譯本）。劉明德譯，台北：桂冠圖書公司。

Lippmann, Walter（1922）. *Public Opinion*. N.Y.: Macmillan.

Luke, Jeffrey（1998）. *Catalytic Leadership: Strategies for An Interconnected World*. San Francisco: Jossey-Bass Publishers.

Marra, Francis J.（1998）. Crisis Communication Plans: Poor Predictors of Excellent Crisis Public Relations. *Public Relations Review*, 24（4）: 461- 474.

Matejko, Aleksander（1967）. Newspaper Staff As a Social System. In Jeremy Tunstall（ed）（1974）. *Media Sociology*.

Mayhew, Leon H.（1997）. *The New Public: Professional Communication and the Means of Social Influence*. U.K.: Cambridge University Press.

McCombs, Maxwell E. & Donald L. Shaw（1972）. The Agenda-Setting Function of Mass Media. *Public Opinion Quarterly*, 36: 177- 187.

McQuail, Denis & Sven Windahl（1981）. *Communication Models: For the Study of Mass Communications*. N.Y.: Longman Inc.

Merriam, John E. & Joel Makower（1988）. *Trend Watching: How the Media Create Trends and How to Be the First to Uncover Them*. N.Y.: AMACOM.

Miller,W. H.（1987）. Issues Management: No Longer a Sideshow. *Industry Week*, 235: 125-129（November 2nd）.

Mitroff, Ian I. & Ralph H. Kilmann（1984）. *Corporate Tragedies: Product Tampering, Sabotage, and Other Catastrophes*. N.Y.: Praeger.

Morris, Dick（1999）. *Vote.com*. Eileen McGann.《網路民主》（中譯本）。張志偉譯，台北：商周出版，2000年6月。

Motion, Judy（1999）. Personal Public Relations: Identity As A Public Relations Commodity. *Public Relations Review*, 25（4）: 465- 479.

Murphy, P. & J. Dee（1996）. Reconciling the Preferences of Environmental Activists and Corporate Policymakers. *Journal of Public Relations Research*, 8: 1-33.

OECD（1998）. Information Policy and Democratic Quality. Paper for Meeting of Senior Officials from Centres of Government on Information Policy and Democratic Quality, Bern, 14-15 Sept. 1998.

Parsons, Talcott（1967）. On the Concept of Influence. In *Sociological Theory and Modern Society*, pp. 355-382. N.Y.: Free Press.

Patelis, Korinna（2000）. The Political Economy of the Internet. In James Curran（ed.）, *Media Organizations in Society*. London: ARNOLD.

Pavlik, John V.（1987）. *Public Relations: What Research Tells Us*.California: Sage Publications, Inc.

Peters, B. Guy（1996）. *The Future of Governing: Four Emerging Models*. University Press of Kansas.《政府未來的治理模式》（中譯本）。許道然、劉坤億、熊忠勇、黃建銘譯，台北：智勝文化。

Petrison, Lisa A. & Paul Wang（1993）. From Relationships to Relationship Marketing: Applying Database Technology to Public Relations. *Public Relations Review*, 19（3）: 235-245.

Pfetsch, Barbara（1998）. Government News Management. In Doris Graber, Dennis McQuail and Pippa Norris（eds.）, *The Politics of News; The News of Politics*. Washington D.C.: Congressional Quarterly Press.

Plowman, Kenneth D.（1998）. Power in Conflict for Public Relations. *Journal of Public Relations Research*, 10（4）:237-261.

Polsby, N. W.（1984）. *Political Innovation in America: The Politics of Policy Initiation*. New Haven, Conn.: Yale University Press.

Poole, Marshall S. et. al.（1992）. Media and Negotiation Processes. In

Linda L. Putnam & Michael E. Roloff（eds.）, *Communication and Negotiation*. California: Sage Publications, Inc.

Putnam, Linda L. & Majia Holmer（1992）. Framing, Reframing, and Issue Development. In Linda L. Putnam & Michael E. Roloff（eds.）, *Communication and Negotiation*. California: Sage Publications, Inc.

Ramsey, Shirley A.（1993）. Issues Management and the Use of Technologies in Public Relations. *Public Relations Review*, 19（3）: 261-275.

Renfro, William L.（1993）. *Issues Management in Strategic Planning*. Westport, C.T.: Quorum.

Roberts, Nancy C. & Paula J. King（1996）. *Transforming Public Policy: Dynamics of Policy Entrepreneurship and Innovation*. San Francisco: Jossey-Bass Publishers.

Ronfeldt, David（1992）. Cyberocracy Is Coming. At www.cyberocracy.org.

Rose, Colin & Malcolm J. Nicholl（1997）. *Accelerated Learning for the 21st Century*. N.Y.: Delacorte Press. 《學習地圖》（中譯本）。戴保羅譯，台北：經典傳訊文化公司，2001年6月。

Ryan, Michael & David L. Martinson（1988）. Journalists and Public Relations Practitioners: Why the Antagonism? *Journalism Quarterly*, 65: 131- 140（Spring）.

Sachsman, B. David（1976）. Public Influence on Coverage of Environment in San Francisco Area. *Journalism Quarterly*, 53: 54-60（Spring）.

Sandman, Peter M. et. al.,（1982）. Internal Control. In *Media: An Introductory Analysis of American Mass Communication.*》 Englewood Cliffs, N.J.: Prentice-Hall.

Saxer, Ulrich （1993）. Public Relations and Symbolic Politics. *Journal of*

Public Relations Research, 5（2）:127-151.

Schlesinger, P.（1990）. Rethinking the Sociology of Journalism: Source Strategy and the Limits of Media Centrism. In M. Ferguson（ed.）, *Public Communication and the New Imperatives.* London: Sage.

Seeger, Matthew W. et.al. （2001）. Public Relations and Crisis Communication: Organizing and Chaos. In Robert L. Heath & Gabriel Vasquez （eds.）, *Handbook of Public Relations.* Thousand Oaks: Sage Publications, Inc.

Senge, P（1990）.*The Fifth Discipline: The Art and Practice of the Learning Organization.* N.Y.: Doubleday.

Shoemaker, Pamela J. & Stephen D. Reese（1996）. *Mediating The Message: Theories of Influences on Mass Media Content*（2nd ed.）. White Plains, N.Y.: Longman Publishers USA.

Simon, Raymond（1984）. *Public Relations: Concepts and Practices* （3rd ed.）. N.Y.: John Wiley & Sons.

Sirgy, M. Jeseph（1984）. *Marketing As Social Behavior- A General Systems Theory.* N.Y.: Praeger Publishers.

Sparks, Colin（2001）. The Challenge of Online Media. Presentation for Government Information Office, at 21st Sept. 2001, Taipei.

Stewart, C., C. Smith & R.E. Denton（1984）. *Persuasion and Social Movements.* Prospect Heights, IL: Waveland.

Stocker, Kurt P.（1997）. A Strategic Approach to Crisis Management. In Clarke L. Caywood （ed.）, *The Handbook of Strategic Public Relations & Integrated Communications.*》 N.Y.: McGraw-Hill.

Susskind, Lawrence & Patric Field （1996）. *Dealing with An Angry Public: The Mutual Gains Approach to Resolving Disputes.* N.Y.: The Free Press.

Thomsen, Steven R.（1995）. Using Online Databases in Corporate Issues Management. *Public Relations Review*, 21（2）: 103-122.

Timney, Mary M.（1998）. Overcoming Administrative Barriers to Citizen Participation. In Cheryl S. King & Camilla Stivers（eds.）, *Government Is Us: Public Administration in An Anti-Government Era*. Thousand Oaks: Sage Publications.

Toth, Elisabeth L.（1992）. The Case of Pluralistic Studies of Public Relations: Rhetorical, Critical, and Systems Perspectives. In Elisabeth L Toth & Robert Heath（eds.）, *Theoretical and Critical Approached to Public Relations*. Hillsdale, N.J.: Lawrence Erlbaum Associates, Publishers.

Tucker, Kerry & Bill Trumpfheller（1993）. Building an Issues Management System. *Public Relations Journal*（November）, pp: 36-37.

Tucker, Kerry & Glen Broom（1993）. Managing Issues Acts as Bridge to Strategic Planning. *Public Relations Journal*（November）, pp: 38-40.

Turk, Judy VanSlyke（1986）. Information Subsidies and Media Content: A Study of Public Relations Influence on the News. *Journalism Monographs*, 100: 1-29.

Vasquez, Gabriel M.（1996）. Public Relations as Negotiation: An Issues Development Perspective. *Journal of Public Relations Research*, 8（1）: 57-77.

Vercic, Dejan, et al（1996）. Global and Specific Principles of Public Relations: Evidence From Slovenia. In Hugh M. Culbertson & Ni Chen（eds）, *International Public Relations: A Comparative Analysis*. Mahwah, N.J.: Lawrence Erlbaum Associates, Publishers.

von Bertalanffy, Ludwig（1968）. *General System Theory*. N.Y.: George Braziller.

Warner, Malcolm（1971）. Organizational Context and Control of Policy in the TV Newsroom: A Participant Observation Study. *British Journal of Sociology*, Vol. 22: 283-294（September）.

Washington, Sally（1997）. Consultation and Communications: Integrating Multiple Interests into Policy & Managing Media Relations. Paper of Organization for Economic Cooperation and Development（OECD）.

Wernli, Jorge & Uriel Frank（2000）. Global Issues Management in the New Economy. Paper presented at Public Relations World Congress 2000, 23rd Oct. 2000. Chicago. Held by Public Relations Society of America.

White, Candace & Niranjan Raman（1999）. The World Wide Web as a Public Relations Medium: The Use of Research, Planning, and Evaluation in Web Site Development. *Public Relations Review*, 25（4）: 405-419.

White, Jon & David M. Dozier（1992）. Public Relations and Management Decision Making. In James E. Grunig（ed.）, *Excellence in Public Relations and Communication Management*. New Jersey: Lawrence Erlbaum Associates, Inc.

Wilcox, Dennis L. et al.（2000）. *Public Relations: Strategies and Tactics*. N.Y.: Longman.

Williams, David E. & Bolanle A. Olaniran（1998）. Expanding the Crisis Planning Function: Introducing Elements of Risk Communication to Crisis Communication Practice. *Public Relations Review*, 24（3）: 387- 400.

Wilson, Laurie（1996）. Strategic Cooperative Communities: A Synthesis of Strategic, Issue Management, and Relationship-Building Approaches in Public Relations. In Hugh M. Culbertson & Ni Chen（eds.）, *International Public Relations: A Comparative Analysis*. Mahwah, N.J.: Lawrence Erlbaum Associates, Publishers.

Wolfsfeld, G.（1993）. Introduction. In A. A. Cohen & G. Wolfsfeld （eds.）, *Framing the Intifida: People and Media*. Norwood, N.J.: Ablex.

Wolfsfeld, G.（1997）. *Media and Political Conflict: News from the Middle East*. N.Y.: Avebury.

Wright, Charles Robert （1986）. *Mass Communication: A Sociological Perspective*（3rd ed.）. N.Y.: Random House, Inc.

Yukl, Gary A.（1992）. *Leadership in Organizations.*《組織領導》（中譯本）。洪光遠譯，台北：桂冠圖書公司。

附錄

〔附錄一〕

行政院所屬各機關危機事件新聞處理作業原則

民國九〇年九月一日　行政院頒布實施

一、行政院為提升所屬各機關（以下簡稱各機關）在危機事件中新聞處理之能力，特訂定本作業原則。

二、本作業原則所稱危機事件，定義如下：

　　㈠因風災、水災、震災、旱災、寒害、土石流災害等不可抗力之天然災害，致人民生命財產嚴重傷亡、損害之事件。

　　㈡重大火災、爆炸、公用氣體與油料管線、輸電線路災害、空難、海難與陸上交通事故、毒性化學物質災害、職業災害、核能安全事故、海洋污染、森林火災及其他造成人民生命財產嚴重傷亡、損害之緊急事故。

　　㈢其他足以對國家安全、社會安定、人民生命、財產造成嚴重威脅或影響之重大事件。

三、危機事件新聞處理首重掌握正確、即時資訊，迅速研析並提供媒體適時發布，以滿足民眾知的權利。

四、各機關應指定熟悉新聞處理及公關運作之人員，負責危機事件新聞處理工作。

五、負責處理危機事件之機關（以下稱「權責機關」）於危機事件現場，得視需要設置警戒線，必要時，並得協調軍、警、憲、消防等

機關協助。

前項警戒線，權責機關得視需要分別或合併設置之；其分類如下：

㈠勤務警戒線：屬最內層，僅限配帶證件之勤務人員出入。

㈡新聞警戒線：屬第二層，應憑權責機關認可或核發之證件，始得出入。

㈢一般警戒線：屬最外層，實施交通及民眾進出管制。

六、為利媒體了解危機事件處理進度，權責機關應依下列規定設新聞簡報中心，並統一發布新聞稿或提供相關書面資料：

㈠設立原則：

　1.於危機事件鄰近適當地點或前進指揮所設立之。

　2.新聞簡報中心應備妥新聞媒體聯繫對象名冊。

　3.新聞簡報中心應設置足夠通信設施，如電力、電話線、傳眞機、網點等。

㈡簡報原則：

　1.簡報應由處理危機事件之指揮官或其指定之專人主持，以求發言內容權威及正確。

　2.簡報應充分掌握危機事件最新發展及相關數據，並針對危機事件明確說明。

　3.簡報主持人對外界可能質疑事項，應主動加以說明。

　4.簡報時間應固定，或配合日、晚報截稿及午、晚間電視新聞播報時段舉行。

㈢簡報重點：

　1.引發危機事件之原因。

　2.負責處理危機事件之權責機關及相關機關。

　3.權責機關及相關機關已採取之措施。

　4.預期危機事件之可能發展及處理之因應計畫。

　5.警戒線之設置。

七、權責機關應視危機事件性質，提供國際媒體必要之資訊及協助。

八、為加強危機處理之成效，權責機關應迅速掌握輿情，儘速回應。

九、各機關得視業務需要，參酌本作業原則，另行訂定細部規範或執行要點。

〔附錄二〕

行政院所屬各機關加強新聞發布及新聞聯繫作業要點

民國九○年九月一日　行政院頒布實施

一、行政院為促進政府與民眾雙向交流，加強所屬各機關（以下簡稱各機關）與媒體之聯繫及溝通，並落實新聞發布及新聞聯繫工作，特訂定本要點。

二、各機關應由副首長或首長指定之人員擔任發言人，並指定專責單位或人員，辦理新聞聯繫工作。

　　前項所稱新聞聯繫工作，指對媒體提供新聞服務，蒐集民意並掌握輿論動向，強化新聞預判功能，以供首長決策及業務部門主管推動政務之參考。

三、各機關對下列事項，應主動蒐集資料，適時透過媒體廣為周知：
　　㈠與民眾權利義務息息相關之重要施政措施、計畫與方案及執行成果。
　　㈡首長、副首長之重要公務活動、言論及有關指示事項。
　　㈢對立法機關之施政報告、答詢及相關法案須社會大眾了解者。
　　㈣輿論關注及民眾質疑之事項。

四、為維持各機關與媒體記者溝通管道暢通，各機關發言人及新聞聯繫工作人員應經常與媒體記者聯繫。

五、各機關新聞發布，除以召開記者會、座談會及新聞稿方式辦理外，

亦得以上網及電子郵件等方式為之。

前項記者會及座談會，必要時應由各機關首長或發言人主持。

六、各機關新聞發布之內容，涉及其他機關權責者，應先聯繫、協調。

七、行政院新聞局為辦理新聞發布事宜，得要求各機關提供資料或為其他配合事項，各機關應配合辦理。

公共關係—政府公共議題決策管理

著　　者／卜正珉

出版者／揚智文化事業股份有限公司

發行人／葉忠賢

總編輯／林新倫

登記證／局版北市業字第 1117 號

地　　址／台北市新生南路三段 88 號 5 樓之 6

電　　話／（02）23660309

傳　　真／（02）23660310

郵政劃撥／19735365

戶　　名／葉忠賢

印　　刷／鼎易印刷事業股份有限公司

法律顧問／北辰著作權事務所　蕭雄淋律師

初版一刷／2003 年 4 月

ISBN／957-818-481-6

定　　價／新台幣 400 元

E-mail／book3@ycrc.com.tw

網　　址／http://www.ycrc.com.tw

國家圖書館出版品預行編目資料

公共關係——政府公共議題決策管理
／ 卜正珉著. -- 初版. --臺北市
：揚智文化，2003[民 92]
　　　面；　公分

ISBN 957-818-481-6（平裝）

1.中央政府－公共關係

572.59　　　　　　　　　92000829